Brigitta Widmaier / Doris Beer / Stefan Gärtner /
Ileana Hamburg / Judith Terstriep

Wege zu einer integrierten Wirschaftsförderung

 Nomos Verlagsgesellschaft
Baden-Baden

Das diesem Buch zugrunde liegende Vorhaben wurde mit Mitteln des
Bundesministeriums für Bildung und Forschung
unter dem Förderkennzeichen 01HW0122 gefördert.

Die Verantwortung für den Inhalt dieser Veröffentlichung liegt bei den Autoren.

Bibliografische Information Der Deutschen Bibliothek

Die Deutsche Bibliothek verzeichnet diese Publikation in
der Deutschen Nationalbibliografie; detaillierte bibliografische
Daten sind im Internet über http://dnb.ddb.de abrufbar.

ISBN 3-8329-0622-3

1. Auflage 2004
© Nomos Verlagsgesellschaft, Baden-Baden 2004. Printed in Germany. Alle Rechte, auch die des Nachdrucks von Auszügen, der photomechanischen Wiedergabe und der Übersetzung, vorbehalten. Gedruckt auf alterungsbeständigem Papier.

Einleitung

Absicht und Kontext des Buches

Mit dem hier vorgelegten Buch soll ein Leserkreis angesprochen werden, der zwar durch seine Einbindung in die Praxis unmittelbaren Handlungsbedarf hat, aber dennoch, nach den Erfahrungen, die wir in Projekten und auf Tagungen gemacht haben, auch Orientierungspunkte sucht, die die tägliche Arbeit handlungsleitend begleiten. Dazu zählen wir vor allem Praktiker in der kommunalen und regionalen Wirtschaftsförderung, aber auch Personen, die sich auf Landes- und Bundesebene mit Regionalentwicklung befassen sowie private Beratungsorganisationen. Darüber hinaus möchten wir mit dem Buch Studierende an Hochschulen oder in Aufbaustudiengängen und in der Weiterbildung ansprechen.

Es ist keine neue Erkenntnis, dass heute vielfältige Umbrüche in Wirtschaft und Gesellschaft stattfinden. Im Bereich der regionalen Strukturpolitik sind zahlreiche Veränderungen im Gange, die sich auf den Bereich der Wirtschaftsförderung auswirken. Das führt teilweise zu Unklarheiten über die Rolle und Aufgabendefinition sowie zu Unsicherheiten, wie die Wirtschaftsförderung sich zu solchen Entwicklungen verhalten kann.

Es liegt in der Natur der Sache »Wirtschaftsförderung«, dass ihre Arbeit von den Veränderungen in der ökonomischen Situation besonders betroffen ist und deshalb auch flexibel reagieren muss. Vor allem Veränderungen globaler Art mit ihren Rückwirkungen auf die Region führen zur Herausbildung neuer Aufgabenbereiche und Kompetenzanforderungen für die Wirtschaftsförderung, die mit den vorhandenen Ressourcen oft schwer zu bewältigen sind. Organisatorische Neuorientierungen die mit einer Ausweitung des Mitarbeiterstamms einhergehen, sind wegen der zumeist äußerst knappen Personaldecke und der immer schwierigeren wirtschaftlichen Situation in Gemeinden und Kreisen oft nicht möglich.

Absicht dieses Buches ist es deshalb Anregungen zu geben, wie Wirtschaftsförderung auf die neuen Anforderungen durch organisatorische Neuorientierungen möglichst mit den vorhandenen Kapazitäten reagieren kann. Zentraler Gedanke ist, die Interaktionszusammenhänge in einer Region im Gesamtkontext zu sehen und zusammen mit den entsprechenden Akteuren langfristige Konzepte für die Entwicklung einer Region zu entwerfen. Eine derartige Sichtweise hat Konsequenzen für die Art und Weise wie Informationen und Wissen in der Organisation zusammengeführt und wie die Austauschbeziehungen mit den Partnern in Wirtschaft und Gesellschaft bearbeitet werden. Um diese Aufgabe entsprechend erfüllen zu können, sind nicht nur organisatorische und qualifikatorische Veränderungen nötig, sondern es ist unabdingbar, dass diese Konzepte mit den vielfältig vorhandenen Möglichkeiten der Informations- und Kommunikationstechnologie in Einklang gebracht und auch diese unterstützt werden.

Das Buch erhebt nicht den Anspruch, konkrete Handlungsanleitungen für spezielle Fälle zu geben, da uns nicht zuletzt die Erfahrungen aus unseren Projekten gezeigt haben, dass Organisation, Arbeitsweise, Qualifikationsstruktur und Einbindung in die regionalen oder lokalen Bezüge Patentlösungen für ein solches Konzept nicht zulassen. Es wird vielmehr versucht, Theorie und Praxis in einen sinnvollen Zusammenhang zu bringen und anhand von Beispielen zu erläutern, wie Lösungsmöglichkeiten aussehen können.

Anlass für dieses Buch war ein Projekt, das vom Institut Arbeit und Technik (IAT), Gelsenkirchen und der GEMI-Beer GbR, Hünxe, aufgrund der Bekanntmachung »Wissensintensive Dienstleistungen« des Bundesministeriums für Bildung und Forschung (BMBF) beantragt und in den Jahren 2002 und 2003 mit Fördermitteln des Ministeriums durchgeführt wurde.

Unter dem Arbeitstitel »Wirtschaftsförderung als wissensbasierte Dienstleistung« wurde ein Konzept entwickelt, das die Aufgaben der Wirtschaftsförderung als Dienstleistung versteht, die in enger Kooperation mit den Kunden – also den entsprechenden Akteuren in der Region – entwickelt wird und eine integrierte Standortentwicklung vorantreibt, die an den vorhandenen regionalen Potenzialen anknüpft. Dieses Konzept wurde modellhaft mit zwei Einrichtungen der Wirtschaftsförderung (Stadt Gelsenkirchen, Amt für Stadtentwicklung und Wirtschaftsförderung und der RBW-Rheinisch-Bergische Wirtschaftsförderungsgesellschaft mbH, Bergisch Gladbach) umgesetzt. Neben den Erfahrungen, die durch die langfristige Arbeit an Problemen der regionalen Strukturpolitik am Forschungsschwerpunkt »Innovative Räume« am IAT zur Verfügung stehen, sind es die Ergebnisse und Erfahrungen der zweijährigen Projektarbeit, die unmittelbar in dieses Buch einfließen. Informationen zum Projekt gibt die Website: www.wibad.de.

Das Konzept und seine zentralen Elemente

Wenn wir von integrierter Wirtschaftsförderung sprechen, so meinen wir damit, dass der Arbeit eine *strategische Orientierung* zugrunde liegt, die auf einer sorgfältigen Analyse der vorhandenen Potenziale beruht. Geht man vom Netzwerkgedanken aus, so sollten sich idealerweise Akteure aus Politik, Wirtschaft, Wissenschaft und Administration zusammenfinden, um gemeinsam innovative regionale Entwicklungsstrategien zu erarbeiten. Was allerdings letztlich für die Definition und Ausformulierung einer Strategie den Ausschlag gibt, wird von Fall zu Fall sicherlich verschieden sein. Es kann sowohl aus dem politischen Raum Anregungen bzw. Vorgaben dafür geben, sie kann aber auch aus der praktischen Arbeit der Organisationen erwachsen, die sich mit Regionalökonomie und Wirtschaftsförderung beschäftigen. In jedem Fall ist es Aufgabe der Wirtschaftsförderung, die Themen aufzunehmen und in Projekten mit den entsprechenden Akteuren zu bearbeiten.

Für die Organisation der Wirtschaftsförderung bedeutet das, die Projektarbeit mit den routinemäßigen Anfragen und Beratungsanforderungen aus der Wirtschaft zu verbinden. Dies ist weit weniger eine Frage der formalen Organisation, als vielmehr der Zusammenführung und Nutzung unterschiedlicher Wissensbestände und Kompetenzen. Dazu ist es nötig, Wissen transparent zu machen, um es sowohl in persönlichen als auch und in technikgestützten Prozessen auszutauschen und zu verwerten.

Im Rahmen der Entwicklung eines integrierten Konzepts für »Wirtschaftsförderung als wissensbasierte Dienstleistung« ist der Blick dabei zum einen auf technische Infrastrukturen und ihre Merkmale zu richten, zum anderen auf die Verdichtung sozialer Kooperationsbeziehungen (Unterstützung von Netzwerken) und die Erschließung neuer Handlungsfelder. In der im Projekt entwickelten Konzeption geht es darum, wie sich strategische, soziale, organisatorische und technische Komponenten verknüpfen lassen. Die Voraussetzungen für eine erfolgreiche Umsetzung sind in Regional- und Strukturpolitik, Modellen zur Wissensverarbeitung und deren Unterstützung durch Informations- und Kommunikationstechnologien sowie in praktischen Anleitungen zur Durchführung von Projekten zu suchen.

Das Gesamtkonzept ist in Teil I, Kapitel 6 des Buches genauer dargestellt. Im Folgenden werden die einzelnen zentralen Begriffe, wie sie in den vier Buchteilen abgehandelt sind, kurz beschrieben.

In Teil I des Buches gibt *Stefan Gärtner* einen Überblick über die wichtigsten Theorien und Konzepte, die für das heutige Verständnis von Regionalökonomie und Wirtschaftsförderung eine Rolle spielen. Dabei werden insbesondere dynamisch-evolutionäre Ansätze wie Cluster und Kompetenzfelder als Instrumente für die Wirtschaftsförderung dargestellt. Mit der Beschreibung der Vorgehensweise im Rahmen der neueren Ansätze werden Möglichkeiten der praktischen Anwendung demonstriert. Insgesamt wird deutlich, dass Wirtschaftsförderung heute nicht mehr ohne eine strategische Orientierung auskommt, und über einen rein bereichsbezogenen Service auf Anfrage hinausgehen muss. Abschließend wird in diesem Teil das Konzept der Wirtschaftsförderung als wissensbasierte Dienstleistung dargestellt.

In Teil II beschäftigen sich *Ileana Hamburg und Brigitta Widmaier* mit der Frage, wie das Wissen, das auf diverse Quellen verteilt ist, und das die unterschiedlichen Akteure in der Region besitzen, von der Wirtschaftsförderung für die Bereitstellung einer wissensbasierten Dienstleistung genutzt werden kann. Anhand von Beispielen von Wissensmanagementsystemen, die für Einzelorganisationen konzipiert wurden, wird erörtert, warum Ansätze des Wissensmanagements im Kontext der Wirtschaftsförderung einen besonderen Zugang erfordern. Das liegt hauptsächlich darin begründet, dass die Komplexität der Aufgaben steigt und Organisationsgrenzen zunehmend überschritten werden, was spezielle Instrumente des Wissensmanagements erfordert. Nach einer Darstellung verschiedener analytischer Ansätze zum Wissen und seiner Verarbeitung werden die Anwendungsmöglichkeiten für die Wirtschaftsförderung diskutiert. Am Beispiel des Projekts »50plus« der Rheinisch-Bergischen Wirtschaftsförderung, wird die praktische Umsetzung beschrieben.

Die Anwendung von Informations- und Kommunikationstechnologien (IT) zur Unterstützung einer integrierten Wirtschaftsförderung bietet ein weites Spektrum von Möglichkeiten, die jedoch, wie *Judith Terstriep* in Teil III argumentiert, bei weitem nicht ausgeschöpft werden. Nach einer Bestandsaufnahme der derzeitigen IT-Nutzung in der Wirtschaftsförderung wird untersucht, wo der IT-Einsatz sinnvoll und möglich ist und welche Anforderungen sich daraus an IT-Systeme ergeben. Verschiedene Einsatzbereiche und das Angebot zu ihrer informationstechnischen Bearbeitung werden dargestellt. Abschließend wird danach gefragt, wie sich komplexe IT-Lösungen mit den organisationsspezifischen Faktoren der Wirtschaftsförderung zu einem erfolgversprechenden Konzept vereinbaren lassen, das in eine integrierte IT-Strategie mündet.

In Teil IV des Buches vermittelt *Doris Beer* praktische Handlungsanweisungen für die Planung, Durchführung und Bewertung von Projekten und erläutert diese anhand von Beispielen aus der Wirtschaftsförderung. In der Konzeption von einer integrierten Wirtschaftsförderung spielen für die Umsetzung einer strategischen Regionalentwicklung Projekte eine wichtige Rolle. Sie können Wissen und Kompetenzen unterschiedlicher regionaler Akteure zusammenbinden und haben, mehr als die Routinearbeit der Wirtschaftsförderung, einen öffentlichkeitswirksamen Charakter. Der Teil wird abgerundet durch eine praxisbezogene Darstellung verschiedener Instrumente für die Durchführung von Projekten.

Dankeschön

Wir, die Autoren dieses Buches, haben es zwar geschrieben, aber wie immer ist es bei weitem nicht nur unser Wissen und unsere Arbeitskraft, die in den Band eingegangen sind.

Wie bereits eingangs erwähnt, wurde das Projekt vom Bundesministerium für Bildung und Forschung gefördert (Förderkennzeichen 01HW0122). In diesem Zusammenhang bedanken wir uns für die Zusammenarbeit mit Herrn Dr. Martin Schmied (DLR, Projektträger des BMBF), der das Projekt in jeder Hinsicht hilfreich begleitet hat. Dabei kam uns besonders zugute, dass er durch seine fachliche Expertise im Bereich der Regionalökonomie und Regionalpolitik wichtige Anregungen in das Projekt eingebracht hat. Des Weiteren gilt unser Dank den Mitgliedern des Steuerungskreises, die das Projekt über die Laufzeit kritisch-konstruktiv begleitet haben.

Ganz besonders danken wir natürlich den Mitarbeiterinnen und Mitarbeitern unserer beiden Partnerorganisationen – der Wirtschaftsförderung Gelsenkirchen und der Rheinisch-Bergischen Wirtschaftsförderungsgesellschaft. Trotz ständiger Arbeitsüberlastung haben sie sich aktiv an der Projektarbeit beteiligt und wir hoffen, dass die erzielten Ergebnisse sich auch längerfristig positiv auf ihre Arbeit auswirken werden.

Darüber hinaus haben wir vielen anderen Wirtschaftsförderern in Deutschland und dem europäischen Ausland zu danken, die uns Einblick in ihre Organisation gewährten und in erheblichem Maße unser Erfahrungswissen zum Thema angereichert haben. Für die interessanten Diskussionen mit ihnen, aber auch mit den Teilnehmern in unseren Veranstaltungen bedanken wir uns.

Nicht zuletzt möchten wir den Beitrag derjenigen würdigen, die mit der Erstellung und Prüfung des Textes beschäftigt waren. Hier geht unser Dank an Carmen Oehler, die mit bewährter Zuverlässigkeit die druckreife Textversion hergestellt hat und an Jens Klessmann, der mit seinem durch das Studium der Raumplanung geschärften Sachverstand die Texte durchgesehen hat. Wir vergessen hier auch nicht die übrigen Kolleginnen und Kollegen der Forschungsgruppe »Innovative Räume« am IAT – insbesondere Dagmar Grote-Westrick – die uns ebenfalls tatkräftig bei der Überarbeitung des Manuskripts unterstützt haben. Ohne die zugleich kreativen und systematischen Beiträge von Dieter Rehfeld wären weder Projekt noch Buch denkbar.

INHALTSVERZEICHNIS

Teil I

Stefan Gärtner
Integrierte Wirtschaftsförderung:
Regionalökonomische Ansätze und Konzepte 13

Teil II

Ileana Hamburg und Brigitta Widmaier
Wissensverarbeitung in der Wirtschaftsförderung 75

Teil III

Judith Terstriep
IT in der Wirtschaftsförderung 113

Teil IV

Doris Beer
Projektmanagement in der Wirtschaftsförderung 167

Literaturempfehlungen 211

Zu den Autoren 214

Stichwortverzeichnis 215

TEIL I

INTEGRIERTE WIRTSCHAFSFÖRDERUNG: REGIONALÖKONOMISCHE ANSÄTZE UND KONZEPTE

Stefan Gärtner

Inhaltsverzeichnis

ABBILDUNGSVERZEICHNIS 16

GLOSSAR 17

1 Einleitung 21

2 Gegenstand der Wirtschaftsförderung 22

3 Die Wiederentdeckung des Raums in der Regionalökonomie 24

    3.1 Entwicklungsperspektiven der Regionalökonomie:
          Von der Export-Basis-Theorie zum Dritten Italien 24

    3.2 Aktuelle regionalökonomische Konzepte 32

        3.2.1 Das Innovative Milieu 34

        3.2.2 Cluster nach Porter.. 36

        3.2.3 Cluster als stadtökonomisches Konzept
              Konzept der Teilökonomien nach Läpple 40

        3.2.4 Cluster als strategischer Bezugspunkt für die
              Wirtschaftsförderung: Cluster nach Rehfeld 42

        3.2.5 Vergleich vorgestellter Konzepte 45

    3.3 Raumwirtschaft und regionalökonomische Konzepte
          in der Gesamtschau 45

**4   Die Region in der Strukturpolitik:
    Auswirkung für die Wirtschaftsförderung** **49**

    4.1   Bund–Länder–Gemeinschaftsaufgabe
      »Verbesserung der regionalen Wirtschaftsstruktur« 49

    4.2   Regionalpolitik der EU 50

    4.3   Raumwirksame Komponenten in der
      Forschungs-, Bildungs- und Technologiepolitik 51

    4.4   Stärken stärken: regionale Wirkungen... 52

**5   Cluster und Kompetenzfeld: vom Analysekonzept
    zum Instrument der Wirtschaftsförderung** **54**

    5.1   Umsetzungsschritte... 54
          5.1.1   Analyse 54
          5.1.2   Umsetzung 58
          5.1.3   Nutzenanalyse 59

    5.2   Risiken und Umsetzungsbarrieren 61

6   Integrierte Wirtschaftsförderung als Konzept... **64**

Literatur **70**

Abbildungsverzeichnis

Abb. I.1: Arbeitsfelder in der Wirtschaftsförderung 23
Abb. I.2: Einkommenskreislauf nach dem Exportbasis-Modell 26
Abb. I.3: Basiselemente und Funktionen innovativer Milieus 35
Abb. I.4: Der italienische Schuh- und Modecluster 38
Abb. I.5: Cluster-Bestimmungsfaktoren und deren Einflussfaktoren 39
Abb. I.6: Städtische Teilökonomien in Hamburg 41
Abb. I.7: Zukünftiges Profil der Stadt Gelsenkirchen 44
Abb. I.8: Raumwirtschaft und neuere regionalökonomische Konzepte 46
Abb. I.9: Maschinenbau im Überblick 56
Abb. I.10: Ablaufschema Kompetenzfeldansatz 60
Abb. I.11: Gestiegene Komplexität der Dienstleistung Wirtschaftsförderung 66
Abb. I.12: Kommunikations- und Informationsstrukturen in der integrierten Wirtschaftsförderung 67
Abb. I.13: Wirtschaftsförderung als wissensbasierte Dienstleistung 68

Glossar

Agglomerations-vorteile

Interne Agglomerationsvorteile ergeben sich innerhalb eines Unternehmens durch Kostendegression (siehe Skaleneffekte). *Externe* Effekte entstehen unternehmensübergreifend entweder durch *a) räumliche Konzentration von Unternehmen eines Sektors* (Lokalisations- oder Branchenvorteil) z.B. in Form spezifisch ausgebildeter Arbeitskräfte oder *b) Konzentration von sektorunabhängigen Unternehmen und Einrichtungen* (Urbanitätsvorteil), die beispielsweise zusammen eine bessere Infrastruktur bedingen.

Back-Wash-Effects

Damit ist ein Effekt beschrieben, bei dem geographische Wachstumspole die mobilen Produktionsfaktoren zu Lasten der Peripherie bzw. altindustrieller Räume absorbieren.

Cluster

Engl.: Bündel, Klumpung etc.. Bezeichnet im regionalökonomischen Sinn eine Häufung von Unternehmen einer Wertschöpfungskette in räumlicher Nähe. Es wird davon ausgegangen, dass Unternehmen, die in einem Cluster angesiedelt sind, Wettbewerbsvorteile haben (siehe Agglomerationsvorteile). Inwieweit Cluster tatsächlich über vertikale und horizontale Verflechtungen verfügen oder die Unternehmen gemeinsame Infrastrukturen nutzen, ist eine Frage der Definition und von Standort zu Standort unterschiedlich.

Externe Effekte

Effekte, für die kein Preis zu entrichten ist. Im regionalökonomischen Sinne entstehen positive externe Effekte z.B. durch Agglomerationsvorteile. Möglich sind auch negative externe Effekte, die auftreten, wenn z.B. die Grundstückspreise oder die Umweltbelastungen in Agglomerationen stark steigen.

Industrial Districts	Der britische Nationalökonom Alfred Marshall hat bereits vor über 100 Jahren Industrial Districts in England nachgewiesen. Dies sind räumliche Agglomerationen von Unternehmen ähnlicher Wirtschaftssektoren.
Integrierte Wirtschaftsförderung als Konzept	Eine im Rahmen eines Projekts am Institut Arbeit und Technik entworfene Konzeption. Die Konzeption folgt der Erkenntnis, dass die Wirtschaftsförderung auf eine Vielzahl an Akteuren wie Unternehmen, Kammern, Verbände, Banken und Hochschulen sowohl als Informationsgeber als auch Informationsnehmer angewiesen ist. Wirtschaftsförderungseinrichtungen sind als Initiator, Moderator und Clearingstelle gefragt. Dazu wurde eine integrierte Dienstleistung entwickelt, die die neueren regionalökonomischen Ansätze mit den klassischen Handlungsfeldern der Wirtschaftsförderung auf Grund einer strategischen Ausrichtung verbindet und damit insgesamt eine effizientere Bereitstellung der Dienstleistung ermöglicht.
Komparativer Kostenvorteil	David Ricardo hat 1817 nachgewiesen, dass Außenhandel im Vergleich zur Autarkie auch dann für beide Regionen lohnend ist, wenn dabei nur relative (komparative) Kostenvorteile entstehen. Will sagen „dass trotz absoluter Kostenvorteile einer Region bei beiden Gütern Außenhandel von Vorteil ist, wenn sich die Regionen auf die Produktion jenes Gutes spezialisieren, bei dem sie einen komparativen Kostenvorteil aufweisen." (Schätzl 2001: 130).
Kompetenz-feldkonzept	Von der Politik aufgegriffen liegt der Schwerpunkt beim Kompetenzfeldkonzept in der Umsetzung des Clusteransatzes (siehe Cluster). Der Begriff ist allerdings nicht eindeutig zu fassen. Wenn Cluster das empirisch nachweisbare Phänomen, also die räumliche Ballung von Unternehmen eines Sektors bzw. einer Wertschöpfungskette beschreibt, so wird mit dem Kompetenzfeldkonzept die strategische Nutzung und Weiterentwicklung bezeichnet.

Neoklassische Gleichgewichtstheorie	Unter dem Postulat des liberalen Marktes wird ein Modell gebildet, das immer zum Ausgleich von Angebot und Nachfrage kommt und daher regionale Disparitäten nicht erklären kann. Durch Wanderung der Produktionsfaktoren hin zum Ort der bestmöglichen Entlohnung kann es danach zur Nivellierung der Entgeltdifferenzen kommen.
Netzwerke	Es existieren viele verschiedene inhaltliche und formale Arten von Netzwerken: vertikale (entlang der Wertschöpfungskette), horizontale (auf einer Wertschöpfungsstufe) und diagonale Vernetzungen (branchenübergreifend). Der Netzwerkbegriff allein trifft keine Aussage zur räumlichen Nähe oder regionalen Einbettung, vielmehr geht es dabei um einen abstrakten Raum. Da aber informelle, vertrauensvolle Kooperationsstrukturen durch räumliche Nähe begünstigt werden, wird mit Netzwerken in regionalökonomischen Kontexten die räumliche Dimension oft impliziert.
Schwerpunktortekonzept	Ein Gestaltungsprinzip, das z.B. im Rahmen der Gemeinschaftsaufgabe „Verbesserung der regionalen Wirtschaftstruktur" seine Anwendung findet. Danach sollen Investitionen auf bestimmte Orte konzentriert werden, um bereits vorhandene Agglomerationsvorteile zu nutzen.
Skaleneffekte	In der Theorie kommt es zu einer Verringerung der Stückkosten bei Ausdehnung der Produktionsmenge. Diese als Skaleneffekt bezeichnete Wirkung resultiert aus Lernerfolgen, volumenbedingten technischen Fortschritten usw..
Transaktionskosten	Kosten der Anbahnung, Verhandlung, Abmachung und Kontrolle von Beziehungen zwischen verschiedenen Prozessen bzw. Unternehmen/Partnern.
Trickling-Down-Effect	Wenn positive Effekte, die in Wachstumszentren entstehen, ins Umland diffundieren und dort zur Wohlstandsmehrung beitragen, spricht man vom geographischen Trickling-Down-Effect.

Wachstumspole	Wachstumspole sind zentrale Bezugspunkte in Ansätzen und Theorien (i.d.R. Polarisationstheorien), die von einer räumlich ungleichgewichtigen Entwicklung ausgehen. Der Begriff *Wachstumspol* trifft keine Aussagen zur langfristigen Wirkung der Konzentration. Es kann zu Ausbreitungseffekten kommen, die letztlich eine räumlich ausgleichende Wirkung haben (Trickling-Down-Effect). Ebenso ist es möglich, dass die Entzugseffekte (Back-Wash-Effect) langfristig die Ausbreitungseffekte überwiegen wodurch sich das regionale Ungleichgewicht manifestiert.
Zentrale-Orte-Theorie/ Zentrale-Orte-Konzept	Diese Theorie geht von der Unbegrenztheit des Raumes und der gleichen Ausstattung desselben mit natürlichen, sozialen und wirtschaftlichen Faktoren aus (Isotropie). Christaller hat die stark normativ geprägte Theorie entwickelt. In seinem 1933 erschienen Werk versuchte er die Zentralität von Orten für Süddeutschland hierarchisch zu strukturieren, zu erklären und daraus Gesetzmäßigkeiten abzuleiten. Aus der Theorie wurde in den sechziger und siebziger Jahren des vorigen Jahrhunderts das hierarchisch gestufte Zentrale-Orte-Konzept (vierstufiges Klassifizierungsmodell) abgeleitet.

1 Einleitung

Bedingt durch die aktuellen globalökonomischen Rahmenbedingungen, die Veränderungen der regionalökonomischen Ansätze und Theorien und der daraufhin modifizierten politischen Programme muss sich die Wirtschaftsförderung neu orientieren. Ein Verharren in einzelnen traditionellen Aufgabenfeldern wird den aktuellen Anforderungen nicht mehr gerecht, vielmehr geht es darum, integrierte Strategien einer kommunalen Wirtschaftspolitik zu erarbeiten und in die Praxis umzusetzen.

Der vorliegende Teil dieses Buchs soll einen Beitrag zur Beantwortung der folgenden Fragen liefern:

1. Was ist Wirtschaftsförderung im Allgemeinen? (Kapitel 2)

2. Wie sehen die Entwicklungslinien der Regionalökonomie aus? Wie gestaltet sich die Umsetzung in aktuelle regionalökonomische Konzepte, wie das Cluster- bzw. Kompetenzfeldkonzept? (Kapitel 3)

3. Inwieweit haben sich die Strukturpolitiken der übergeordneten Politikebene neu ausgerichtet? In welcher Weise ist die Arbeit der Wirtschaftsförderung davon beeinflusst? (Kapitel 4)

4. Wie kann der Kompetenzfeldansatz umgesetzt werden? Was sind dabei die Fallstricke? (Kapitel 5)

5. Wie sieht eine Konzeption einer integrierten Wirtschaftsförderung aus, die versucht den aktuellen Anforderungen gerecht zu werden? (Kapitel 6)

2 Gegenstand der Wirtschaftsförderung

Das folgende Kapitel beschreibt den konstitutionellen und rechtlichen Rahmen und nimmt eine Einordnung von Wirtschaftsförderung als Bestandteil der staatlichen Strukturpolitik vor.

Die Wirtschaftspolitik der Kommunen und Kreise wird i.d.R. als kommunale Wirtschaftsförderung bezeichnet. Dabei ist zu beachten, dass räumlich orientierte Wirtschafts- bzw. Strukturpolitik Mehr-Ebenen-Politik ist und die lokale/regionale Wirtschaft auch auf anderen Ebenen (z.B. Landes-, Bundes- oder EU-Ebene) gefördert wird. Die übergeordnete Ebene ist dabei traditionell auf Ausgleich ausgerichtet und fördert insbesondere strukturschwache Regionen. Anders auf Ebene der Kreise und Kommunen: dort wird unabhängig von der Strukturstärke der Region Wirtschaftsförderung betrieben, da nicht regionaler Ausgleich sondern wirtschaftliche Prosperität das Ziel ist. Dies bedingt in Teilen eine Erhöhung des Wohlstandsgefälles zwischen einzelnen Regionen.

Das hier vorliegende Buch fokussiert Wirtschaftsförderung auf Ebene der eigenen Gebietskörperschaft. Im Folgenden wird nicht näher unterschieden, ob es sich dabei um Wirtschaftsförderung auf Ebene der Kommunen oder Kreise handelt; vielmehr werden Ansätze und Konzepte vorgestellt, die für lokale und regionale Gebietskörperschaften von Interesse sind.

Wirtschaftsförderung geht in der Praxis weit über die Begrifflichkeit »Förderung« hinaus. Ein einheitliches Verständnis des hochkomplexen Feldes Wirtschaftsförderung besteht nicht. Wirtschaftsförderungseinrichtungen unterscheiden sich in punkto Organisation, Einbettung in die Verwaltung, thematischem Fokus und Ressourcenausstattung erheblich. Insgesamt handelt es sich bei der Dienstleistung Wirtschaftsförderung um alle Maßnahmen auf kommunaler bzw. regionaler Ebene mit dem zentralen Ziel der Verbesserung der Wirtschaft im Hoheitsgebiet.

Wirtschaftsförderung ist jedoch kein Selbstzweck, sondern letztendlich Mittel zur Erreichung verbesserter Lebensbedingungen der örtlichen Bevölkerung. Dazu beitragen soll u.a. ein Angebot an angemessenen Arbeitsplätzen, ein hohes regionales Steueraufkommen, eine effiziente Infrastruktur und ein angemessenes Angebot haushaltsorientierter Dienstleistungen (Grabow, Henckel 1998: 617).

Die sich aus Artikel 28 GG ergebende Rechtsgrundlage für die kommunale Wirtschaftsförderung ist weit gefasst. Sie gewährt den Gemeinden das Recht, „alle Angelegenheiten der örtlichen Gemeinschaft im Rahmen der Gesetze in eigener Verantwortung zu regeln." Es handelt sich dabei jedoch um eine freiwillige Aufgabe: Wirtschaftsförderung ist keine Pflichtaufgabe. Das Wettbewerbsrecht der Europäischen Union verbietet Direktbeihilfen und beschränkt die zulässige Wirtschaftsförderung (Imhoff-Daniel 1994: 20). So sind z.B. Subventionen für Unternehmensansiedlungen nur noch in strukturschwachen Regionen erlaubt. Dadurch hat sich die Förderkonkurrenz zwischen Kommunen und Regionen zumindest theoretisch reduziert und Wirtschaftsförderung ist angehalten, das endogene Potenzial zu entwickeln, anstatt auf Unternehmensansiedlung zu setzen.

Die Aufgaben der Wirtschaftsförderung sind vielfältig und haben in den letzten Jahren massiv an Komplexität zugenommen (siehe Kap. 6). Die folgende Abbildung gibt einen groben Überblick in dem das Aufgabenspektrum nach Adressaten, Aufgaben und Projekten unterteilt wird.

Abb. I.1: Arbeitsfelder in der Wirtschaftsförderung

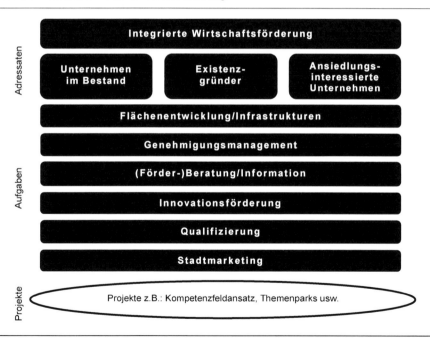

Quelle: Eigene Darstellung ©IAT

3 Die Wiederentdeckung des Raums in der Regionalökonomie

Im Folgenden werden die Entwicklungslinien in der Regionalökonomie und Raumwirtschaft aufgezeigt und neuere Konzepte, wie der Clusteransatz, vorgestellt.

Wirtschaftsförderung und Strukturpolitik bedarf der Kenntnis der theoretischen und praktischen Wirkungszusammenhänge der räumlichen ökonomischen Entwicklung. Da man in der Vergangenheit annahm, dass bei Realisierung des vollkommenen Wettbewerbs ein Optimum erreicht wird und sich der Raum ökonomisch ziemlich gleichwertig entwickelt, hat sich die Disziplin »Regionalökonomie bzw. Raumwirtschaft« erst spät entwickelt. Die in der Realität gewonnene Erkenntnis der ungleichen regionalen Entwicklung fordert die Wissenschaft heraus, diese zu erklären und Entwicklungskonzepte zu erarbeiten. Die Entwicklung der Erklärungsmodelle und Konzepte stellt sich nicht nur als räumlich und zeitlich geschichtet dar, gleichzeitig ergeben sich auch parallele Entwürfe, die sich teilweise ergänzen, teilweise aber auch diametral entgegenstehen.

„Konsens besteht in der Wirtschaftswissenschaft eigentlich nur darüber, dass es keinen Konsens in der Erklärung regionaler Disparitäten und der Art und Weise gibt, wie man ihnen am besten begegnen soll." (Axt 2000: 151).

Folgend werden einerseits die eher traditionellen Wachstums- und Entwicklungstheorien vorgestellt, die meist von einer hierarchischen Entwicklung der Räume ausgehen und anderseits neuere - stärker am Raum orientierte - Konzepte diskutiert. Bei der Vorstellung der neueren Konzepte erfolgt eine Fokussierung auf die dynamisch-evolutionären Ansätze, wie den Cluster- bzw. Kompetenzfeldansatz.

3.1 Entwicklungsperspektiven der Regionalökonomie: Von der Export-Basis-Theorie zum Dritten Italien

Die neoklassische Gleichgewichtstheorie berücksichtigt den Raum und die regionale Entwicklung nur sehr eingeschränkt. Es handelt sich dabei um eine makroökonomische Modellbildung, die unter dem Postulat des liberalen Markts, immer zum Ausgleich von Angebot und Nachfrage gelangt. Durch Wanderung der Produktionsfaktoren zum Ort der bestmöglichen Entlohnung kommt es danach zur Nivellierung der Entgeltdifferenzen. Doch auch die keynesianisch inspirierten Theorien sind Wachstumstheorien, bei denen die regionale Entwicklung – abgeleitet aus gesamtwirtschaftlichen exogenen Zusammenhängen – letztendlich immer zum Gleichgewichtszustand führt (Hahne 1994: 48). Im Gegensatz zur neoklassischen Modellbildung berücksichtigen diese Theorien explizit die Nachfrageseite. Die Nachfrage einer Volkswirtschaft bzw. einer Region bestimmt danach die Auslastung der Angebotsfaktoren. In die Regionalökonomie haben diese Ansätze z.B. in Form der Export-Basis-Theorie (siehe Kasten) Einzug gehalten.

Export-Basis-Theorie

Die Export-Basis-Theorie sieht im regionalen Export den Motor für wirtschaftliche Entwicklung. Die regionale Nachfrageexpansion wird hier am stärksten durch die Ausdehnung der Exportnachfrage (Basis-Aktivitäten) stimuliert. „Die Frage der Binnenentwicklung, der non-basic activities, hängt daher ganz wesentlich von der Entwicklung des Exports ab" (Hahne 1994: 39).

Dem durch den Export erwirtschafteten Einkommen wird ein Multiplikatoreffekt zugeschrieben: Einerseits wird durch das Einkommen Binnennachfrage geschaffen, anderseits geht die Theorie davon aus, dass ein Teil des Exporteinkommens für den weiteren Ausbau der Exportinfrastruktur (Produktionskapazitäten) eingesetzt wird.

Die Abb. I.2 zeigt den Einkommenskreislauf im Ein-Regionen-Modell. Das Exporteinkommen fließt abzüglich des Gewinntransfers an andere Regionen und der Ausgaben für Importe (Konsum- und Investitionsgüter) dem lokalen Markt zu. „Dadurch erhöht sich Produktion und Einkommen des lokalen Sektors; es setzt sich ein intraregionaler Multiplikatorprozeß in Gang, der zusätzliches Einkommen schafft." (Schätzl 2001: 150). Die Multiplikatorwirkung regionaler Exporte ist demnach umso größer, je größer die Konsumquote und je kleiner die Importquote ist.

„Als die entscheidende Determinante des regionalen Wirtschaftswachstums gilt jedoch die Exportnachfrage." (Schätzl 2001: 153). Die Erhöhung der Exporte ist daher die strategische Stellschraube der Befürworter der Export-Basis-Theorie.

Abb. I.2: Einkommenskreislauf nach dem Exportbasis-Modell

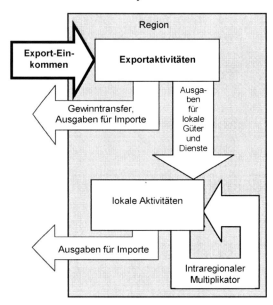

Quelle: in Anlehnung an Schätzl 2001: 151

Die Export-Basis-Theorie hatte in der Vergangenheit einen nicht unerheblichen Einfluss in der Regionalökonomie, zumal sie – zumindest als Modell – einen unstrittigen Erklärungswert für die wirtschaftliche Entwicklung von Regionen besitzt. Die bestechende Einfachheit des Systems geht allerdings mit einer Reihe von Unzulänglichkeiten einher:

Konsequent dieser Theorie folgend müssten Regionen gesamtwirtschaftlich wachsende Branchen ansiedeln. Dabei ist allerdings zu beachten, dass die Entwicklung einer Branche i.d.R. stark vom regionalen Kontext, z.B. vom Wirtschaftsbesatz der Region, abhängt. „Die Entwicklung des Exportsektors hängt nicht zuletzt von einem leistungsfähigen lokalen Sektor ab." (Schätzl 2001:154). Die regionale Ebene, zwischen der einzelbetrieblichen und der nationalökonomischen Ebene, bleibt bei der Export-Basis-Theorie weitestgehend unberücksichtigt.

Auch ist zu beachten ist, dass jeder Export einer Region einen Import einer anderen Region induziert. Dadurch ist eine Politik nach der Export-Basis-Theorie nur auf Kosten anderer Städte bzw. Regionen möglich. Nach Läpple impliziert dieses Nullsummenspiel einen „städtischen Darwinismus" (Läpple 1998b: 8). Einschränkend muss angemerkt werden, dass wenn mehrere Regionen ihre exportorientierten Basis-Aktivitäten ausdehnen und dabei gleichzeitig auch die Importquoten erhöhen, es nach der Theorie der komparativen Kostenvorteile durchaus zu einer gesamtwirtschaftlichen Wohlstandsmehrung kommen kann.

Schließlich ist zu kritisieren, dass die Theorie die regionale Nachfrage vernachlässigt. Regionale Kompetenz entsteht teilweise erst auf Grund eines lokalen bzw. regionalen Nachfrageimpulses, der es den Anbietern ermöglicht, sich zu spezialisieren und Innovationen hervorzubringen. „Ehe ein Produkt Exportgut wird, muß es in der Regel zunächst einmal regionales Gut gewesen sein." (Fürst/Klemmer/Zimmermann 1976: 56). So liegt die Begründung, warum Israel Exporteur von Bewässerungstechniken für den landwirtschaftlichen Bereich ist, in dem Wunsch des Landes nach Selbstversorgung in Kombination mit dem extrem heißen Klima, Wassermangel und der Dürre (Porter 1999: 59).

Die als Gegenmodell zu den zuvor dargestellten Ansätzen in der Mitte des vorigen Jahrhunderts entwickelte *Polarisationstheorie* versucht als entwicklungstheoretischer Ansatz die in der Realität divergierende Entwicklung der Regionen zu erklären (Krüger 1996: 15). Gunnar Myrdal lokalisierte *sektorale Wachstumspole* und wurde damit zum Begründer der regionalen Polarisationstheorie, nach der sich Wachstumspole ungleich im Raum verteilen (Myrdal 1969: 146). Die regionale Polarisationstheorie wurde z.B. in Form des *Wachstumspolkonzepts* weiterentwickelt, das den regionalen Ausbreitungseffekt von Investitionen für die Förderung von Regionen systematisch nutzt. In den 1960er und 70er Jahren sind in die Wachstumspolargumentation standortbezogene Aspekte eingeflossen (*Zentrale-Orte-Theorien*). Zugleich fand der Begriff Einzug in die Landesplanung und Raumordnung (siehe folgender Kasten). Die Verfechter dieses Ansatzes gehen davon aus, dass Wachstumspole insbesondere in Agglomerationsräumen realisiert werden können.

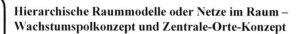

**Hierarchische Raummodelle oder Netze im Raum –
Wachstumspolkonzept und Zentrale-Orte-Konzept**

Im Rahmen des Wachstumspolkonzepts werden die zunächst sektoral festgestellten Polarisationen auf die geographische Ebene übertragen. Nach Myrdal können kumulative Prozesse positiv oder negativ wirken: In einem zeitlich und räumlich geschichteten Prozess absorbieren die Zentren (Wachstumspole) mobile Produktionsfaktoren zu

Lasten der Peripherie bzw. altindustriellen Räume (*Back-Wash-Effects*). Die sich in den Boomregionen positiv verstärkenden Wirkungen konzentrieren sich zwar im Raum, aber sie breiten sich auch zeitlich gestaffelt aus (*Trickling-Down-Effect/Spread-Effect*). Ob dabei die Konzentrations- oder Ausbreitungseffekte überwiegen, verhält sich für verschiedene Räume und Branchen uneinheitlich und kann empirisch nicht eindeutig geklärt werden.

Das regionale Wachstumspolkonzept wurde in einer Vielzahl von Ansätzen als Handlungskonzept weiterentwickelt. So fußt in der Bundesrepublik das *Schwerpunktortekonzept* – ein noch heute im Rahmen der »Gemeinschaftsaufgabe Verbesserung der regionalen Wirtschaftsstruktur« gültiges Gestaltungsprinzip der Regionalpolitik – auf polarisationstheoretischen Ansätzen (Buttler/Hirschenauer 1994: 1062 ff.). Allerdings wurde dieser, sehr statische, von einem *hierarchischen Raummodell*, ausgehende Ansatz, in der jüngeren Vergangenheit vielfach kritisiert und hat sich daher neu ausgerichtet. So beinhaltet er nun auch Elemente der endogenen Regionalentwicklung (siehe hierzu auch Kap. 4.1).

Ein weiterer hierarchisch geprägter Ansatz ist das *Zentrale-Orte-Konzept*, welchem die klassische, normativ geprägte Theorie von Christaller zugrunde liegt. Dieser hatte sich in den 30er Jahren des vergangenen Jahrhunderts zum Ziel gesetzt, die Struktur der räumlichen Ordnung der Wirtschafts- und Siedlungsstruktur zu erklären (Schätzl 2001: 72ff).

Aus dieser Theorie abgeleitet wurde in den sechziger und siebziger Jahren des 20sten Jahrhunderts das hierarchisch gestufte Zentrale-Orte-Konzept, das Einzug in die Raumordnung und Landesplanung erhielt. So wurde von der Ministerkonferenz für Raumordnung (MKRO) 1968 die vierfache Unterteilung von Räumen nach der zentralörtlichen Funktion vorgeschlagen: Ober-, Mittel-, Unter- und Kleinzentren. Nach dem Konzept hat jedes höhere Zentrum die Aufgabe, einen Versorgungsbeitrag bezüglich sozialer, kultureller und wirtschaftlicher Infrastrukturen für Orte mit niedrigerer Zentralitätsstufe zu leisten. Zu den zentralen Orten der verschiedenen Stufen wird in der Regel auch ein klar abgegrenztes, dünner besiedeltes Umland hinzugerechnet.

Gerade in städtischen Agglomerationsräumen lässt sich das auf einem hierarchischen Modell basierende Konzept nur noch bedingt anwenden, so fehlt es teilweise an Umlandgebieten mit geringerer Zentralität. Die heutigen Raumgebilde stellen sich eher als Netz- und Mosaikstrukturen mit patchworkförmigen, kleinräumigen siedlungs- und wirtschaftsstrukturellen Differenzierungen dar (Kühn 2002: 409ff). Es kann also angenommen werden, dass agglomerative und degglomerative Tendenzen auch in einer Stadtregion gleichzeitig wirken. Bezogen auf die Raumwirtschaft heißt das, dass sowohl die Kräfte, die von Netzwerkstrukturen ausgehen, als auch die der Wachstumspole in den Konzepten und Ansätzen berücksichtigt werden sollten.

Insgesamt zeigt sich, dass die Polarisationstheorie – die einen von den Zentren ausgehenden hierarchischen Entwicklungsprozess (Zentrum-Peripherie-Muster) annimmt – die regionale Entwicklung ebenso wenig hinreichend erklären kann, wie die klassischen Theorien, da sich viele Regionen mittels endogener Faktoren entwickelt haben.

Aufgrund der Schwächen der zuvor aufgezeigten Theorien und Modelle werden seit Ende der 1980er-Jahre zunehmend Entwicklungstheorien und -konzepte diskutiert, die die Region stärker als Handlungsebene betrachten. Dies hängt u.a. mit der Beobachtung zusammen, dass sich Regionen ganz unterschiedlich entwickeln, was sich nur zu einem kleinen Teil auf die Branchenstruktur zurückführen lässt. Auf der regionalen Ebene werden dabei Wirtschaftssysteme mit ihren institutionellen Gefügen, Kultur- und Milieufaktoren u.v.m. betrachtet. Es existiert eine Vielzahl verschiedener (theoretischer) Ansätze dieser Ausrichtung, die beispielsweise von Krugman unter dem Namen *New Economic Geography* subsumiert wurden (Schätzl 2001: 201). Allerdings handelt es sich dabei weniger um ein geschlossenes Modell oder eine einheitliche Theoriebildung, als vielmehr um eine Ansammlung verschiedener Erklärungsversuche und Entwicklungskonzepte. Im Folgenden werden vor allem Ansätze vorgestellt, die weniger auf eine Modellierung als vielmehr auf eine Entwicklung von Regionen setzen und unter dem Label *dynamisch-evolutionäre Ansätze* firmieren. Eine Einordnung der Theorien, Ansätze und Konzepte kann der Abb. I.8 am Ende dieses Kapitel entnommen werden.

Historisch gesehen gibt es für die neuen raumbezogenen Ansätze grundsätzlich verschiedene Entwicklungs- und Erklärungsstränge. Zu erwähnen sind in diesem Zusammenhang auch die, als Alternative für die Entwicklungsländer entstandenen Ansätze einer »*eigenständigen Regionalökonomie*« (vgl. z.B. Friedmann/Weaver 1979: 2), die seit den 80er Jahren ergänzend auch auf die Industrienationen übertragen und insbesondere als Entwicklungsstrategie für periphere Regionen diskutiert wurden (Hahne 1985: 71ff). Hintergrund hierfür war die Kritik an den ausschließlich am Wachstum orientierten Entwicklungsansätzen. Eine dezentralere und basisgesteuerte Entwicklung wurde gefordert, um die negativen Folgen der am globalen Wachstum orientierten Wirtschaft abzuschwächen. Flankiert wurden diese Forderungen durch zu erwartende steigende Transportkosten in Folge der Ölkrise 1973/74 und durch eine allgemein gestiegene Sensibilität gegenüber ökologischen Belastungen, die z.B. durch die 1972 erschienene Berichte des Club of Rome »*Grenzen des Wachstums*« (Meadows 1972) ihren Ausdruck fanden. Ferner wurden auf Grund allgemein sinkender Wachstumsraten nur geringe Ausbreitungseffekte von den Zentren in die Peripherie bzw. in strukturschwache Industrieräume (Wachstumspolkonzept) erwartet. Ein Beispiel für eine eigenständige Regionalentwicklung ist das in dem folgenden Kasten dargestellte Konzept der *Intraregionalen Potenziale* von Hahne.

Konzept der Intraregionalen Potenziale

Ausgangspunkt des Konzepts bildet die Annahme, dass die räumlich funktionale Arbeitsteilung nur ganz bestimmte, überregional nachgefragte Fähigkeiten und Potenziale nutzt, während andere verkümmern (Hahne/von Stackelberg 1994: 79 ff.; Hahne 1985). Dadurch werden Ressourcen, wie Segmente des Arbeitsmarktes, handwerkliche Fähigkeiten, Traditionen sowie kulturelle und ökologische Potenziale nicht effizient und innovativ eingesetzt. Der Innovationsbegriff bezieht sich danach nicht nur auf überregional bedeutsame und marktfähige Lösungen, sondern auch auf Ansätze einer eigenständigen Entwicklung, wie z.B. neue Ansätze der Direktvermarktung landwirtschaftlicher Produkte, des Tourismus und regionalspezifischer Waren. Eine besondere Rolle spielen diese Strategien für periphere Regionen.

Auch wenn die Ansätze einer eigenständigen Regionalentwicklung über verschiedene institutionelle Gruppen in die Strukturpolitik transportiert wurden, spielen für die Wirtschaftsförderung mehr die am »Mainstream« orientierten und als *dynamisch-evolutionäre Ansätze* bezeichneten Konzepte eine größere Rolle. Diese versuchen durch die Entwicklung der regionalen Ebene die Wettbewerbsfähigkeit der Region zu erhöhen und dadurch Wachstum zu generieren.

Analytisch begründet werden kann dieser Wandel durch die wirtschaftshistorische Erkenntnis, die allgemein als the »*Second Industrial Divide*« bezeichnet wird: Die Ende des 19. und Anfang des 20. Jahrhunderts eingeführte standardisierte industrielle Massenfertigung, die von einer hohen innerbetrieblichen Arbeitsteilung geprägt war, ermöglichte die Nutzung von Skaleneffekten und sorgte für Produktivitätsgewinne. Dominant waren wenige Großunternehmen, die entlang der Wertschöpfungskette, vertikal integriert, einen Großteil der Produktionsstufen vollzogen. Steigende Produktvielfalt und immer kürzere Produktlebenszyklen führten jedoch seit den 1970er-Jahren zu einer neuen industriellen Arbeitsteilung. Es kam zu einer Schwerpunktverschiebung von der fordistischen Massenproduktion hin zu einer flexiblen Produktion und Spezialisierung, von der innerbetrieblichen zur zwischenbetrieblichen Arbeitsteilung (vgl. Sabel/Piore 1984, 1985).

Aus einer hochflexiblen Produktion in kleinen Einheiten ergeben sich jedoch auch Nachteile: Skaleneffekte können nicht hinreichend genutzt werden, Anlageinvestitionen erfolgen auf Grund der geringeren Produktionsmengen zu selten und kleine Unternehmen können komplexe Aufträge nicht alleine bearbeiten bzw. keine neuen Produkte entwickeln. Es stellt sich die Frage, wie beide Wirtschaftsparadigmen gleichzeitig umgesetzt werden können: Klein genug, um flexibel zu sein und groß genug, um Skaleneffekte realisieren zu können. Die Antwort liegt in regionalen Netzwerken kleinerer und mittlerer Unternehmen, die das organisationstheoretische Problem zwischen zu klein, aber flexibel und zu groß, aber günstige Stückkosten, lösen.

Hierbei handelt es sich allerdings um Phänomene bzw. Trendbeschreibungen, die in verschiedenen Zeitepochen unterschiedlich wahrgenommen und infolge dessen auch umgesetzt werden, wodurch der Effekt tatsächlich verstärkt auftritt (Self-Fullfilling-Prophecy). Ob eine Epoche die andere dabei aber ablöst, ist fraglich. Will fragen: hat die fordistisch geprägte Massenproduktion mit innerbetrieblicher Arbeitsteilung die Wirtschaftsstruktur in der Zeitepoche wirklich so stark geprägt oder haben nicht vielmehr flexible Produktionsweisen, die zwischen regionalen Betrieben arbeitsteilig organisiert sind, stabil weiterexistiert, obwohl sie – außerhalb des Fokus stehend – nicht wahrgenommen wurden (vgl. z.B. Amin/Robins: 1990).

So zeigen gerade die empirischen Befunde in einigen erfolgreichen Regionen eine langfristige Entwicklung. Das am häufigsten zitierte Beispiel für solche Phänomene ist das so genannte »*Dritte Italien*«: Eine sozial und geographisch homogene Region in der Emilia Romagna, die sich über eine lange Zeitepoche entwickelt hat. Laut Cooke, ist diese Region die Heimat für eine große Anzahl an Unternehmensnetze, die aufgrund der räumlichen Nähe besondere Wettbewerbsvorteile generieren können. (Cooke 1994: 237). Allerdings handelt es sich beim »Dritten Italien« um ein international sehr häufig zitiertes Beispiel mit einem hohen Symbolwert, das sich aktuell jedoch nicht durchgehend als sehr erfolgreich darstellt.

Als Erklärungsmodell für diese auf regionaler Zusammenarbeit beruhender Ansätze werden immer wieder die von Alfred Marshall postulierten »*Industrial Districts*« angeführt. Alfred Marshall untersuchte die Frage, ob und wie economies of scale, die üblicherweise in Großbetrieben realisiert werden, in regionalen Netzwerken kleiner und mittlerer Unternehmen umgesetzt werden können. Bei seinen Beobachtungen hat er bereits im ausgehenden 19. Jahrhundert das Phänomen der »Industrial Districts« für Städte wie Manchester, Liverpool, Bristol, Sheffield und Leeds nachgewiesen. Nach Marshall, erzeugt die »Industrial Districts« ein spezifisches soziales Klima (industrial atmosphere), das für Vertrauen sorgt und Innovationen begünstigt (von Einem 1994: 283).

3.2 Aktuelle regionalökonomische Konzepte

Die in Kap. 3.1 beschriebenen Erkenntnisse und Beobachtungen sind in diverse neuere regional- bzw. lokalökonomische Konzepte eingeflossen. Insbesondere in den analytischen Grundlagen, aber ebenso in den konzeptionellen Konsequenzen kommt es dabei zu inhaltlichen Überschneidungen der einzelnen Konzepte, wodurch sich diese nicht eindeutig voneinander trennen lassen. Folgend werden zunächst die zentralen Begriffe vorgestellt, im weiteren Verlauf dieses Kapitels werden einige Konzepte aufgeführt.

„In *Netzwerken* agieren Unternehmen im kooperativen Wettbewerb." (Lessat 1998: 266). Der Netzwerkbegriff im regionalökonomischen Kontext geht dabei zwar über die traditionellen marktvermittelten Beziehungsgeflechte hinaus, „doch anders als der Milieubegriff [...] werden Unternehmensnetzwerke [...] als Ergebnis rein optimierenden, rationalen Handelns interpretiert" (ebd.). Es gibt sehr viele verschiedene inhaltliche und formale Arten von Netzwerken: vertikale (entlang der Wertschöpfungskette), horizontale (auf einer Wertschöpfungsstufe) und diagonale Vernetzungen (branchenübergreifend) sind denkbar (Schwarz 2000). Auch ist eine unternehmenszentrierte Einteilung nach Funktionen, z.B. öffentliche Stellen, Forschungs- und Ausbildungsinstitutionen, Lieferanten oder Kunden, wie sie von Ritter und Gemünden (1999: 389 ff.) für Netzwerke im Innovationsprozess vorgenommen wurde, denkbar. Unternehmen partizipieren in Netzwerken, um sich Vorteile – z.B. Wissens-Spillover, Verbesserung der Kommunikation oder Reduktion von Unsicherheit – zu verschaffen (Genosko 1997). Der Netzwerkbegriff trifft jedoch noch keine Aussage über die räumliche Nähe oder regionale Einbettung, vielmehr geht es um einen abstrakten ökonomischen Raum (Blotevogel 1994: 738ff). Da aber informelle Kooperationsstrukturen durch räumliche Nähe begünstigt werden, wird bei ökonomischen Netzwerken die räumliche Dimension oft impliziert. Jedoch sind die Unternehmen und nicht der geographischen Raum die zentrale Beobachtungseinheit.

In neueren regionalökonomischen Ansätzen wird häufig von Netzwerkmanagement gesprochen. Es sei an dieser Stelle aber darauf hingewiesen, dass Netzwerke eher ein Instrument bzw. ein Ergebnis sind, das entsteht wenn (regionale) Akteure zusammenarbeiten, als etwas, das man ohne thematischen Fokus aufbauen kann. Netzwerke bilden sich i.d.R in einem eigendynamischen Prozess und lassen sich nur schwer von außen organisieren.

Sowohl der Begriff des *Milieus* als auch das *Clusterkonzept* (siehe folgend die Konzepte der Gremi, von Porter, Läpple und Rehfeld) erweitern den Netzwerkbegriff um die räumliche Dimension. Beim Clusterkonzept kann zwischen dem empirischen und dem strategischen Konzept unterschieden werden. Ersteres behandelt ein Cluster als ein empirisch nachweisbares Phänomen – also der geographischen Ballung von Unternehmen einer Wertschöpfungskette bzw. eines Sektors. Zweiteres ist als Konzept der Wirtschaftsförderung und Regionalentwicklung zu verstehen, das in jüngster Zeit auch mit dem *Kompetenzfeldkonzept* beschrieben wird. Dieser Begriff ist nicht allgemeingültig zu fassen. Von der Politik aufgegriffen liegt der Schwerpunkt beim Kompetenzfeldkonzept in der Umsetzung des Clusteransatzes. Wenn der Begriff Cluster das empirisch nachzuweisende Phänomen, also die räumliche Ballung von Unternehmen eines Sektors bzw. einer Wertschöpfungskette beschreibt, so ist mit dem Kompetenzfeldkonzept die strategische Entwicklung zukunftsträchtiger Sektoren intendiert (siehe dazu auch Kap. 4.2). So liegt der Fokus beim Kompetenzfeldansatz eher auf einer positiven Entwicklung, bestehenden Netzwerken, vorhandenen Faktorbedingungen und der Innovationskraft, also insgesamt auf der zu erwartenden Zukunftsfähigkeit und Dynamik. Sektoren bzw. Branchen, von denen bezüglich Beschäftigungs- und Innovationseffekten keine besondere Dynamik zu erwarten sind, können, wenn die Unternehmen räumlich geballt sind, durchaus Cluster sein, von Kompetenzfeldern würde in diesen Fällen allerdings nicht gesprochen. Im Folgenden wird versucht, die Begriffe so weit wie möglich auseinander zu halten.

Um die Begriffe im Kontext der täglichen Arbeit in der Wirtschaftsförderung greifbarer zu machen, werden folgend einige dieser Konzepte vorgestellt:

3.2.1 Das Innovative Milieu

Die »Groupe de recherche européen sur les milieux innovateurs« (Gremi), die sich 1985 gründete, entwickelte den Ansatz der *innovativen Milieus* (vgl. z.B. Camagni 1991), der gleichermaßen ökonomische, technologische, institutionelle sowie kognitive Aspekte einbezieht. Die Region erhebt sich dem Ansatz zufolge vom passiven Wirkungsfeld zum eigentlichen Akteur der Innovation und steht stärker im Mittelpunkt der Betrachtung als die Unternehmen.

Nach Genosko (1997: 4ff) hängt ein innovationsförderndes regionales Klima im Sinne des innovativen Milieus von folgenden Faktoren ab:

» Innovation als arbeitsteiliger und kollektiver Prozess wird gemeinsam von kleinen und großen Unternehmen, forschenden und administrativen, privaten und öffentlichen Institutionen, produktionsorientierten Dienstleistern usw. getragen.

» Räumliche Nähe (Proximität) ist auf Grund der notwendigen Informalität und der Face-to-Face Kontakte, die Vertrauen ausbilden, bedeutsam.

» Kultureller Ansatz: Es existiert ein gemeinsames Grundverständnis bezüglich sozioökonomischer Probleme und Lösungsmuster, welches durch räumliche Nähe und einen gemeinsamen kulturellen Kontext begünstigt wird.

» Synergie und das Zusammenspiel von Faktoren ist für den Innovationsprozess von höherer Relevanz als die Existenz einzelner Faktoren. Bezogen auf die Wirtschaftspolitik einer Region bzw. Kommune bedeutet das, dass gute allgemeine Infrastrukturen nicht ausreichen, sondern es um eine integrierte Entwicklung der Region geht.

Die Abb. I.3 von Camagni gibt einen Überblick zu den Funktionsmechanismen innovativer Milieus. Hierbei wird zwischen einer geographischen und soziokulturellen Proximität unterschieden.

Abb. I.3: Basiselemente und Funktionen innovativer Milieus

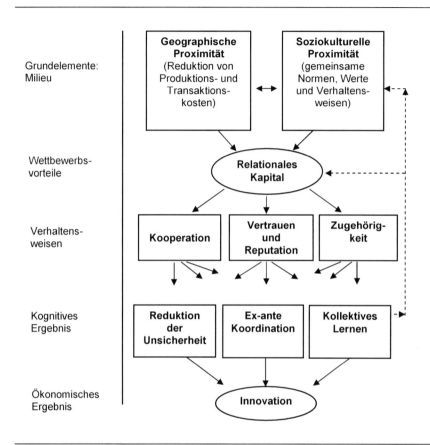

Quelle: Camagni 2003

Die soziokulturelle Proximität, die für gemeinsame Normen, Werte und Verhaltensweisen verantwortlich ist, hängt nach dem Konzept jedoch von der geographischen Proximität ab. Somit ist der Milieubegriff implizit an die Region gebunden.

Bei dem Ansatz der innovativen Milieus handelt es sich um ein eher analytisches Modell. Es wird beschrieben, warum sich eine Region innovativ entwickelt bzw. als innovationsförderlich erweist. Um die Wettbewerbsfähigkeit einer Region oder Stadt zu verbessern, schlägt Camagni (2003) das Instrument der strategischen Planung als Bestandteil einer »Local Governance« vor. Dabei wird Governance als Summe der Regeln, Prozesse und Verhaltensweisen verstanden, die die Steuerung von Gemeinschaften bedingen. Dieses Instrument soll:

- » Möglichkeiten zur Diskussion und Interaktion schaffen,
- » lokale bzw. regionale Identität fördern,
- » Kooperationsmöglichkeiten und Vertrauen bewirken sowie
- » Regeln und vereinfachte Verfahren aufstellen (ebd.).

Camagni weist darauf hin, dass eine erhöhte regionale Wettbewerbsfähigkeit, die durch den Wandel der Bedeutung von harten zu weichen Standortfaktoren, von Konkurrenzdenken zu Kooperation bedingt ist, nicht zu einem regionalem Nullsummenspiel führt (vgl. Export-Basis-Theorie). Denn erstens bewirkt regionale Wettbewerbsfähigkeit, die durch verbesserte Lebensqualität und eine effizientere Daseinsvorsorge bedingt ist, auch Vorteile für die Unternehmen und Bewohner am Standort. Und zweitens kann regionale Wettbewerbsfähigkeit, die auf der Spezialisierung einer Region beruht, zur Komplementarität regionaler Funktionen beitragen, wodurch sich insgesamt ein Gewinn für alle Regionen einstellt (komparative Kostenvorteile).

Das Konzept der innovativen Milieus betrachtet also das Zusammenspiel ökonomischer, sozialer und kultureller Faktoren. Dabei stellen sich auf Grund der räumlichen Nähe zwischen den Unternehmen Wettbewerbsvorteile ein. Im Unterschied zum Clusterkonzept, das folgend beschrieben wird, spielt die Zugehörigkeit der Unternehmen zu einer Wertschöpfungskette dabei nur eine nachgeordnete Rolle.

3.2.2 Cluster nach Porter

Allgemein wird unter einem Cluster die räumliche Ballung von Unternehmen und entsprechenden Institutionen einer Branche bzw. komplementärer Gewerbezweige verstanden, wobei der Fokus auf den Unternehmen liegt. Grundsätzlich handelt es sich dabei um keinen ganz neuen Ansatz. So hat, wie bereits dargelegt, der britische Nationalökonom Alfred Marshall vor über 100 Jahren Industrial Districts untersucht. In seiner heutigen Auslegung geht der Ansatz auf Porters bekanntes Konzept der »Nationalen Wettbewerbsvorteile« (1993) zurück und wurde in verschiedene Richtungen weiterentwickelt. Porter geht davon aus, dass der Standort trotz der weltweiten Verfügbarkeit von Kapital, Gütern, Informationen und Technik eine wichtige Rolle spielt. In seinen internationalen Vergleichen von Ländern und Regionen hat er die Bedeutung von, i.d.R. exportorientierten, Clustern für die regionale Entwicklung aufgezeigt (Porter 1999a: 51f). Nach Porter handelt es sich „bei einem Cluster um eine geographische Konzentration von Unternehmen, spezialisierten Lieferanten, Dienstleistungsanbietern, Unternehmen in verwandten Branchen und verbundenen Einrichtungen (zum Beispiel Universitäten, Normungsinstitute und Wirtschaftsverbände), die in bestimmten Feldern untereinander verbunden sind und gleichzeitig miteinander konkurrieren und kooperieren" (Porter 1999b: 207f). Um herauszufinden wie ein Cluster abzugrenzen ist, empfiehlt Porter bei einem großen Unternehmen oder einer Konzentration ähnlicher Unternehmen zu beginnen und die vor- und nachgelagerten Unternehmen in der vertikalen Kette zu ermitteln. Im weiteren Schritt sind auf der horizontalen Ebene die Unternehmen zu identifizieren, die sich gemeinsamer Vertriebskanäle bedienen, bzw. ähnliche Produkte erzeugen oder durch Verwendung ähnlicher Produktionsfaktoren oder Technologien miteinander vernetzt sind (ebd.: 210). Die Abb. I.4 zeigt das Ergebnis schematisch für das italienische Schuh-/Modecluster, allerdings ohne die nachgelagerten Stufen wie Vertrieb.

Nach Porter liegen die bedeutenden Wettbewerbsvorteile in einer globalen Wirtschaft „zunehmend im regionalen Bereich – in Kenntnissen, Fähigkeiten, in Beziehungen und Motivationen, die räumlich entfernte Konkurrenten nicht aufbringen können" (Porter 1999a: 51f). Demnach hat sich weniger die Standortbedeutung verändert, als vielmehr die Gewichtung der einzelnen Standortfaktoren: Waren früher Faktoren, wie natürliche Häfen oder Rohstoffe bedeutsam, so ist der Wettbewerb heute weitaus dynamischer und die Interaktion der Akteure vor Ort stellt ein wichtiges Erfolgskriterium dar.

Abb. I.4: Der italienische Schuh- und Modecluster

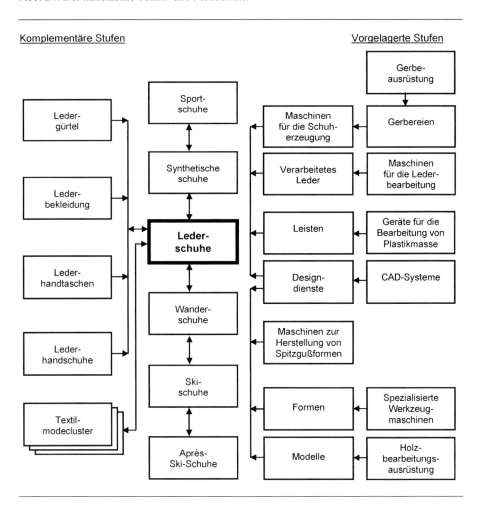

Quelle: Porter 1999b: 211; Forschungsarbeiten von Claas van der Linde, 1993

Porter zufolge sind die Faktoren, die die Herausbildung von Clustern bedingen, nach Branche und sogar Branchensegment sehr unterschiedlich. Er differenziert zwischen vier Bestimmungsfaktoren der regionalen/nationalen Wettbewerbsvorteile einer Region bzw. Nation, die er zu einem Diamanten (siehe Abb. I.5) zusammenfasst:

1. **Faktorbedingungen**: Wie sind die für eine spezifische Branche bedeutsamen Produktionsfaktoren herausgebildet?
2. **Nachfragebedingungen**: Fungiert eine endogene Nachfrage als Impuls?
3. **Verwandte und unterstützende Branchen**: Existieren wettbewerbsfähige Zulieferstrukturen?
4. **Unternehmensstrategie, Struktur und Wettbewerb**: Was sind die nationalen Regulationen, die den Markt, die Unternehmensorganisation und die Konkurrenz bestimmen (vgl. Porter 1993: 95ff)?

Abb. I.5: Cluster-Bestimmungsfaktoren und deren Einflussfaktoren

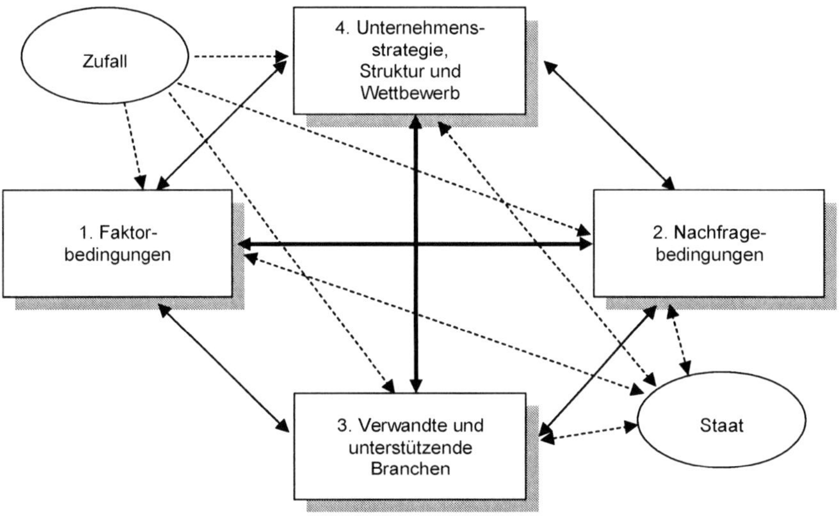

Quelle: nach Porter 1993: 151

Diese Bestimmungsfaktoren haben auch gegenseitige Wirkungen und werden von der staatlichen Ebene und dem Zufall beeinflusst. Gemeinsam schaffen sie das Umfeld für die Unternehmen und werden von den Unternehmen selbst beeinflusst. Porter nennt vier Aspekte die für Unternehmen zentral sind, um von Wettbewerbsvorteilen in Clustern profitieren zu können:

1. **Standortwahl**: Standorten mit niedrigen Lohnkosten und Steuern fehlt häufig eine „effiziente Infrastruktur, hochwertige Lieferanten und andere Vorteile, die ein Cluster bietet" (Porter 1999a: 61). Unternehmen sollten daher die gesamten Systemkosten und das Potenzial für Innovationen eines Standortes berücksichtigen.
2. **Engagement am Standort**: Wer die Vorteile eines Clusters (z.B. Wissens-Spillover) nutzen will, „ist auf persönliche Beziehungen, direkte Kontakte, ein Gespür für das gemeinsame Interesse und einen Insiderstatus angewiesen" (ebd.: 62).
3. **Clusteraufwertung**: „Wenn das wirtschaftliche Umfeld aufblüht, tut das auch dem eigenen Unternehmen gut" (ebd.). So sollten sich Unternehmen z.B. an der Verbesserung der Berufsausbildung u.ä. beteiligen, um das Cluster insgesamt aufzuwerten.
4. **Zusammenarbeit anstatt Lobbyismus**: Beispielsweise sollen Wirtschaftsverbände nach Porter weniger als Lobbyisten fungieren, als vielmehr „Foren für den Austausch von Ideen und Brennpunkte für gemeinsame Maßnahmen bei der Überwindung von Produktivitäts- und Wachstumshindernissen sein" (ebd.).

3.2.3 Cluster als stadtökonomisches Konzept: Konzept der Teilökonomien nach Läpple

Läpple entwickelt in seinem Forschungsansatz »*Städtische Teilökonomien*« Porters Ansatz der Cluster weiter. Er gruppiert dazu die Branchen so um, dass er eine Gesamtübersicht über deren funktionale Vernetzung, aber auch eine Übersicht über die Größe der einzelnen Stadtökonomien und deren Bedeutung für die Stadt erhält. Damit ist der Ansatz zunächst einmal ein analytisches Konzept. So wurde das gesamtwirtschaftlich konzipierte Branchen- und Sektorkonzept auf die städtische Wirtschaft projiziert und „korrigiert bzw. ergänzt durch einen Bottom-up-Ansatz, durch den die spezifischen städtischen Entwicklungsbedingungen – insbesondere die historisch gewachsenen Produktions- und Wertschöpfungsstrukturen sowie die Verflechtungszusammenhänge – in die Analyse einbezogen werden" (Läpple 1998a: 73). Ziel ist es, darauf aufmerksam zu machen, dass eine städtische Ökonomie beide Pole benötigt: einerseits die exportorientierten Ökonomien, die Einkommen in die Region transferieren, von denen durch intraregionale Vernetzung auch kleinere Betriebe profitieren und anderseits die auf die lokale Nachfrage orientierten Unternehmen, die die Lebensqualität am Standort erhöhen und unternehmensnahe Dienstleistungen bereit stellen.

INTEGRIERTE WIRTSCHAFTSFÖRDERUNG

Sein Ansatz unterscheidet sich von Porters insofern er die gesamten, auch nicht exportorientierten, Wirtschaftssektoren einer Stadt betrachtet und deren funktionale Vernetzung in den Mittelpunkt stellt. Dies liegt in dem unterschiedlichen Blickwinkel begründet: Läpple betrachtet die Entwicklungspotenziale der Stadt, Porter hingegen die Potenziale der Unternehmen im regionalen Kontext – dem Wettbewerbssystem. Bei einer Untersuchung für Hamburg stellte sich beispielsweise heraus, dass die nichtexportorientierte Teilökonomie »Stadtteil-/Quartiersbezogene Betriebe« bei Läpple mit 15,6% eine der stärksten Teilökonomien Hamburgs darstellt und in den letzen Jahren sogar an Volumen zugenommen hat. Läpple beklagt, dass trotz seiner Bedeutung sowohl für den Arbeitsmarkt als auch für die Versorgungsqualität der Stadtteile, dieser „Bereich bis vor kurzem im toten Winkel der Stadtpolitik lag" (Läpple 1998a: 75). Die Abb. I.6 zeigt die einzelnen Wirtschaftssegmente für Hamburg. Die Größe der Kreise gibt die Beschäftigungsanteile an der Gesamtbeschäftigung wieder, die auch in Prozentangaben und absoluten Zahlen in den Kreisen aufgeführt sind. Die Nähe auf der horizontalen Ebene drückt den Verflechtungsgrad der Ökonomien untereinander aus.

Abb. I.6: Städtische Teilökonomien in Hamburg

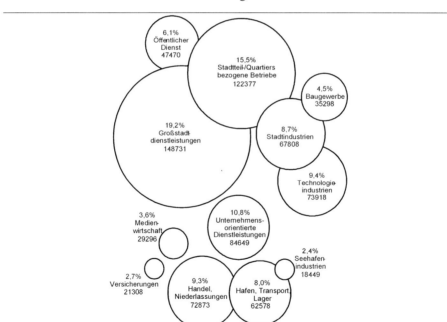

Quelle: In Anlehnung an Läpple 1999a

Als Ansatzpunkte einer zukünftigen Politik fordert er einen Strategiemix: „neben einer Förderung technologie- und außenorientierter Wirtschaftsbereiche muss die Förderung der lokal und regional orientierten Betriebe stärker in den Mittelpunkt der Wirtschafts- und Stadtentwicklungspolitik rücken" (Läpple 1998a: 79). Er empfiehlt die Zusammenarbeit zwischen Klein-, Mittel- und Großbetrieben zu fördern und regionale Innovationsnetzwerke zu entwickeln. Ferner erfordere eine zukunftsfähige Stadtregionenentwicklung in einer globalen Wirtschaft „die Entwicklung flexibler und lernfähiger städtischer Produktionsmilieus sowie den Erhalt der sozialen und politischen Kohärenz der Stadtgesellschaft" (Läpple 1998a: 79).

3.2.4 Cluster als strategischer Bezugspunkt für die Wirtschaftsförderung: Cluster nach Rehfeld

Dem Konzept liegt u.a. die Beobachtung zugrunde, dass die wirtschaftlichen Strukturveränderungen in einzelnen Regionen sehr unterschiedlich wirksam geworden sind (Rehfeld 1999). Es sei dabei keineswegs so, dass global agierende Unternehmen sich immer mehr von ihren Standortbindungen lösen und weltweit auf der Suche nach dem kostengünstigsten Standort sind. Grote Westrick/Rehfeld argumentieren ähnlich wie Porter, indem sie anführen, dass die Nähe zu anderen Akteuren einer Produktionskette eine zentrale Bedeutung habe, um den Anforderungen im globalen Wettbewerb gerecht zu werden. „Die Nähe zu Leitnachfragern und spezialisierten Zulieferern und Dienstleistern, die Möglichkeiten eines direkten Austausches mit Hochschulen und Forschungseinrichtungen, die Konzentration qualifizierter Arbeitskräfte und die Chance auf direkte, oft auch informelle Kontakte, nicht zuletzt, der Innovationsdruck, der durch benachbarte Konkurrenten entsteht, bilden künftig zentrale Standortvorteile, die von global agierenden Unternehmen zunehmend gesucht werden" (Grote Westrick/Rehfeld 2003: 16).

Rehfeld definiert Cluster als die räumliche Konzentration von Elementen einer Produktionskette (Rehfeld 1999: 43). Er konzentriert sich auf Produkte, die auf überregionalen Märkten abgesetzt werden können, lässt damit Basisfunktionen vor Ort unbeachtet und legt den Fokus auf den marktorientierten ökonomischen Verflechtungszusammenhang. Die Produktionskette ist danach die Kette aller Funktionen, „die für die Entwicklung, Herstellung und Vermarktung eines Produktes bzw. einer Produktgruppe notwendig sind" (Rehfeld 1999: 48). Cluster verteilen sich gemäß dieser Definition ungleich im Raum. Regionen bzw. die mit der Wirtschaftsentwicklung betrauten Akteure müssen demnach fragen:

» [...] „welche Stellung eine Region mit ihren Clustern innerhalb einer überregionalen Arbeitsteilung einnimmt,
» inwieweit die aus der regionalen Konzentration von Funktionen resultierenden Potenziale ausgeschöpft werden [...] und
» welche Bedeutung die Cluster für die Struktur und Entwicklung der regionalen Wirtschaft insgesamt einnehmen?" (Rehfeld 1999: 233).

Rehfeld warnt davor, von der regionalen Konzentration von Funktionen einer Produktionskette auf zwischenbetriebliche Verflechtungen zu schließen. Er unterteilt die Art der räumlichen Verflechtung in eine gemeinsame Infrastruktur sowie eine marktvermittelte und eine informelle Verflechtung (Informationen, Personal etc.). Dabei zeige sich eine „Veränderung der Bedeutung von Clustern für Unternehmen, weg von der stofflichen Verflechtung hin zu informellen, auf Innovation ausgerichteten Verflechtungen" (Rehfeld 1999: 232).

Faktoren zur Umsetzung des Clusterkonzepts in der Wirtschaftsförderung

Um den Clusteransatz erfolgreich in der Praxis der Wirtschaftsförderung bzw. in der Regionalenwicklung zu nutzen, sind nach Grote Westrick/ Rehfeld (2003: 18ff) folgende Faktoren zu beachten:

1. Es geht um eine **strategische Ausrichtung** auf aussichtsreiche Cluster und angesichts des rasanten Strukturwandels um eine permanente Überprüfung und Weiterentwicklung derselben.

2. Ein derartiger Ansatz kann nur als **gebündelte Aktivität** aller Beteiligten erfolgreich sein. Daher bedarf es einer gemeinsamen Orientierung für eine regionale Profilierung.

3. Da sich Unternehmen zunehmend an bereits spezifisch profilierten Standorten ansiedeln, macht es keinen Sinn mehr zwischen Bestandspflege und Ansiedlungsförderung zu unterscheiden. „Eine **kompetente und innovative Wirtschaftsstruktur** vor Ort bildet daher das zugkräftigste Akquisitionsargument." (ebd.)

4. Die Entwicklung und Unterstützung von Clustern hat **an den vorhandenen Wirtschaftsstrukturen** anzusetzen.

5. Die Betrachtung der regionalen Potenziale hat im **Kontext der allgemeinen Entwicklung** zu erfolgen. Der Blickwinkel darf nicht auf die Region beschränkt bleiben.
6. **Nicht jede Region bringt das Potenzial für Kompetenzfelder mit**. Somit kann dieser Politikansatz nicht überall zur Anwendung kommen.

Die ökonomische Entwicklung einer Region ist allerdings von einer komplexen Systematik anhängig und lässt sich nicht auf einzelne Cluster beschränken. Dass sich Rehfeld bei der Definition von wettbewerbsfähigen Cluster auf Produkte mit Fernabsatzorientierung konzentriert, bedeutet keinesfalls, dass er die Branchen der Basisversorgung für die wirtschaftliche Entwicklung einer Stadt bzw. Region für unerheblich hält. Die folgende Abbildung zeigt beispielhaft die Potenzialfaktoren des Wirtschaftsraums Gelsenkirchen, die neben den Clustern aus den Faktoren Lebensqualität, moderne Werkstoffe, Wirtschaftsförderungskompetenz und zukunftsweisende Infrastrukturen bestehen.

Abb. I.7: Zukünftiges Profil der Stadt Gelsenkirchen

Zukunftsweisende Infrastruktur

Energiemanagement
Gas
Facilitymanagement
Logistik

Lebensqualität — **Wifökompetenz**

Wasser — **Solarenergie**

Gesundheit

Labor/Analyse — Wissensbasierte unternehmensnahe Dienstleistungen — Cluster

Spezialchemikalien

Chemie — **Metallverarbeitung**

Glas   Kunststoff

Verbundwerkstoffe

Produktionsnahe Dienstleistungen

Moderne Werkstoffe

Quelle: Müller/Rehfeld 2002: 9

3.2.5 Vergleich vorgestellter Konzepte

Die dargestellten Konzepte berücksichtigen den Raum in besonderer Weise und treffen sich in der Zielsetzung, regionale Potenziale zu nutzen. Die Entwicklungsmöglichkeiten von Unternehmen werden stärker als in der Vergangenheit im regionalen bzw. zwischenbetrieblichen Kontext gesehen, allerdings mit unterschiedlichem Blickwinkel: So fragt Porter eher aus der Unternehmenssicht, wo sich aufgrund spezifischer Standortgefüge Wettbewerbsvorteile generieren lassen. Das Konzept eignet sich selbstverständlich auch, um Regionen danach zu entwickeln: Es wird der Frage nachgegangen, wie eine Region geschaffen sein muss, damit Unternehmen Wettbewerbsvorteile generieren können. Die anderen Konzepte gehen eher aus Sicht der regionalen Entwicklung der Frage nach, wie durch die Förderung regionaler Kompetenzfelder bzw. Betrachtung der funktionalen Vernetzung der Ökonomie positive Entwicklungsimpulse gegeben werden können. So spricht Läpple z.B. von der „Ökonomie der Stadt im Gegensatz zur Ökonomie in der Stadt" (Läpple 2000). Die Ansätze unterscheiden sich auch in der Frage, inwieweit eine Beschränkung auf wettbewerbsfähige Cluster oder eine Betrachtung der gesamten Wirtschaft in funktionalen Einheiten sinnvoll ist. Da jedoch allgemein betont wird, dass wettbewerbsfähige Cluster einer regionalen Einbettung bedürfen, handelt es sich wohl letztendlich nur um eine Blickwinkel-Divergenz. Im Zentrum der Betrachtung steht bei allen Ansätzen die Region als System.

3.3 Raumwirtschaft und regionalökonomische Konzepte in der Gesamtschau

Bevor im Folgenden die politischen und umsetzungsorientierten Ebenen der neueren regionalökonomischen Ansätze beleuchtet werden, soll anhand der folgenden Abbildung ein abschließender Überblick über die raumwirtschaftliche Entwicklung und aktuellen Konzepte gegeben werden.

Abb. I.8: Raumwirtschaft und neuere regionalökonomische Konzepte

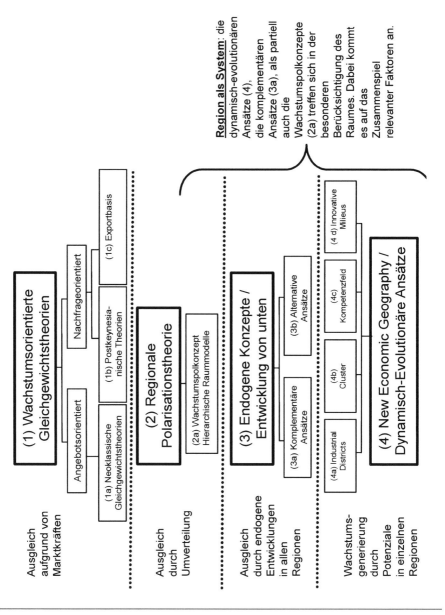

Quelle: Eigene Darstellung ©IAT

Grob unterteilen lässt sich die Raumwirtschaftstheorie in die *wachstumsorientierten Theorien und Modelle* (Ziffer 1 in der Abbildung) und die neueren Ansätze, die allgemein unter *New Economic Geography* (4) zusammengefasst werden. Die regionale *Polarisationstheorie* (2) nimmt dabei, sowohl zeitlich als auch inhaltlich, eine Zwischenposition ein.

Bei den klassischen Raumwirtschaftstheorien ist als erstes die *neoklassische Gleichgewichtstheorie* (1a) zu nennen. Dies ist eine makroökonomische Modellbildung, die immer zum Ausgleich von Angebot und Nachfrage führt und daher regionale Divergenzen nicht erklären kann. Im Gegensatz zur neoklassischen Modellbildung berücksichtigen die *kenysianisch geprägten Ansätze* (1b) explizit die Nachfrageseite. Dass durch eine Investition geschaffene Einkommen erzeugt neues Einkommen, wenn es reinvestiert wird (Multiplikator). Eine einfache Anwendung dieser Grundüberlegung ist die *Export-Basis-Theorie* (1c), die im Grundsatz besagt, dass die regionale Entwicklung am effizientesten durch die Ausdehnung der Exportnachfrage stimuliert werden kann. Allerdings werden dabei intraregionale Kreisläufe vernachlässigt und die regionale Ebene bleibt unterbewertet. All diese Raumwirtschaftstheorien gehen von modellhaften Annahmen aus, wobei die regionale Entwicklung letztendlich immer zum Gleichgewichtszustand führt.

Die regionale *Polarisationstheorie* (2) ist als Gegenmodell entstanden und versucht die tatsächlich vorhandenen regionalen Divergenzen zu erklären. Danach verteilen sich Wachstumspole ungleich im Raum. Die Pole absorbieren in einem räumlich und zeitlich geschichteten Prozess mobile Produktionsfaktoren und verstreuen – nach Erreichen eines Optimums – wieder positive Effekte ins Umland (Spread-Effekt). Welche Effekte dabei langfristig überwiegen ist empirisch nicht eindeutig zu klären. Diese Theorie wurde in einer Vielzahl *wachstumspolorientierter Ansätze* (2a), z.B. dem *Schwerpunktortekonzept* und den an *hierarchischen Raummodellen* orientierten Planungskonzepten weiterentwickelt. Dabei sollen Investitionen, Infrastrukturen und Funktionen auf bestimmte Orte konzentriert werden, um eine kritische Menge zu erreichen. Ziel ist es durch Investitionslenkung insgesamt zu einer ausgeglichenen Entwicklung der Regionen zu gelangen.

Da sich Räume jedoch sehr individuell entwickeln und die Region über die Produktionsfaktoren hinaus eine wesentliche Rolle spielt, werden mittlerweile verstärkt an der regionalen Handlungsebene orientierte Ansätze diskutiert, die sich grundsätzlich in zwei Gruppen unterteilen lassen:

Endogene Konzepte (3) setzten als eine Alternative für die Entwicklungsländer auf eine eigenständige Regionalentwicklung und sind als komplementäre Ansätze für die Industrieländer weiterentwickelt worden. Ähnlich wie bei der Export-Basis-Theorie sind diese Ansätze zunächst einmal nachfrageorientiert, betrachten jedoch zugleich intraregionale Kreisläufe. Ziel ist in allen Regionen die endogenen Potenziale zu fördern und damit zu einer ausgeglichenen Entwicklung aller Regionen beizutragen. Neben der wirtschaftlichen Entwicklung werden soziale, ökologische und kulturelle Ziele verfolgt. Obwohl diese Ansätze momentan nicht im Rampenlicht der Strukturpolitik stehen, spielen sie – transportiert durch verschiedene gesellschaftsrelevante Institutionen - eine Rolle, auch weil sie eine gewisse Nähe zu den unter dem Titel *New Economic Geography* (4) zusammengefassten Ansätzen zeigen.

Ziel ist es auch hier durch Förderung der endogenen Potenziale die Regionen zu entwickeln. Allerdings geht es dabei weniger um eine Förderung der auf regionale Nachfrage gerichteten Sektoren als vielmehr um eine Spezialisierung der Regionen und Förderung exportfähiger Sektoren. Durch Konzentration auf regionale Stärken sollen Regionen zum Wachstum beitragen.

Diese Ansätze implizieren in ihrer logischen Konsequenz eine gewisse Analogie zu den auf Grundlage der regionalen Polarisationstheorie entwickelten Wachstumspolansätzen: *Kompetenzfelder* benötigen eine Konzentration um eine regionale Spezialisierung zu realisieren. Im Gegensatz zur Wachstumspolkonzeption, bei der durch externe Ansiedlung an bestimmten Knotenpunkten Impulse in strukturschwachen Regionen gesetzt werden können, werden beim Kompetenzfeldansatz in seiner konsequentesten Umsetzung nur die Regionen gefördert, die bereits über relevante Potenziale verfügen. Ob es infolgedessen zu einer Ausbreitung der Effekte auf andere Regionen kommt, ist bisher nicht geklärt.

Zusammenfassend lässt sich für die neueren Ansätze festhalten, dass sich viele Positionen treffen, indem sie die *Region als System* ins Zentrum der Betrachtung rücken. Es bleibt zu hoffen, dass dabei zukünftig noch stärker auch außerökonomische Faktoren, wie z.B. Urbanität oder gebaute Umgebung, betrachtet und auch neue, weniger hierarchische Raumkonzepte aufgenommen werden.

4 Die Region in der Strukturpolitik: Auswirkung für die Wirtschaftsförderung

In diesem Kapitel wird die Veränderung der Strukturpolitik auf Ebene des Bundes, der Länder und der EU sowie deren Bedeutung für die regionale bzw. kommunale Wirtschaftsförderung dargestellt.

Die stärkere Berücksichtigung des Raums hat mittlerweile in die verschiedenen Ebenen der bundesdeutschen und europäischen Raumwirtschaftspolitik Einzug erhalten. Seit Beginn der 1990er Jahre zeichnet sich der Prozess der regionalisierten Raumwirtschaftspolitik durch eine gewisse Eigendynamik aus. Regionen, die keinen regionalen Kooperationsbedarf beim Wettbewerb um Fördermittel proklamieren können, geraten bei der Zuweisung teilweise ins Hintertreffen (Rehfeld 1999: 30). Da dies zentral ist für die Wirtschaftsförderung – will sie zukünftig von den Förderprogrammen der übergeordneten Politikebene profitieren und komplementär deren Strukturpolitik ergänzen – werden folgend einige Programme und Politiken der verschiedenen Ebenen aufgeführt. Damit soll lediglich die grobe Entwicklung in der Strukturpolitik aufgezeigt und keineswegs ein Katalog erstellt werden, anhand dessen die Wirtschaftförderung Fördermittel einwerben kann.

4.1 Bund–Länder–Gemeinschaftsaufgabe »Verbesserung der regionalen Wirtschaftsstruktur«

1969 wurde zum Zwecke der Koordinierung der verschiedenen an der Strukturpolitik beteiligten Ebenen (Bund, Länder und Kommunen) die Bund-Länder-Gemeinschaftsaufgabe »Verbesserung der regionalen Wirtschaftsstruktur« eingeführt. Dieses Programm ist einem Wandel unterlegen: Bis zum 1995 verabschiedeten 24. Rahmenplan wurde ein stark zentralistisches Konzept verfolgt, das als überzentralisierend, unitarisierend und mit dem Subsidiaritätsprinzip unvereinbar kritisiert wurde (Waniek 1995: 179f). Die Investitionsförderung war nach dem Schwerpunktortekonzept auf von den Ländern auszuweisende Orte zu konzentrieren (Buttler, Hirschenauer 1994: 1062ff). Dieses Konzept wurde relativiert und beinhaltet nun auch „Elemente wie den Aufbau lokaler bzw. regionaler Organisationsstrukturen für Regionalmanagement." (Bundesministerium für Wirtschaft und Technologie: 2000a) Das Programm musste sich u.a. deswegen neu ausrichten, da es inzwischen häufig zur Kofinanzierung von Fördermitteln der Europäischen Union eingesetzt wird und insofern deren Programmbedingungen entsprechen muss.

Im Kontext der Gemeinschaftsaufgabe ist zwischen den im Rahmenplan festgelegten Richtlinien und der tatsächlichen Realisierung in den geförderten Projekten zu unterscheiden. So wird aktuell kritisiert, dass es durch die Gemeinschaftsaufgabe bisher nicht zu einer ausreichenden Bündelung der verschiedenen Ansätze, Mittel und Instrumente kommt und dass bei der Investitionsförderung noch immer die Fernabsatzorientierung (Export-Basis-Konzept) vorherrscht (vgl. z.B. Nischwitz/Nill 2003).

Das Programm wird zurzeit von den verschiedenen Ebenen diskutiert und soll weiter modifiziert werden. Aktuelle Informationen dazu finden sich bei Drucklegung auf der Homepage des Bundesministeriums für Wirtschaft und Arbeit (http://www.bmwi.de/Navigation/ Wirtschaft/Wirtschaftspolitik/regionalpolitik.html).

4.2 Regionalpolitik der EU

Grundsätzlich versucht die Europäische Union durch eine Förderung strukturschwacher Regionen einen Beitrag zum Abbau regionaler Disparitäten zu leisten. Die aktuelle Förderphase der EU-Regionalpolitik (2000-2006) ist in drei Förderziele unterteilt. Die ersten beiden Kategorien (Ziel 1 und Ziel 2) betreffen strukturschwache Gebietskulissen. Die dritte Kategorie (Ziel 3) unterstützt die Qualifizierung von Humankapital. Darüber hinaus gibt es die Gemeinschaftsaufgaben, die beispielsweise die grenzüberschreitende, transnationale und interregionale Zusammenarbeit (INTERREG III), die wirtschaftliche und soziale Revitalisierung krisenbetroffene Stadtteile (URBAN II) oder die Entwicklung ländlicher Räume (LEADER+) fördern. In vielen Förderprogrammen wird eine Zusammenarbeit der regionalen Akteure und die Unterstützung von Netzwerken explizit gefordert.

In den vergangenen Jahrzehnten hat sich der Einfluss der Europäischen Kommission auf die Strukturpolitik der Mitgliedsstaaten kontinuierlich erhöht. So hat die nationale Strukturpolitik heute oftmals die Aufgabe, als Kofinanzier der EU-Regionalpolitik bereitzustehen. Die abnehmende Einflussnahme des Staates auf die regionale Strukturpolitik wurde allerdings teilweise durch andere raumwirksame Politiken, wie Infrastruktur-, Arbeitsmarkt-, Innovations-, Technologie-, Existenzgründer- und Mittelstandspolitik sowie durch den Finanzausgleich kompensiert (Schrumpf/Müller 1998: 36ff).

Die Erweiterung der EU auf zunächst 25 Mitgliedsstaaten hat einerseits zu einer anhaltenden Diskussion über die Höhe der Mitgliedsbeiträge aber auch über die Höhe und Verwendungsmodalitäten der zugewiesenen Mittel geführt. Bei einer für den Zeitraum nach 2006 abzusehenden Änderung der EU-Regionalpolitik kann erwartet werden, dass:

» für die Ziel-2 Regionen weniger Mittel zur Verfügung stehen werden und die jetzigen Ziel-1 Regionen ihre hohe Förderzuweisung teilweise verlieren,
» die Programme vereinfacht werden und
» eine, wie auch immer gestaltete, Orientierung an Forschung, Entwicklung, Technologie und Innovation Leitlinie sein wird. Dafür werden allerdings nicht alle Regionen die gleichen Voraussetzungen mitbringen.

4.3 Raumwirksame Komponenten in der Forschungs-, Bildungs- und Technologiepolitik

Neben der Strukturpolitik haben mittlerweile auch andere Politikbereiche raumwirksame Elemente aufgenommen und zeigen einen Trend zur Regionalisierung bzw. Dezentralisierung. Erstes Anzeichen für eine »strukturpolitische Wende« in der Technologiepolitik war die in den 1980er Jahren einsetzende „dezentral koordinierte Technologiepolitik" (Rehfeld 1999: 28). Ausgehend von der Überlegung, dass wirtschaftliche und technologische Entwicklungen nicht flächendeckend entstehen, sondern einer räumlichen Ballung bedürfen, versucht zum Beispiel das Bundesministerium für Bildung und Forschung entsprechende Aktivitäten zu bündeln sowie regionale – aber auch überregionale – Netzwerke zu fördern. Als Beispiele dafür werden im folgenden Kasten die Programme »BioRegio« und »InnoRegio« vorgestellt, die versuchen, regionale Netzwerke mit unterschiedlicher Technologieorientierung zu fördern.

> **Raumwirksame Politiken: BioRegio und Innoregio**
>
> Der 1995 vom Ministerium für Bildung, Wissenschaft, Forschung und Technologie (BMBF) ausgerufene Wettbewerb »BioRegio« stellte eine Neuheit in der bundesdeutschen Technologiepolitik dar. Bei dem Programm wurden erstmals Regionen im Verbund anstatt Einzelprojekte gefördert und Regionen traten in einen Wettbewerb um Bundesmittel. Dabei wurde bewusst in Kauf genommen, dass sich die regionalen Disparitäten zugunsten einer effizienteren Technologieentwicklung verschärfen können (Koschatzky 2002). Insgesamt 17 Regionen sind dem Aufruf gefolgt und haben sich als »BioRegionen« konstituiert. Als Siegerregionen wurden das Rheinland, Rhein-Neckar-Dreieck und München sowie Jena mit einem Sondervotum ausgewählt. Zur Förderung diverser Forschungsprojekte haben diese Regionen ca. 46 Millionen € erhalten (Forschungszentrum Jülich 2002). Wobei alle Regionen, die an dem Wettbewerb teilgenommen haben, profitierten: Die Konzeptbearbeitung führte zu einer Belebung und Intensivierung der Kontakte zwischen Wissenschaft und Wirtschaft (Kulicke 2003: 26).
>
> Mit diesem Förderansatz wurde ganz offen eine Stärkung der Stärken verfolgt. Es wurde Wert darauf gelegt, dass die Regionen bereits über erhebliche Potenziale verfügen.
>
> Als ein weniger technologieorientiertes Beispiel kann der ebenfalls vom BMBF ausgelobte Wettbewerb »InnoRegio« angeführt werden. Im Unterschied zu »BioRegio« zielte dieser Wettbewerb weniger auf die Stärkung bereits wettbewerbsfähiger Regionen, als vielmehr darauf, die spezifischen Stärken einer Region zu fördern. Der auf die ostdeutschen Länder beschränkte Wettbewerb fördert innovative regionale Netzwerke in der Programmlaufzeit zwischen 1999 und 2006. Im Mittelpunkt steht die Stärkung der Wettbewerbsfähigkeit in ostdeutschen Regionen durch die Entwicklung wirtschaftlicher und sozialer Innovationen unter Einbeziehung regionaler Akteure. Wie vom Fraunhofer Institut für Systemtechnik und Innovationsforschung konstatiert, hat der ostdeutsche Transformationsprozess für das Wegbrechen traditioneller Kooperationspartner gesorgt. Zwischen den alten und den neu angesiedelten sowie neu gegründeten Betrieben müssen sich die Beziehungen erst entwickeln (Koschatzky/Zenker 1999: 7). Bei diesem Prozess soll »InnoRegio« helfen.

4.4 Stärken stärken: regionale Wirkungen

Sowohl auf Bundes- und Landesebene, als auch auf Ebene der EU wird ein einsetzender Wandel sichtbar: nachdem in den vergangenen Jahren bereits stark auf regionale Zusammenarbeit und Netzwerke gesetzt wurde, zeigt sich in Teilen ein Trend zur konsequenten Förderung erfolgversprechender Kompetenzfelder und damit einhergehend zu einer auch räumlichen Konzentration der Fördermittel. Kommt es zu einer konsequenten Umsetzung des Kompetenzfeldansatzes in die Förderprogramme, wird es für Regionen und Kommunen nicht nur notwendig sein, die regionale Vernetzung als Bestandteil von Projekten zu proklamieren, sondern zugleich muss die entsprechende wirtschaftliche Kompetenz vor Ort vorhanden sein. Diese Anknüpfungspunkte sind allerdings nicht zwingend in den strukturschwachen Regionen verortet. In diesem Kontext stellt sich die Frage, ob nicht die Regionen, die ohnehin schon erfolgreicher sind, diesem Ansatz viel besser entsprechen können und sich damit die regionalen Disparitäten noch vergrößern werden (Bömer 2000: 30). Allerdings kann noch nicht abgesehen werden, wie und in welcher Konsequenz die Förderung von Kompetenzfeldern in die Strukturpolitiken und Förderrichtlinien aufgenommen wird. Ferner stellt sich dann die Frage, wie Elemente, die die endogenen Stärken stärken und die Mittel konzentrieren mit einer auf Ausgleich ausgerichteten Regionalpolitik zu verbinden sind.

Auch wenn noch keine ausreichende Antwort auf diese Frage gegeben werden kann, ist es für alle Kommunen und Regionen – egal ob peripher oder metropolitan, strukturschwach oder prosperierend, Hightech- oder Lowtech-Standort – zentral, zu prüfen, ob und inwieweit sie von diesem Politikansatz profitieren können.

5 Cluster und Kompetenzfeld: vom Analysekonzept zum Instrument der Wirtschaftsförderung

In diesem Kapitel wird eine Auswahl von Umsetzungsschritten zur Unterstützung regionaler Cluster sowie wesentliche Barrieren und Risiken – die sich dabei einstellen können – aufgezeigt.

Auch wenn Kompetenzfeld- bzw. Clusterpolitik zur Zeit – wie medial vermittelt – die strukturpolitische und regionalökonomische Lösung zu sein scheint, ist ausdrücklich darauf hinzuweisen, dass nicht in allen Regionen die Voraussetzungen für diesen Ansatz vorhanden sind, auch handelt es sich dabei keineswegs um einen Selbstläufer. Der Kompetenzfeldansatz kann nur als Teil einer integrierten Wirtschaftsförderung, die auch die Basisbranchen einbezieht, funktionieren.

Da der Ansatz jedoch für viele Kommunen und Regionen ein wichtiger Baustein in der Wirtschaftsförderung ist und vielfältige Chancen beinhaltet, wird sich dieses Kapitel der praktischen Umsetzung dieses Ansatzes widmen.

5.1 Umsetzungsschritte

Die folgend dargestellten Verfahrensschritte bei der Analyse und Unterstützung von Clustern sollen einen ersten Überblick geben, aber an dieser Stelle nicht zu einem fixen Konzept verschnürt werden.

5.1.1 Analyse

Voraussetzung für eine erfolgreiche Kompetenzfeldpolitik ist die Analyse der regionalen Stärken. Es ist dabei nicht immer sinnvoll, dass eine Wirtschaftsförderung eine entsprechende Analyse alleine durchführt, oftmals ist die Beauftragung einer Beratungs- oder Forschungseinrichtung zweckmäßig. Die folgende Auflistung kann die Wirtschaftsförderungseinrichtung dabei unterstützen einen solchen Prozess vorzubereiten, zu begleiten und zu unterstützen.

Territorialer Raum: Ökonomische Netzwerke und kompetenzfeldbezogene Transaktionsräume orientieren sich in der Regel nicht an administrativen Grenzen in denen lokale Wirtschaftspolitik betrieben wird. Insofern ist es häufig nicht sinnvoll, sich bei der Suche nach Kompetenzfeldern von vornherein auf das Stadt- bzw. Kreisterritorium zu beschränken. Wirtschaftsförderungseinrichtungen sollten sich daher vor der eigentlichen Analyse über die Raumdimension von Kompetenzfeldern bewusst werden. Dieses iterative Vorgehen macht es u.U. notwendig mit anderen Gebietskörperschaften zu kooperieren. Das ist ein schwieriger Prozess, da vor der eigentlichen Analyse noch nicht bekannt ist, in welchen Räumen ein Kompetenzfeld genau verortet ist. Hinzu kommt, dass die grenzüberschreitenden Raumbezüge nicht für alle Wirtschaftsfelder gleich sind und Wirtschaftsförderung daher divergierende Raumbezüge berücksichtigen und koordinieren muss.

Sektoraler Raum: Zunächst einmal ist es notwendig die potenziellen »Suchräume« für Kompetenzfelder abzustecken. So ist es beispielsweise unnötig, die Landwirtschaft in urbanen Räumen zu untersuchen (Grote Westrick, Rehfeld 2003: 20). Um sich einen Überblick zu verschaffen, sollte ein erster Blick in die Statistik geworfen und mit den entsprechenden Experten in Wirtschaft und Verwaltung gesprochen werden.

Quantitative Analyse: Für die quantitative Analyse eines Clusters existiert kein normiertes Verfahren. Folgend werden einige Schritte aufgezeigt, mit denen eine annähernde Analyse unterstützt werden kann. Eine genaue Beschreibung aller möglichen Schritte, die je nach Wirtschaftsfeldern und Regionen sehr unterschiedlich sind, wäre an dieser Stelle zu umfassend.

Obwohl sich die quer zu den üblichen Branchenabgrenzungen liegenden Cluster nicht unmittelbar aus den amtlichen Statistiken ablesen lassen, bieten Daten ein wichtiges Hilfsinstrument. Zuerst ist die Anzahl der sozialversicherungspflichtig Beschäftigten, die bei den Landesarbeitsämtern auch »gemeindescharf« erhältlich sind, zu betrachten. Diese, auf dem NACE-Code der Europäischen-Union beruhenden, statistischen Zahlen sind in einem unterschiedlichen Detaillierungsgrad (1-5-Klassifikation) erhältlich. Die Statistik ist nach einer stofflichen, marktlichen und sektoralen Logik gegliedert und kann daher die relevanten Wertschöpfungsketten vor Ort nicht wiedergeben. Aufgrund der kleinteiligen Gliederung in der so genannten »Vier- bzw. Fünfstellerklassifikation« ist eine Neugruppierung, die den tatsächlichen Standortverbünden eher Rechung trägt, jedoch möglich und zu empfehlen. Die folgende Abbildung zeigt beispielhaft die Maschinenbauwirtschaft mit den benachbarten und nachgelagerten Sektoren, wie sie sich in einer Untersuchung für Ostwestfalen-Lippe dargestellt hat. Welche Sektoren hinzugerechnet werden, ist individuell zu entscheiden. Aus der Statistik können anschließend die entsprechenden sektorspezifischen Daten entnommen und zu einer neuen Gruppe zusammengefasst werden.

Abb. I.9: Maschinenbau im Überblick

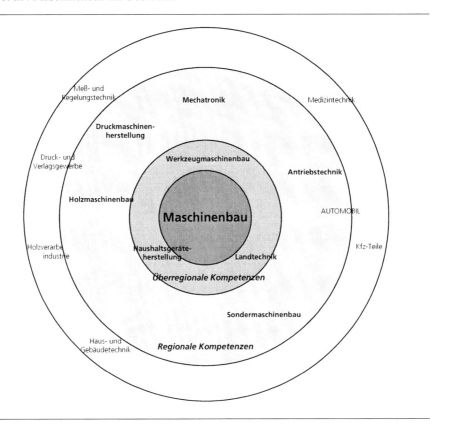

Quelle: in Anlehnung an Fernández Sánchez/Rehfeld et al. 2003

Setzt man den Anteil der Beschäftigten in einer Gruppe mit der Gesamtbeschäftigung in der entsprechenden Region ins Verhältnis und gleicht das Ergebnis mit dem Bundes- oder Landesdurchschnitt ab, erhält man einen Überblick darüber, ob eine Region in einem bestimmten Cluster einen überdurchschnittlichen Beschäftigungsanteil aufweist. Dies ist das *Spezialisierungsmaß*. Für einen Entscheidungsprozess ist auch die

Entwicklung der letzen Jahre von Bedeutung. Dazu sind Zeitreihen heranzuziehen und der Trend zu beschreiben.

Einschränkend ist jedoch anzumerken, dass es Wertschöpfungsketten gibt, deren Segmente nicht aus der Statistik der sozialversicherungspflichtig Beschäftigten entnommen werden können, bzw. einige statistische Untergruppen mehrere Segmente enthalten, die daher nicht eindeutig abzugrenzen sind. Auch fehlen die Selbstständigen und Beamten in dieser Statistik. Daher sind zusätzlich andere Indikatoren heranzuziehen. Einen Hinweis auf eine dynamische Entwicklung gibt beispielsweise die Anzahl der Patentanmeldungen. Hierüber gibt u.a. der Patentatlas Deutschland (hg. vom Deutschen Patent- und Markenamt) Aufschluss. Allerdings ist eine sektorale Untergliederung nur auf Ebene der Arbeitsmarkt- oder Raumordnungsregionen gegeben. Dienlich ist ferner die Anzahl der Gewerbean- und -abmeldungen, die bei den örtlichen Gewerbeämtern abgerufen werden kann.

Mit Hilfe der Daten können nun einzelne Felder ermittelt werden, die aber einer vertiefenden Überprüfung bedürfen.

Vergleichs- und Prognosephase: Es bietet sich an, schon frühzeitig Regionen zu identifizieren, die einen ähnlichen Clusterbesatz aufweisen, um von und mit ihnen zu lernen. Ferner sind die vorläufig ermittelten regionalen Cluster auf ihre mittel- bis langfristige Wettbewerbsfähigkeit zu untersuchen, indem entsprechende gesellschaftliche, ökonomische und technologische Trends herangezogen werden. Sind diese positiv, kann von sich abzeichnenden Kompetenzfeldern gesprochen werden (zur Unterscheidung der Begriffe siehe Kap. 3.2 in diesem Teil).

Interviews mit Leitunternehmen: Um die Kompetenzfelder auf ihre Beständigkeit hin zu analysieren, sollten entsprechende Leitunternehmen identifiziert und mit diesen Expertengespräche geführt werden. Diese Interviews dienen einerseits dazu, die Unternehmen für eine spätere Netzwerkbildung zu motivieren und andererseits, um einen genaueren Überblick der Kompetenzen am Standort und deren Vernetzung zu erlangen.

Zweite Rückkopplung und Entscheidungsprozess: Ergeben sich aus den Erhebungen brauchbare Anhaltspunkte für erfolgversprechende Kompetenzfelder, sollten die relevanten Akteure erneut konsultiert und der Entscheidungsprozess vorbereitet werden.

Konkretisierung der Kompetenzfelder/Umsetzungskonzept: Die Kompetenzfelder sollten systematisch beschrieben und erste Handlungsschritte für eine Unterstützung und Weiterentwicklung dieser formuliert werden, die sukzessive zu einem Handlungskonzept verdichtet werden sollten.

5.1.2 Umsetzung

Haben sich die Akteure auf ein Handlungskonzept geeinigt, geht es im nächsten Schritt um die Umsetzung, die sich häufig anspruchsvoller und komplexer darstellt als erwartet. Folgende Spannungsfelder sind im Rahmen der Kompetenzfeldunterstützung zu klären (vgl. Grote Westrick/Rehfeld 2003: 101ff):

» Raumeinheit: In welchem territorialen Rahmen soll das Clustermanagement betrieben werden? Ist der politische Wille für ein kommunalübergreifendes Management gegeben? Im besten Fall wird eine Kernregion mit »perforierten« Grenzen festgelegt, um eine Offenheit nach Außen zu erhalten.

» Clusterbreite: hochspezialisierter versus breiter Clusteransatz. Soll die ganze Wertschöpfungskette abgedeckt werden oder beschränkt man sich auf innovative Kerne/Teilbereiche.

» Agent: Wird für das Management eines Kompetenzfeldes ein Agent bestimmt, muss geklärt werden, über welchen Spezialisierungsgrad dieser verfügen soll. Es stellt sich beispielsweise die Frage, ob für die Entwicklung der Chemiewirtschaft ein Chemiker oder ein Kommunikationstalent besser geeignet ist. Wie die Entscheidung auch aussieht, neben der fachlichen Eignung sind die Kommunikations- und Moderationsanforderungen an eine solche Person nicht zu unterschätzen. Diese muss in der Lage sein, gleichermaßen mit Kommunalpolitikern, Wissenschaftlern und Unternehmen in einen Dialog zu treten.

» Verbundstruktur: geschlossene versus offene Verbünde. Dies ist keine unerhebliche Frage, da die Unternehmen im Wettbewerb stehen und somit zunächst einmal Vertrauen aufgebaut werden muss. So bietet ein restriktiv betriebenes Cluster die Option, nur bestimmte Unternehmen entlang einer Wertschöpfungskette auszuwählen, mit dem Vorteil, dass sich ein Vertrauensbildungsprozess schneller vollziehen kann.

» Finanzierung: öffentliche Finanzierung versus Beteiligung der privaten Unternehmen. Auf der einen Seite können die finanziellen Belastungen für die Unternehmen eine Hemmschwelle für die Teilnahme darstellen. Auf der anderen

Seite wird eine kostenlos bereitgestellte Dienstleistung oftmals als wenig hochwertig empfunden. Daher ist die richtige Mischung zwischen öffentlicher Anschubfinanzierung und Unternehmensbeteiligung zu finden.

5.1.3 Nutzenanalyse

Eine kontinuierliche prozessbegleitende Evaluierung ist für eine erfolgreiche Kompetenzfeldpolitik wichtig. Folgende Qualitätskriterien lassen sich dabei im Groben aufzeigen:

Dynamik der Kompetenzfelder: Nach einer gewissen Zeit kann überprüft werden, ob die geförderten Kompetenzfelder eine bessere Performance aufweisen als der Landes- oder Bundesdurchschnitt im gleichen Zeitraum. Neben der Betrachtung der üblichen statistischen Daten, ist darauf zu achten, ob das Kompetenzfeld auf eine langfristige Wettbewerbsfähigkeit abzielt. Hilfreich können ein Benchmarking sowie ein Austauschprozess mit Regionen, die ähnliche Kompetenzfelder fördern, sein. Abgesehen vom Austausch der Wirtschaftsförderer der beteiligten Regionen, besteht der Nutzen darin, dass sich für die Unternehmen neue Kooperationen auch über die Region hinaus ergeben können.

Bestandsaufnahme der Netzwerke: Beteiligen sich die Unternehmen an den Netzwerken? Bringen sie sich mit eigenen Ideen ein? Profitieren die Unternehmen von den Netzwerkbildungsprozessen? Nehmen Sie die Vorteile war? Sind die Unternehmen bereit einen finanziellen Beitrag zu übernehmen?

Identität und Commitment: Wird das Kompetenzfeld von den regionalen Akteuren getragen? Besteht ein Konsens? Beteiligen sich die Kommunen innerhalb der Wirtschaftsregion?

Abschließend ist festzuhalten, dass Kompetenzfeldpolitik ein Ansatz des »langen Atems« ist und sich Erfolge nicht unmittelbar einstellen.

Die folgende Abbildung gibt die zuvor beschriebenen Schritte noch einmal schematisch wieder. Dabei handelt es sich weniger um einen technischen Ablaufplan, der eins-zu-eins umzusetzen ist, als vielmehr um die graphische Aufbereitung möglicher konzeptioneller Schritte.

Abb. I.10: Ablaufschema Kompetenzfeldansatz

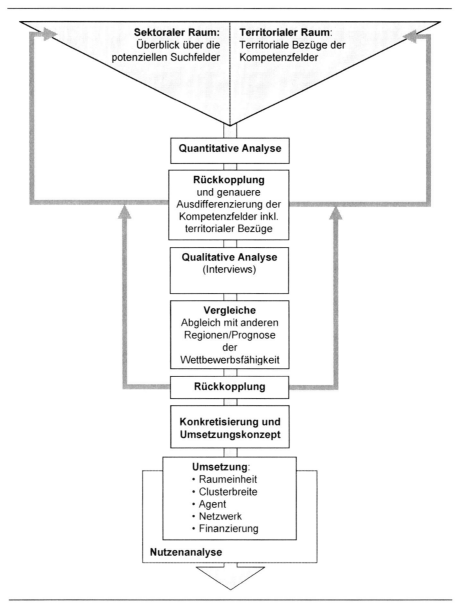

Quelle: Eigene Darstellung ©IAT

5.2   Risiken und Umsetzungsbarrieren

In der hohen Beliebtheit des Clusterkonzepts als wirtschaftspolitisches Instrument liegt auch ein Gefahrenpotenzial, das folgend schlaglichtartig aufgezeigt wird:

» **Sind Cluster ubiquitär?** So erfolgsversprechend und offensichtlich diese Konzepte auch sind, so vage sind sie zugleich in ihrer Beweisführung was den Erfolg angeht. In der Diskussion werden immer wieder die gleichen erfolgreichen Beispiele, wie die Metropolregionen London oder Tokio, das handwerklich geprägte »Dritte Italien« oder die Hochtechnologienetzwerke wie das Silikon Valley in den USA oder Sophia Antipolis in Frankreich angeführt. Aber lässt sich dies auf eine Durchschnittsregion oder gar auf strukturschwache periphere oder altindustrielle Regionen übertragen, wo es an endogenen Impulsen und Potenzialen mangelt? Regionen müssen Voraussetzungen mitbringen, um aus eigener Kraft Innovationen zu befördern. So kann der Kompetenzfeldansatz nicht in allen Regionen zur Anwendung kommen.

» **Kein Allheilmittel:** Kompetenzfeldpolitik kann nur ein Bestandteil lokaler bzw. regionaler Wirtschaftspolitik sein. So sind z.B. auch die auf die lokale Nachfrage ausgerichteten Wirtschaftsaktivitäten für die regionale Entwicklung bedeutsam. Zudem ist zu berücksichtigen, dass es bei diesem Konzept nicht darum geht, die diversifizierte kleinteilige Wirtschaftsstruktur aufzulösen und wenige Sektoren zu fördern. Vielmehr ist die Wirtschaft auf bestehende Kompetenzprofile zu untersuchen, die weiter zu entwickeln sind.

» **Kommunikation des regionalen Profils versus breites Serviceangebot:** Wirtschaftsstrukturelle Profilbildung ist zwar das Kernelement der Neuorientierung der Wirtschaftsförderung, allerdings befindet sich ein Großteil der Unternehmen am Standort nicht im direkten Fokus dieser Felder. Diese Unternehmen könnten bei einer konsequenten Ausrichtung auf die regionalen Kompetenzen den Eindruck vermittelt bekommen, keinen guten Service mehr zu erhalten; was eventuelle Standortverlagerungen begünstigt. Daher muss die Wirtschaftsförderung strategische Elemente und allgemeine Serviceleistungen zu einer integrierten Dienstleistung zusammenführen.

> **Dauerhafte Wettbewerbsfähigkeit? – Abwärtsspirale in der Krise**: Erstens gilt es zu klären, ob die Kompetenz ein Alleinstellungsmerkmal beinhaltet, oder ob es sich dabei um die von vielen Regionen für sich propagierten Kompetenzen handelt. Zweitens ist zu prüfen, wie die Wettbewerbsfähigkeit in der mittel- bzw. langfristigen Perspektive ist. Ohne eine dauerhafte Wettbewerbsfähigkeit können regionale Verflechtungen zu einer Abwärtsspirale führen.

> **Administrative versus wirtschaftsfunktionale Gebietskulisse**: Viele Kompetenzfelder bzw. Cluster lassen sich nicht entlang administrativer Gebietskulissen (z.B. Kommunen) organisieren. Oftmals ist eine gemeinsame Kompetenzprofilierung mit benachbarten Städten angebracht. Das erfordert entsprechende Flexibilität für die Zusammenarbeit auf regionaler Ebene für bestimmte Kompetenzfelder. Dabei ist zu differenzieren zwischen Funktions- bzw. Kompetenzfeldern, die sich auf kommunaler Ebene positionieren lassen und solchen, bei denen es einer überkommunalen Kooperation bedarf. Sinnvoll wäre es, für Cluster die entsprechenden geographischen Räume (Regionen) festzulegen, anstatt für administrative Regionen Kompetenzfelder zu definieren, was allerdings in der Umsetzung politisch ein sehr schwieriges Unterfangen sein dürfte. „Wirtschaftliche Funktionsräume und politische Handlungsräume sind, ungeachtet der Regionalisierung von Politik, in den seltensten Fällen deckungsgleich." (Rehfeld 1999: 243).

> **Vom Netzwerk zum Klüngel:** Netzwerke nutzen die anfallenden Agglomerationsvorteile gegenseitig. Je nach Ausprägung und Formalität kommt es zu einer Internalisierung externer Effekte. Vereinbarungen und Absprachen führen zu einer eindeutigen Struktur und einem reibungslosen Ablauf. Doch es besteht auch die Gefahr, dass Regionen dabei in ihren Strukturen verharren und die Netzwerker infolge dessen weniger innovative Kräfte freisetzen, sondern vielmehr Lobbyarbeit betreiben. So wird beispielsweise im Zusammenhang mit dem Ruhrgebiet von »sklerotischen Netzwerken« gesprochen, damit sind Netzwerke gemeint, die in ihren Strukturen verhaftet sind und nur träge auf neue Entwicklungen reagieren. Insofern ist es wichtig, dass die Netzwerke sich eine gewisse Flexibilität, Eigenständigkeit und Informalität bewahren. »Regionale Kartelle« führen, zumindest langfristig, in die Sackgasse. Insbesondere für die hochspezialisierten regionalen Cluster kann die langfristige Anpassungsfähigkeit verloren gehen (vgl. Maier/Tödtling 1996: 166). Daher ist das richtige Verhältnis zwischen Kooperation und Wettbewerb für die regionale Entwicklung zentral.

» **Die Region im globalen Kontext:** Eine strategische Wirtschaftsförderung sollte zwar an den endogenen Kompetenzen ansetzen und die Akteure vor Ort zur Zusammenarbeit bewegen, muss aber auch eine Offenheit nach Außen bewahren. Sonst besteht die Gefahr ins Gegenteil zu schlagen und die regionale Gestaltungskraft unter Ausklammerung der Frage nach externen globalökonomischen Trends zu postulieren. Ein übersteigerter Regionalismus birgt ebenso Gefahren, wie eine übertriebene Weltmarktunterwerfung.

STEFAN GÄRTNER

6 Integrierte Wirtschaftsförderung als Konzept

Dieses Kapitel stellt das Konzept einer integrierten Wirtschaftsförderung vor, das im Rahmen eines vom Bundesministerium für Bildung und Forschung geförderten Projekts entwickelt wurde.

In den ersten fünf Kapiteln wurden die neueren regionalökonomischen Ansätze - abgeleitet aus den raumwirtschaftlichen Konzepten - vorgestellt. Es zeigt sich eine zunehmende Bedeutung der Region. Die Globalisierung der Märkte und Transaktionsbeziehungen aber auch der Wettbewerb der Regionen insgesamt nimmt zu. Dem als wirtschaftsfördernde und -entwickelnde Organisation gerecht zu werden, bedeutet mehr als eine Cluster- bzw. Kompetenzfeldpolitik zu betreiben. Vielmehr geht es um ein Konzept einer integrierten, wissensbasierten Wirtschaftsförderung und Standortentwicklung. Dies alles ist keine neue Erkenntnis, sondern wird in der Regionalökonomie seit langem diskutiert und von den wirtschaftsfördernden Organisationen ist die Notwendigkeit eines integrierten Ansatzes aufgenommen worden. Allerdings handelt es sich dabei um keinen einfachen, überall in gleicher Weise umsetzbaren, Prozess. In der Praxis sind die sich daraus ergebenden konzeptionellen und organisatorischen Konsequenzen bis jetzt nur unzureichend umgesetzt worden. Mit dem hier vorgestellten Konzept werden Wege aufgezeigen, wie eine strategische Ausrichtung mit den traditionellen Aufgabenfeldern der Wirtschaftsförderung vernetzt werden kann und gleichzeitig die regionalen Akteure eingebunden werden können.

Bevor dieses Konzept näher erläutert wird, seien zunächst die Rahmenbedingungen, in denen Wirtschaftsförderungen agieren, zusammenfassend dargestellt:

» Ansiedlungspotenzial: Infolge des deutlich zurückgegangenen frei vagabundierenden Ansiedlungspotenzials und eines veränderten Standortverhaltens der Unternehmen ist der Spielraum für Ansiedlungsanwerbung begrenzt.

» Ansiedlungsförderung: Bedingt durch die Haushaltslage der öffentlichen Hand und wettbewerbsrechtlichen Regelungen der EU ist eine finanzielle Förderung von Ansiedlungen nur noch eingeschränkt möglich.

» Internationaler Wettbewerb der Regionen: Die Bedeutung der einzelbetrieblichen Ebene nimmt zugunsten überbetrieblicher Kooperations- und Innovationsverbünde ab. Regionale Wettbewerbsvorteile beruhen u.a. auf Spezialisierung und funktionaler Differenzierung.

» Umsetzung neuerer regionalökonomischer Theorien und Ansätze: Cluster, Kompetenzfelder, Nutzung endogener Potenziale etc. sind Ansätze, die sich in der Regionalökonomie mittlerweile etabliert haben. Diese gilt es für die Wirtschaftsförderungseinrichtungen zu berücksichtigen und vor Ort umzusetzen.

» Strukturpolitik der staatlichen und suprastaatlichen Ebene: Die neueren regionalökonomischen Ansätze werden sukzessive von der übergeordneten staatlichen Ebene in den entsprechenden Förderprogrammen aufgenommen. Wollen Kommunen oder Kreise diese nutzen, müssen sie ihre Strategien danach ausrichten.

» Gesellschaftliche Anforderungen: Das übergreifende Ziel der Förderung der Wirtschaft ist nur Mittel zum Zweck, insgesamt hat die Wirtschaftsförderung einen Beitrag zur Verbesserung der Lebensqualität am Standort zu leisten. Dies bietet neben Zielkonformitäten auch Zielkonflikte, die es zu moderieren gilt.

Bereits seit den 1980er Jahren findet zumindest konzeptionell eine Schwerpunktverschiebung von der Ansiedlungspolitik hin zur integrierten Wirtschaftsförderung statt. Nach einer Untersuchung des Deutschen Instituts für Urbanistik, das 1995 170 Städte zum Thema Wirtschaftsförderung befragte, haben sich seit den 1990er Jahren die Förderung endogener Potenziale, die Existenzgründerberatung und die Unterstützung lokaler Netzwerke zu weiteren zentralen Aufgabenfeldern der Wirtschaftsförderung entwickelt (Hollbach-Grömig 1996).

Wie in der Abb. I.11 aufgezeigt, hat sich das Aufgabenspektrum der Wirtschaftsförderung zwar massiv erweitert, jedoch ohne dass die finanziellen und personellen Ressourcen im gleichen Maße angestiegen sind. Vor diesem Hintergrund verwundert es nicht, dass die konzeptionellen und organisatorischen Konsequenzen in der Praxis nur unzureichend in integrierte Strategien umgesetzt werden (Institut Arbeit und Technik 2002; Hollbach-Grömig 1996: 118).

Abb. I.11: Gestiegene Komplexität der Dienstleistung Wirtschaftsförderung

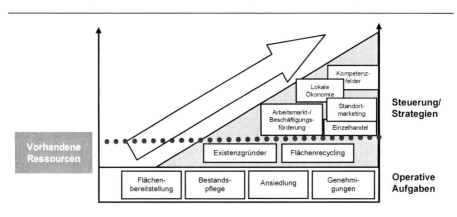

Quelle: Eigene Darstellung ©IAT

Die Ursachen hiefür liegen aber keineswegs nur in den unzureichenden Ressourcen begründet, vielmehr stellen die fehlende Nähe zu den Akteuren und der damit einhergehende Mangel an Wissen über standortspezifische Kompetenzen sowie die politischen Vorgaben, schnelle Erfolge zu zeitigen, zentrale Hinderungsgründe dar. Im Rahmen einer integrierten Standortentwicklung ist die Wirtschaftsförderung auf eine Vielzahl an Akteuren wie Unternehmen, Kammern, Verbände, Banken, Sparkassen und Hochschulen angewiesen. Wie Abb. I.12 zeigt, muss sie deren Wissen abschöpfen und sie mit neuem Wissen versorgen. Wirtschaftsförderung ist dabei als Initiator, Moderator und Clearingstelle gefragt und in eine akteursbezogene Umgebung einzubinden. Dies stellt hohe Anforderungen an die fachliche und soziale Qualifikation der Mitarbeiter.

Abb. I.12: Kommunikations- und Informationsstrukturen in der integrierten Wirtschaftsförderung

Quelle: Eigene Darstellung ©IAT

Integrierte Wirtschaftsförderung ist nach unserem Verständnis eine Dienstleistung für die regionale Wirtschaft, die durch das Zusammenwirken relevanter Akteure, auch der Unternehmen am Standort, entsteht.

Um diesen Anforderungen gerecht zu werden, wurde in dem Projekt »Wirtschaftsförderung als wissensbasierte Dienstleistung« eine Konzeption als Orientierungsrahmen entwickelt, die die neueren regionalökonomischen Konzepte mit den klassischen Handlungsfeldern der Wirtschaftsförderung auf Grund einer strategischen Ausrichtung verbindet. Sie zielt darauf hin, die Dienstleistung insgesamt effizienter bereitzustellen. Wie die Abb. I.13 zeigt, erfordert dies eine Neuorientierung der Wirtschaftsförderung, die sich auf die Ebenen Strategie und Organisation von Wissen sowie den Einsatz von Informationstechnologie (IT) bezieht.

Abb. I.13: Wirtschaftsförderung als wissensbasierte Dienstleistung

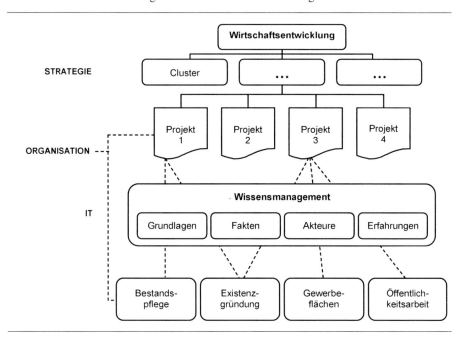

Quelle: eigene Darstellung   ©IAT

Auf der *strategischen Ebene* sind in Absprache mit der Politik und unter Beteiligung der relevanten Akteure Konzepte für die wirtschaftliche Entwicklung der Region zu erarbeiten. Diese sollten sich an den regionalen Potenzialen orientieren und die endogenen Kompetenzen fördern, die eine längerfristige Wettbewerbsfähigkeit versprechen. Der Prozess der Analyse lässt sich auf die folgenden vier Themenfelder verdichten (für den Kompetenzfeldansatz wurden die einzelnen Schritte im vorherigen Kapitel detaillierter aufgeführt).

» Was sind die besonderen Kompetenzen des Standortes?
» Wie positionieren sich diese Kompetenzen zukünftig im regionalen Wettbewerb?
» Von welchen generellen Trends kann der Standort profitieren?
» Was sind die Engpassfaktoren? Welche generellen Standortvoraussetzungen sind zu entwickeln? Welches Wissen wird für die Entwicklung benötigt?

Auf Basis dieser Befunde sind Projekte zu spezifizieren, die als Kristallisationspunkte für die inhaltliche Arbeitsstruktur der Wirtschaftsförderung dienen, um von einer reaktiven Förderung der Wirtschaft zu einer strategisch ausgerichteten kommunalen/regionalen Wirtschaftspolitik zu gelangen. Die traditionellen Handlungsfelder wie Bestandspflege, Existenzgründung, Gewerbeflächenentwicklung und Öffentlichkeitsarbeit werden dabei, wie die Abbildung zeigt, so weit wie möglich an den Projekten ausgerichtet. *Projektmanagement* in der Wirtschaftsförderung ist damit wesentlich für die Konzeption und wird in Teil IV dieses Buchs thematisiert.

Einschränkend ist jedoch anzumerken, dass eine Ausrichtung an thematischen Projekten nicht für alle Aufgaben möglich ist, denn eine Wirtschaftsregion wird auch daran gemessen, ob eine entsprechende kommunale Infrastruktur schnell und zuverlässig auf die Anfragen und Wünsche der Unternehmen reagiert.

Zur Ermittlung der endogenen Potenziale, zur Erarbeitung einer Wirtschaftsförderungsstrategie und die Umsetzung in Projekte sind verschiedene Arten von Wissen notwendig, wozu einerseits auf die Mitarbeiter in der Wirtschaftsförderung und Stadtverwaltung, anderseits auf externe Akteure zurückgegriffen werden muss. Wie in der Abbildung dargestellt, tritt die Wirtschaftsförderung in diesem Kontext als eine Art Clearingstelle auf, die diese Bestände bündelt, für die internen Prozesse nutzbar und den an der Standortentwicklung beteiligten Akteuren wieder zugänglich macht. Ein solches *Wissensmanagement* kann einerseits die Strategiefindung unterstützen und anderseits das verbindende Element zwischen strategischer Projektarbeit und traditionellen Handlungsfeldern darstellen. Wissensmanagement in der Wirtschaftsförderung wird in Teil II detaillierter dargestellt.

Zur Unterstützung einer solchen komplexen Aufgabe bedarf es einer entsprechenden Informations- und Kommunikationsinfrastruktur, die eine strategische Funktion übernimmt, anstatt wie bisher oftmals üblich als zusätzliches Informationsanhängsel der ohnehin zersplitterten Wirtschaftsförderung zu fungieren. Der Teil III dieses Buchs widmet sich daher dem Thema *Informationstechnologie in der Wirtschaftsförderung*.

Literatur

Amin, A./Robins, K., 1990: Industrial districts and regional development: Limits and possibilities. In: Pyke, F./Becattini, G./Sengenberger, W.: Industrial districts and inter-firm co-operation in Italy, S. 185-219, Geneva.

Axt, H.-J., 2000: EU-Strukturpolitik. Opladen.

Bade, F.-J., 1991: Regionale Beschäftigungsprognose 1995. In: Mitteilungen aus der Arbeitsmarkt- und Berufsforschung, Berlin.

Blotevogel, H. H., 1998: Europäische Metropolregion Rhein-Ruhr. Theoretische, empirische und politische Perspektiven eines neuen raumordnungspolitischen Konzepts. ILS Schriften 135, Dortmund.

Blotevogel, H. H., 1995: Raum. In: Akademie für Raumforschung und Landesplanung (Hg.), Handwörterbuch der Raumordnung, S. 733-740, Hannover.

Bömer H., 2000: Ruhrgebietspolitik in der Krise. Kontroverse Konzepte aus Wirtschaft, Politik, Wissenschaft und Verbänden, Dortmund.

Bundesministerium für Wirtschaft und Technologie, 2001: GA-Rahmenplan zur Förderung schwächerer Wirtschaftsregionen verabschiedet; Pressemitteilung vom 24.01.2001/a.

Buttler, F./Hirschenauer, F., 1994: Wachstumspole. In: Akademie für Raumforschung und Landesplanung (Hg.), Handwörterbuch der Raumordnung, S. 1058-1063, Hannover.

Camagni, R., 1991: Local milieu, uncertainty and innovation networks: towards a dynamic theory of economic space. In: ders (Hg.), Innovation networks: spatial perspectives, S. 121-144, London.

Camagni, R., 2003: Regional Clusters, Regional Competencies and Regional Competition. Paper delivered at the International Conference on "Cluster management in structural policy – International experiences and consequences for Northrhine-Westphalia.

Cooke, Ph., 1994: Innovation networks and regional development: Learning from European experience. In: Krumbein, W. (Hg.), Ökonomische und politische Netzwerke in der Region, Beiträge aus der internationalen Debatte, S. 233-247, Münster und Hamburg.

Einem, E. von, 1994: Regionale Muster zwischenbetrieblicher Kooperationen – Dynamische Wirtschaftsregionen als Voraussetzung und Folge der flexiblen Spezialisierung. In: Krumbein, W. (Hg.), Ökonomische und politische Netzwerke in der Region, S. 271-299, Münster.

Fernández Sánchez, N./Rehfeld, D. (Verf.)/Fretschner, R./Hilbert, J./Gärtner, St./ Grote Westrick, D./Müller, A./Nordhause-Janz (Mitarb.), 2003: Potenzialanalyse OWL: Branchen - Kompetenzen - Perspektiven; Abschlussbericht.: Projektbericht des Instituts Arbeit und Technik 2003-02, Gelsenkirchen.

Foschungszentreum Jülich, 2002: Bioregio. http://www.fz-juelich.de /ptj/ index.php?index=475

Friedmann J./Weaver, C., 1979: Territoty and Function. The Evolution of Regional Planning, London.

Fürst, D./Klemmer P./Zimmermann, K., 1976: Regionale Wirtschaftspolitik. Tübingen.

Gärtner, S., 2003: Sparkassen als Akteur einer integrierten Regionalentwicklung: Potenzial für die Zukunft oder Illusion? Gelsenkirchen.

Gärtner, S./Terstriep, J./Widmaier, B., 2002: Wirtschaftsförderung als wissensbasierte Dienstleistung. In: Institut Arbeit und Technik (Hg.), Jahrbuch 2001/2002, S. 171-180, Gelsenkirchen.

Genosko, J., 1997: Globalisierung und regionale Restrukturierung. Diskussionsbeiträge der Katholischen Universität Eichstätt, Wirtschaftswissenschaftliche Fakultät Ingoldstadt. Nr. 93, Ingoldstadt.

Grabow, B./Henckel, D., 1998 : Kommunale Wirtschaftspolitik. In: Wollmann, H./ Roth, R. (Hg.), Kommunalpolitik. Politisches Handeln in Gemeinden, S. 616-632. Bonn.

Grote Westrick, D./Rehfeld, D., 2003: Cluster (Standortverbünde) in der Regio Rheinland, Projektbericht des Instituts Arbeit und Technik 2003-03, Gelsenkirchen.

Hahne, U., 1985: Regionalentwicklung durch Aktivierung intraregionaler Potenziale, München.

Hahne, U./Stackelberg, K. von, 1994: Regionale Entwicklungstheorien. Konkurrierende Ansätze zur Erklärung der wirtschaftlichen Entwicklung in Regionen, Freiburg.

Hollbach-Grömig, B., 1996: Kommunale Wirtschaftsförderung in den 90er-Jahren, Ergebnisse einer Umfrage. Berlin.

Imhoff-Daniel A., 1994: Organisation und Instrumente kommunaler Wirtschaftsförderungen in Niedersachsen – Empirische Untersuchung der Arbeitsteilung und Zusammenarbeit zwischen Landkreisen und kreisangehörigen Gemeinden. Münster und Hamburg.

Institut Arbeit und Technik, 2002: Wirtschaftsförderung als wissensbasierte Dienstleistung – Projektbeschreibung. http://www.wibad.de

Koschatzky, K., 2002: Innovationsorientierte Regionalentwicklungsstrategien: Konzept zur regionalen Technik- und Innovationsförderung. Arbeitspapier R2/2002, Karlsruhe.

Koschatzky, K./Zenker, A., 1999: Innovative Regionen in Ostdeutschland – Merkmale, Defizite, Potenziale. Ausarbeitung für das Bundesministerium für Bildung und Forschung im Rahmen der Vorarbeiten zum Förderprogramm „Innoregio", Karlsruhe.

Krüger, T., 1996: Teilökonomien der Stadtregionen, Grundlagen, Strategien und Konzeption für die Wirtschaftsförderung, Hamburg.

Kühn, M., 2002: Regionalisierung der Städte. Eine Analyse von Stadt-Umland-Diskursen räumlicher Forschung und Planung. RuR, 5-6/2001, S. 402-411.

Kulicke, M. 2003. Stärkung der Starken – Öffentliche Förderung spezifischer Aspekte im Innovationsprozess durch regional fokussierte Netzwerke. In: Innovative Impulse für die Regionen – Aktuelle Tendenzen und Entwicklungsstrategien. S. 23- 40. Stuttgart.

Läpple, D., 1994a: Zwischen Gestern und Übermorgen. Das Ruhrgebiet – eine Industrieregion im Umbruch. In: Kreibich, R. (Hg.), Bauplatz Zukunft, S. 37-51, Essen.

Läpple, D./Deecke, H./Spiegel, Ch., 1994b: Strukturwandel und Innovation in der Wirtschaftsregion Hamburg. Analysen und Diskussionsbeiträge/Technische Universität Hamburg-Harburg.

Läpple, D., 1998a: Globalisierung–Regionalisierung: Widerspruch oder Komplementarität. In: Kujath, H. (Hg.), Strategien der regionalen Stabilisierung wirtschaftliche und politische Antworten auf die Internationalisierung des Raumes, S. 61-82, Berlin.

Läpple, D., 1998b: Ökonomie der Stadt oder Ökonomie in der Stadt. In: Häußermann, H. (Hg.), Großstadt – soziologische Stichworte. Opladen.

Läpple, D., 2000: Städte im Spannungsfeld zwischen globaler und lokaler Eigendynamik. In: Institut für Landes- und Stadtentwicklungsforschung des Landes Nordrhein-Westfalen (Hg.), Europäische Konferenz: Lokale sozioökonomische Strategien in Stadtteilen mit besonderem Erneuerungsbedarf. Dortmund.

Lessat, V., 1998: Anmerkungen zum Milieu- und Netzwerkbegriff aus ökonomischer Sicht. In: Matthiesen, U. (Hg.), Die Räume der Milieus, S. 266-276, Berlin.

Maier, G./Tödtling, F., 1996: Regionalentwicklung und Regionalpolitik. Band II. Wien.

Meadow, D., 1972: Die Grenzen des Wachstums – Bericht des Club of Rome zur Lage der Menschheit, Stuttgart.

Müller, A./Rehfeld, D./Fernández Sánchez, N./Grote Westrick, D./Nordhause-Janz, J./Öz, F./Stolte, W., 2002: Innovationsschwerpunkte in Gelsenkirchen: wirtschaftliche Wachstumsfelder und Strategien für ihre weitere Entwicklung. Projektbericht des Instituts Arbeit und Technik 2002-02, Gelsenkirchen.

Myrdal, G., 1969: Economic Theory and Under-Developed Regions, S. 146, first published 1957, London.

Nischwitz, G./Nill, J., 2003: Stellungnahme: Die Zukunft der nationalen und europäischen Strukturpolitik, insbesondere der Gemeinschaftsaufgabe „Verbesserung der regionalen Wirtschaftstruktur". Institut für ökologische Wirtschaftsforschung, Berlin/Hannover.

Palloix, Ch., 1979: Internationalisierung des Produktionssystems und Aufteilung in industrielle und finanzielle Bereiche, am Beispiel der Stahlindustrie sowie der Elektroindustrie und des Maschinenbaus. In: Ch. Deubner et al. (Hg.), Die Internationalisierung des Kapitals. Neue Theorien in der internationalen Diskussion, S. 125-145, Frankfurt/New York.

Peters, H.-R., 2000: Wirtschaftspolitik, München.

Piore, M./Sabel, C., 1985: Das Ende der Massenproduktion, Berlin.

Piore, M./Sabel, C., 1984: The Second Industrial Devide, New York.

Porter, M., 1999a: Unternehmen können von regionaler Vernetzung profitieren. Trotz Globalisierung liegen viele langfristige Wettbewerbsvorteile direkt vor der Haustür. In: Harvard Business Manager, Heft 21/3, S. 51-63.

Porter M., 1999b: Wettbewerb und Strategie, München.

Porter, M., 1993: Nationale Wettbewerbsvorteile. Erfolgreich konkurrieren auf dem Weltmarkt. Wien.

Rehfeld, D., 1999: Produktionscluster. Konzeption, Analyse und Strategien für eine Neuorientierung der regionalen Strukturpolitik, München und Mering.

Ritter, Th./Gmünden, H. G., 1999: Wettbewerbsvorteile im Innovationsprozeß durch Netzwerk-Kompetenz: Ergebnisse einer empirischen Untersuchung. In: Kooperation im Wettbewerb. Neue Formen und Gestaltungskonzepten im Zeichen von Globalisierung und Informationstechnologie. Bamberg und Wiesbaden.

Roth, R. (Hg.), 1998: Kommunalpolitik. Politisches Handeln in den Gemeinden, Bonn.

Schätzl, L., 2001: Wirtschaftsgeographie 1. Theorie. 8. Auflage, München.

Schrumpf, H./Müller, B., 2001: Sparkassen und Regionalentwicklung, Bonn.

Schwarz, E. J./Wickl, J., 2000: Kooperationen, regionale Netzwerke und strukturschwache Region: http://www.uni-klu.ac.at/uniklu/index.jsp.

Steinröx, M., 1995: Kommunale Wirtschaftsförderung, Etikettenschwindel oder Beitrag zur Wirtschaftsförderung? In: Ridinger, R./Steinröx, M. (Hg.), Regionale Wirtschaftsförderung in der Praxis, S. 87-97, Köln.

Waniek, R.W., 1995: Organisation der Wirtschaftsförderung, Regionalisierung der Strukturpolitik – Erfahrungen aus der „Zukunftsinitiative für die Regionen in Nordrhein-Westfalen" (ZIN). In: Ridinger, R./Steinröx, M., Regionale Wirtschaftsförderung in der Praxis, S. 178-200, Köln.

WISSENSVERARBEITUNG IN DER WIRTSCHAFTSFÖRDERUNG

Ileana Hamburg und Brigitta Widmaier

ILEANA HAMBURG UND BRIGITTA WIDMAIER

Inhaltsverzeichnis

ABBILDUNGSVERZEICHNIS **77**

GLOSSAR **78**

1 **Einleitung** **80**
2 **Zum Thema Wissensmanagement** **81**
    2.1 Wissensmanagement im Unternehmen 81
    2.2 Wissensmanagement in anderen Zusammenhängen 83
3 **Wissen und Wissensmanagementsysteme** **86**
    3.1 Wissen abstrakt: Eigenschaften und Konsequenzen
         für seine Verarbeitung 86
    3.2 Eine Typologie des Wissens: Zugang, Inhalte, Prozesse 88
    3.3 Wissensprozesse: Wissen und Lernen 90
    3.4 Zwei Konzepte von Wissensmanagement 92
        3.4.1 Das Münchner Modell 93
        3.4.2 Das Bausteinmodell 94
    3.5 Zusammenfassende Wertung 97
4 **Wissensmanagement in der Wirtschaftsförderung** **99**
    4.1 Das Umfeld der Wirtschaftsförderung 100
    4.2 Interne Aufgaben und Wissensmanagement 101
    4.3 Wissensmanagement bei komplexeren Aufgaben 104
    4.4 Wissensmanagement in der Praxis: ein Beispiel 105
5 **Wissensmanagement als Instrument der
integrierten Regionalentwicklung** **109**

Literatur **112**

Abbildungsverzeichnis

Abb. II.1: Das Kontinuum von Daten, Informationen zum Wissen 87

Abb. II.2: Wissensarten und Zugang zu Wissen 90

Abb. II:3: Die Wissensspirale nach Nonaka und Takeuchi 91

Abb. II.4: Bausteine des Wissensmanagements 97

Abb. II.5: Das Wissensumfeld der Wirtschaftsförderung 101

Glossar

Daten
Daten sind in gedruckter, gespeicherter, visueller oder sonstiger Form verwertbare Angaben.

Informationen
Informationen sind Daten, die zur Erreichung eines Zieles interpretiert werden.

Wissen
Wissen ist Information im Kontext. Der damit verbundene intellektuelle Verarbeitungsprozess erfordert Kenntnisse darüber, in welchem Zusammenhang die Informationen zueinander stehen und wie diese sinnvoll vernetzt werden können.

Wissensmanagement
Das Konzept von Wissensmanagement bezieht sich auf den bewussten Umgang mit der Ressource Wissen und ihren zielgerichteten Einsatz innerhalb oder zwischen Organisationen.

Instrumente
Instrumente sind standardisierte Prozesse, Methoden und Systeme, die Organisationsmitglieder bei der Bearbeitung von Wissensmanagement-Teilprozessen wie Wissenserwerb, -verteilung, -generierung, -nutzung und -bewahrung unterstützen können. Viele Instrumente hängen teilweise oder ganz von der IT-Unterstützung ab, deshalb werden sie häufig unter dem Instrumentbegriff IT erfasst.

Wissensmanagementsystem
Ein Wissensmanagementsystem ist ein Verbund von Instrumenten mit denen Wissensmanagement betrieben werden kann.

Communities (Gemeinschaften)
Als Communities bezeichnet man Gruppen von Personen die auf freiwilliger Basis zusammenkommen und sich mit einem bestimmten Themenbereich befassen. Durch den Austausch ihres jeweils individuellen Wissens entwickeln sie diesen inhaltlich kontinuierlich, ohne feste Terminvorgabe und damit auch ohne vorgegebenes Ende weiter. Es gibt eine Vielzahl verschiedener Arten von Communities: innerhalb von Organisationen, in Verbünden, etc. Darüber hinaus gibt es einen weiteren, immer wichtiger werdenden Typ der Community über das Internet – die virtual Community oder e-Community (siehe Teil III).

Organisationales Lernen

Unter organisationalem Lernen ist der Prozess der Erhöhung und Veränderung der organisationalen Wert- und Wissensbasis, die Verbesserung der Problemlösungs- und Handlungskompetenz sowie die Veränderung des gemeinsamen Bezugsrahmens von und für Mitglieder innerhalb der Organisation zu verstehen.

ILEANA HAMBURG UND BRIGITTA WIDMAIER

1 Einleitung

Wie im vorhergehenden Teil dargestellt wurde, ist es zentral für das Konzept einer integrierten Wirtschaftsförderung, unterschiedliche Informationen und Wissensbestände zu koordinieren und sowohl intern zur Prozessoptimierung der Wirtschaftsförderungsorganisation als auch extern für die strategische Entwicklung einer Region zu nutzen. Dazu ist der Aufbau formeller und informeller Wissensnetze und eine möglichst effiziente Nutzung organisatorischer, sozialer und technischer Möglichkeiten der Wissensverarbeitung nötig. Auf diese Probleme wird in den nächsten zwei Teilen mit unterschiedlichen Schwerpunkten eingegangen: Im vorliegenden Teil werden Ausführungen gemacht über Wissen allgemein und seine Verarbeitung, also dem „Wissensmanagement". In Teil III wird dann eingehender danach gefragt, wie die Prozesse der Wissensverarbeitung mit den Konzepten und Instrumenten der Informations- und Kommunikationstechnologie unterstützt werden können.

Teil II soll einen Beitrag zur Beantwortung folgender Fragen leisten:

- » Was ist Wissensmanagement?
- » Welche Ansätze lassen sich für die Praxis einer integrierten Wirtschaftsförderung nutzen?
- » Welche Instrumente stehen zur Verfügung um eine integrierte Wirtschaftsförderung zu unterstützen?
- » Wie können Wissensmanagementkonzepte in der Praxis einer integrierten Wirtschaftsförderung eingesetzt werden?

2 Zum Thema Wissensmanagement

Es werden unterschiedliche Anwendungsbereiche von Wissensmanagement und Probleme bei der Einführung skizziert. Dabei wird festgestellt, dass es für Wissensmanagement in Unternehmen bereits vielfältige Erfahrungen gibt. Wissensmanagement in anderen Organisationen oder in Netzwerken befindet sich derzeit eher noch in einer Entwicklungsphase.

Unter dem Stichwort »Wissensmanagement« hat sich in den letzten Jahren ein großes Feld für Analyse- und Beratungsleistungen aufgetan, das sich im weitesten Sinne mit der Nutzung der Ressource Wissen in unterschiedlichen organisatorischen Kontexten beschäftigt.

Entstanden ist dieser Bereich vor allem dadurch, dass dem Faktor »Wissen« in den neueren Diskussionen in der Ökonomie allgemein ein wesentlich stärkeres Gewicht beigemessen wird. Zudem ergibt sich aus dem anhaltenden Wettbewerbsdruck in der globalen Wirtschaft die Notwendigkeit, über eine bessere Nutzung der Ressource Wissen nachzudenken. Das übergeordnete Ziel all dieser Bestrebungen ist es, die Effizienz und Innovationsfähigkeit von Organisationen zu stärken. Dabei handelt es sich häufig um Ansätze, die in der betriebswirtschaftlichen Forschung und Praxis entwickelt worden sind. Sie beziehen sich somit auch schwerpunktmäßig auf Wissen und seine Verarbeitung innerhalb von Organisationen. Um diesen Kontext zu verdeutlichen, zunächst einige Anmerkungen zum innerbetrieblichen Wissensmanagement.

2.1 Wissensmanagement im Unternehmen

In Unternehmen ist in der Regel eine große Menge an Wissen vorhanden, das aus den verschiedensten Gründen nicht oder nur unzureichend genutzt wird. Zu diesen Gründen gehört z.B. die Tatsache, dass Organisationen über das Wissen ihrer Mitarbeiter häufig nicht ausreichend informiert sind oder es fehlen strategische Orientierungen, die es ermöglichen, das verteilte Wissen einer Organisation unter einem gemeinsamen Nenner zu betrachten und zu nutzen.

Die Mitarbeiter sammeln auf allen Unternehmensebenen im Laufe ihrer Zugehörigkeit zur Firma Wissen an. Durch die Arbeitsteilung ist dieses Wissen notwendigerweise verteilt und spezialisiert. Probleme können sich daraus ergeben, dass solches geteiltes Wissen der Organisation gar nicht bekannt ist, unter Umständen von den Wissensträgern bewusst zurück gehalten wird und bei Weggang des Mitarbeiters für die Organisation verloren geht. Um den dadurch entstehenden Wissensverlusten entgegenzutreten, werden zunehmend Wege gesucht, Wissen besser zugänglich und leichter handhabbar zu machen. Das geschieht, indem Methoden und Instrumente entwickelt werden, das verstreute Wissen von Einzelnen oder Gruppen besser für die Organisation als ganze zu nutzen. Dabei sollen Wissensbestände besser identifiziert, organisiert und (IT-gestützt) verwaltet werden.

Die Unterstützung solcher Vorgänge durch Informations- und Kommunikationstechnologien war von Anfang an eine – wenn nicht die – wesentliche Komponente, von der man sich die Lösung einer ganzen Reihe von Problemen versprach. So haben in der Anfangsphase viele Unternehmen durch die Einführung informationstechnischer Instrumente, z.B. eines Intranets, versucht vorhandenes Wissen besser zu organisieren. Es wurde jedoch bald klar, dass unspezifische Ansätze mit systemtechnischer Unterstützung alleine nicht ausreichen, um Bestand und Flüsse von Wissen entscheidend zu verbessern. Auch begleitende organisatorische Maßnahmen, wie spezielle Belohnungssysteme, etwa für die Speicherung und die Weitergabe von Wissen, haben sich in der Praxis wenig bewährt. Vielmehr wurde zunehmend deutlich, dass Maßnahmen zum Wissensmanagement nur dann sinnvoll sind, wenn sie auf genau abgegrenzte Aufgabenbereiche zielen und außer den technischen auch die organisatorischen und sozialen Voraussetzungen geschaffen werden, damit Wissen innerhalb einer Organisation bereitgestellt und ausgetauscht wird. Döring-Katerkamp/Trojan (2002: 135) nennen als wichtige Voraussetzungen unter anderem die Mitarbeitermotivation, d.h. den Mitarbeitern muss Sinn und Zweck der Wissensverarbeitung deutlich sein, damit sie sich in diesen Prozess einbringen. Ebenso wichtig ist es, dass Wissenstätigkeiten konsequent in den Arbeitsalltag integriert und nicht als besondere oder zusätzliche Aufgabe betrachtet werden. Ohne Einbindung in eine differenzierte Aufgabenstellung und die Verbindung entsprechender technischer (z.B. Intranet) *und* sozialer Elemente bleibt es bei einem ineffizienten »Informationsmanagement«. So werden weder kreative Potenziale entsprechend eingesetzt noch individuelle und kollektive Lernprozesse in Gang gesetzt. Die Schaffung eines entsprechenden sozialen Klimas ist nicht zuletzt deshalb von Bedeutung, weil Wissen im Betrieb oft als individuelles Kapital (sprich: Machtpotenzial) angesehen wird und die Weitergabe von Wissen in vielen Fällen keineswegs selbstverständlich ist. Durchlässige Kommunikationsstrukturen und eine lernfreundliche Umgebung sind nicht nur förderlich für die Unternehmenskultur, sondern können auch zu einer Erweiterung von Kompetenzen der Mitarbeiter durch bessere Nutzung der innerorganisatorischen Wissensressourcen beitragen.

Gründe für die Schwächen betrieblicher Intranets

Informationszurückhaltung: Auch durch individuelle Anreizsysteme für spezielle Wissenstätigkeiten (z.B. Einstellen von Informationen ins Intranet) wird die Weitergabe von Wissen nicht nachhaltig gefördert. Befürchtungen, die eigene Machtposition zu schwächen oder Angst vor zusätzlicher Belastung bleiben ein Problem. Die Praxis hat gezeigt, dass Abhilfe eher in der Schaffung adäquater Kommunikationsstrukturen, einer lernfreundlichen Atmosphäre bzw. einer entsprechenden Unternehmenskultur gesehen werden muss.

Mangelnde Transparenz: solange die Sammlung und Dokumentation von Daten/Informationen nicht nach klar definierten Zielen und Aufgaben erfolgt, sind technische Hilfsmittel nicht sinnvoll einsetzbar.

In engem Zusammenhang damit steht die *Datenpflege*: betriebliche Intranets werden leicht zu Datenmüllhalden, da eine sorgfältige Pflege, vor allem das Löschen obsoleter Informationen, problematisch ist. Da Unternehmen häufig nicht über die Kapazitäten verfügen, die Position eines »Datenmanagers« einzurichten, lässt sich hier nur durch Regeln und disziplinierte Eigeninitiative bei den Mitarbeitern Abhilfe schaffen. Auf der technischen Seite kann dies durch Datenfilter unterstützt werden.

2.2 Wissensmanagement in anderen Zusammenhängen

Schwierigkeiten bei der effizienten Nutzung von Wissen sind nicht auf privatwirtschaftliche Organisationen beschränkt. Auch andere, halböffentliche (»public-private«) oder öffentliche Organisationen sind in den letzten Jahren zu einer neuen Sichtweise und Bewertung der Bedeutung von Wissen gekommen. Trotz vielfacher Hemmnisse bei der Einführung von betrieblichen Wissensmanagementsystemen werden so laufend Anstrengungen unternommen, solche Systeme auch auf andere Bereiche anzuwenden.

Insbesondere in der öffentlichen Verwaltung, wo sich die Kundenorientierung verstärkt hat, werden neue Wege gesucht, Verwaltungsvorgänge und Dienstleistungen für den Bürger besser zu organisieren und durch ein IT-gestütztes Wissensmanagement systemtechnisch zu unterstützen. Hier haben sich Spezialformen herausgebildet, die von einzelnen Anwendungen wie Einzelhandelsinformationssystemen oder geographischen Informationssystemen bis zum »e-government« (siehe ausführlicher Teil III) reichen.

Einige Unterschiede zur Einzelorganisation lassen sich deutlich machen. Obwohl heute auch schon viele Unternehmen in eine Vielzahl von Kooperationen und Netzwerken eingebunden sind, sind in der Regel die Grenzen der Organisation eindeutig und die Aufgaben und Organisationsziele, nämlich die Herstellung und der Vertrieb von Waren und Dienstleistungen, relativ klar definiert. Für die öffentliche Verwaltung und insbesondere die Wirtschaftsförderung, stellen sich bezüglich des Wissensmanagements komplexere Aufgaben (Teil I, Kap 2). Die von ihnen bereitzustellenden Dienstleistungen, nämlich eine effektive Standortentwicklung und -vermarktung, verlangen nicht nur eine ganze Reihe spezifischer Kompetenzen, sondern auch den Erwerb und die Verarbeitung komplexer Wissensbestände. Bratl/Trippl fassen dies z.B. folgendermaßen zusammen.

Neue Anforderungen an die Wirtschaftsförderung

Nach Bratl/Trippl (2001) lassen sich etwa folgende Anforderungen an die Kompetenz von Wirtschaftsförderern formulieren, um die im Rahmen eines integrierten Standortmanagements anfallenden Prozesse zu organisieren:

» Strategieentwicklung
» Standortmarketing
» Human Ressource Management
» Innovations- und Technologiemanagement
» Externe Vernetzung
» Neugründungsmanagement
» Ansiedlungsmanagement
» Interessen- und Konfliktmanagement
» Wissensmanagement

Hinzu kommen als Querschnittsfunktionen, um die Prozessqualität zu sichern:

» Erstellung einer angemessenen Datengrundlage
» Diskurs- und Aushandlungsqualität
» Vorgehensplanung
» Umsetzungsorganisation
» Controlling

Auch der Kundenbegriff lässt sich in der Wirtschaftsförderung nicht auf eine klar begrenzte Gruppe reduzieren. Kontakte und Interaktionen erstrecken sich – wie in Kap. 4.1 gezeigt wird – auf eine Vielzahl von Personen, Institutionen und Organisationen. Insofern bekommt auch die Frage des Wissensmanagements eine andere Qualität.

In Wirtschaftsförderungsorganisationen sind sowohl inner- als auch interorganisatorische Wissensflüsse zu bewältigen. Dazu gehören die Vermittlung und der Austausch von Wissen in Netzwerken. Die Organisation selbst muss ihre Arbeitsweise optimieren (Prozessoptimierung, siehe Teil III, Kap. 4) und Wissen wird in Kommunikationsprozessen mit den Partnern und Kunden ausgetauscht und im Hinblick auf gemeinsame Ziele eingesetzt. Beides kann technisch sinnvoll unterstützt werden, allerdings wird besonders bei interaktiven Prozessen die persönliche Präsenz und Kommunikation eine wesentliche, wenn nicht die ausschlaggebende Rolle spielen.

Aufgrund dieser Ausgangssituation ist Vorsicht geboten bei einer direkten Übertragung der Wissensmanagementkonzepte von Unternehmen auf andere, komplexere Organisationen und Handlungszusammenhänge, seien es öffentliche Verwaltungen oder Zusammenschlüsse von einzelnen Organisationen in Verbünden oder Netzwerken. So kommen Howaldt/Klatt/Kopp (2003:37ff) in Studien zum interorganisationalen Wissensmanagement in Netzwerken zu dem Schluss, dass viele der Techniken die für unternehmensinternes Wissensmanagement entwickelt wurden, für den Einsatz in einem organisationsübergreifenden Kontext oder in Netzwerken einer genauen Prüfung unterzogen werden müssen. Sie sind in der Regel „auf den zeitlichen und örtlichen Erfahrungszusammenhang und die Kultur der Einzelunternehmen zugeschnitten". Deshalb ist es in diesen komplexeren Situationen umso wichtiger, spezifische Instrumente zu entwickeln. Ein angemessener Wissenserwerb und adäquate Kommunikationsformen sollen hier nur beispielhaft genannt werden. Das heißt z.B., dass auch in diesen Fällen eine Definition der Ziele unabdingbar ist, um das entsprechende notwendige Wissen zu sammeln und aufzubereiten. So wird eine „Konzentration auf Wesentliches anstatt Anlage enzyklopädischer Datenbanken" möglich. Weiter sollte Kommunikation nicht allein auf technische Medien reduziert werden. Die „Zirkulation von Erfahrungswissen durch direkte Kommunikation zwischen Experten anstatt aufwendiger Explikationen…" sollte immer in einem sinnvollen Verhältnis zu technisch basierten Kommunikationsformen stehen.

3 Wissen und Wissensmanagementsysteme

Um später Fragen der Bewertung und Übertragung von Modellen des Wissensmanagements auf die Wirtschaftsförderung beantworten zu können, werden zunächst Grundlagen der Wissensverarbeitung diskutiert und zwei Modelle des Wissensmanagements vorgestellt, die für die Probleme einer integrierten Wirtschaftsförderung nützliche Grundlagen bilden können.

Die vielfach geäußerte Kritik an Wissensmanagementsystemen lässt sich auf den Nenner bringen, dass eine unreflektierte Anwendung dieser Konzepte häufig in Sackgassen führt. Das zahlenmäßig riesige Angebot an Beratungsleistungen in diesem Bereich (Howaldt/Klatt/Kopp (2003:36) sprechen z.B. von einer „Flut konkurrierender Angebote" und den „Erfahrungen einer frustriert-resignativen Praxis") bringt es mit sich, dass Grundlagen fehlen und die Komplexität der Problematik bei der Anwendung oft nicht richtig eingeschätzt wird. So ist eine Vielzahl unterschiedlicher »Stellschrauben« in einer Organisation betroffen, die nur bei einer genauen Abstimmung zu einem Gesamterfolg führen kann. Man denke z.B. nur an die Kombination von individuellem und organisationalem Wissen, das es zu koordinieren gilt.

In der Folge wird Bezug genommen auf Ansätze, die sich auf eine theoretische Basis stützen und daraus Bedingungen und Kriterien für Wissensmanagement ableiten. Zum besseren Verständnis wird dazu zunächst auf den Charakter und die Besonderheiten des Wissens eingegangen.

3.1 Wissen abstrakt: Eigenschaften und Konsequenzen für seine Verarbeitung

Um sich dem Gebiet des Wissensmanagements zu nähern, ist es nützlich, etwas über die Mechanismen zu verstehen, die dem Prozess der Entstehung, Verbreitung und Weitergabe von Wissen zugrunde liegen. In der Literatur finden sich unterschiedliche Versuche, Wissen in Kategorien zu erfassen und die Mechanismen seiner Entstehung und Weitergabe zu erforschen. Grundsätzlich lässt sich feststellen, dass unterschiedliche Arten von Wissen identifizierbar sind und die Prozesse der Wissensverarbeitung in voneinander abhängigen Komponenten und Phasen gesehen werden. Die in der Folge diskutierten Ansätze stützen sich alle auf die Erkenntnis, dass es nicht nur darum geht, einen bestimmten Bestand an Wissen möglichst intelligent zu verwalten. Die Verarbeitung von Wissen besteht nicht nur in einer Reaktion auf Veränderungen in der Umwelt, sondern sie ist immer mit Lernprozessen verbunden. Dabei entsteht neues Wissen. Es handelt sich also um dynamische Prozesse, die auf sozialen Interaktionen beruhen und die kontextspezifisch sind. Kontextspezifisch heißt, dass Wissen kein Wert an sich ist, sondern nur sinnvoll einsetzbar wird, wenn es mit bestimmten Absichten und Zielen einer Organisation und der Kompetenz von Personen in Verbindung gebracht wird.

Grundsätzlich treten in diesem Zusammenhang drei Arten von Begriffen auf, nämlich Daten, Information und Wissen. Abb. II.1 geht von den Eigenschaften von Daten aus und macht deutlich, dass der Zusammenhang zwischen Daten, Informationen und Wissen einem bestimmten Mechanismus unterliegt.

Abb. II.1: Das Kontinuum von Daten, Informationen zum Wissen

Daten	*Information*	*Wissen*
unstrukturiert		strukturiert
isoliert		verankert
kontext-unabhängig		kontext-abhängig
geringe Verhaltenssteuerung		hohe Verhaltenssteuerung
Zeichen		kognitive Handlungsmuster
Distinktion		Kompetenz

Quelle: Probst, G./Romhardt, K. 1999.

Daten sind immer nur in einem gewissen Kontext interpretierbar. Deshalb werden sie erst zu Informationen, wenn ein Empfänger da ist, der sie in seinem Kontext interpretiert. Die logische Vernetzung von Informationen nach kognitiven Handlungsmustern ermöglicht deren Nutzung in einem bestimmten Handlungsfeld. Damit werden Informationen zu Wissen.

3.2 Eine Typologie des Wissens: Zugang, Inhalte, Prozesse

In der Forschung über Wissen und Innovation wird häufig der Versuch unternommen, unterschiedliche Arten von Wissen zu typologisieren und sie im Hinblick auf ihre Zugänglichkeit und Verwertbarkeit zu charakterisieren. Grundsätzlich ist es sinnvoll, zwischen dem Wissen zu unterscheiden, das in einer allen Nutzern zugänglichen Form allgemein verfügbar ist und dem Wissen, das an einen bestimmten Kontext bzw. bestimmte Personen gebunden ist. Wir folgen deshalb einer viel verwendeten grundlegenden Unterscheidung in »explizites« und »implizites« Wissen.

Unter explizitem Wissen verstehen wir Wissen, das aufgrund allgemeiner wissenschaftlicher oder praktischer Grundlagen in einer kodifizierten (d.h. schriftlich, in Büchern oder anderen allgemein zugänglichen Medien) Form vorliegt. Dieses Wissen ist zunächst von der Person oder vom Kontext unabhängig und kann in der Regel von jedem, der es braucht, genutzt werden.

Dagegen wird unter implizitem Wissen das Wissen verstanden, das in den Köpfen und den Fähigkeiten von Menschen vorhanden ist und an einen bestimmten Kontext gebunden ist. Es ist nicht ohne weiteres übertragbar und anwendbar.

Explizites versus implizites Wissen: Beispiele

Beispiel: ein Wirtschaftsförderer möchte sich über eine Branche informieren, weil mit mehreren Unternehmen ein Kooperationsprojekt gestartet werden soll. Er kann sich im Internet Informationen über die infrage kommende Technologie beschaffen, aus der amtlichen Statistik etwas über Unternehmensgrößen und Beschäftigungszahlen erfahren und aus einschlägigen Fachzeitschriften die Einschätzung der Marktsituation entnehmen.

Beispiel: In der Wirtschaftsförderung wird eine Person, die sich schwerpunktmäßig mit Existenzgründungsberatung beschäftigt hat, in Ruhestand versetzt. Der neue Mitarbeiter findet eine tadellose schriftliche Dokumentation der vom Vorgänger bearbeiteten Fälle vor, kommt aber trotzdem nicht umhin, sich in der Übergangszeit immer wieder Rat von seinem Kollegen zu holen, der im Laufe der Zeit eine Menge Erfahrungswissen angesammelt hat, das nicht in seiner Vielfalt dokumentierbar ist.

In der Regel führt nur eine sinnvolle Kombination von explizitem und implizitem Wissen zum gewünschten Erfolg. Um diesen Zusammenhang zu erläutern noch zwei weitere Beispiele:

Beispiel: Ein erfahrener Meister in einem Betrieb sammelt im Laufe seines Berufslebens eine Menge Wissen an, das er nie niederschreibt und auch nicht auf andere Weise dokumentiert. Er gibt dieses Wissen jedoch bei der Lehrlingsausbildung an seine Lehrlinge weiter, indem er mit ihnen kommuniziert und ihre Tätigkeiten überwacht und kritisch begleitet.

Beispiel: Eine Firma will ein neues Produkt entwickeln und kauft, da sie die Technologie dafür nicht selbst hat, ein Patent. Das dort enthaltene (explizite) Wissen wird aber erst dann zum Produkt führen, wenn es in den Kontext (implizites Wissen) der Firma integriert wird.

Wenn innovative Prozesse oder Lernprozesse untersucht werden, wird nicht nur nach der Verfügbarkeit sondern auch nach den Inhalten gefragt, die nötig sind, um solchen Prozessen eine Grundlage zu geben. Damit die oben geschilderte Situation der Informations- oder Wissensbeschaffung zu einem sinnvollen Lern-/Innovationsprozess führt, ist es z.B. nötig, dass die Mitarbeiter der Organisation ein spezifisches »Know-how«, d.h. durch Lern- und Arbeitsprozesse erworbenes Wissen besitzen. Nur so werden sie in der Lage sein, die in einem Patent enthaltenen Informationen richtig zu interpretieren und im Sinne der Produktplanung sinnvoll anzuwenden.

Falls die eigene Kompetenz nicht ausreicht, ist es wichtig auf Personen und Netzwerke zurückgreifen zu können (»Know-Who«), von denen man weiß, dass sie nützliche Hinweise geben können, wo Faktenwissen (»Know-What«) oder weiteres Grundlagenwissen über bestimmte wissenschaftlich/technisch erklärbare Zusammenhänge (»Know-Why«) zu finden ist. Wie in Abb. II.2 dargestellt, stehen Wissensinhalte und ihre Verfügbarkeit und Zugangsmöglichkeiten in einem Zusammenhang.

Abb.II.2: Wissensarten und Zugang zu Wissen

Art	Grundlagenwissen: Know Why Faktenwissen: Know What	Personen- und netzwerkbezogenes Wissen : Know Who	Erfahrungswissen: Know-How
Zugang	Bücher, Daten, Nachschlagewerke	Nachschlagewerke z.B. Telefonbuch, persönliche Bekanntheit, Aufbau von Netzwerken im Arbeitszusammenhang	Person muss eigenes Wissen objektivieren und dokumentieren, bzw. in sozialem Austausch weitergeben (z.B. Meister-Lehrling Situation)
Verfügbarkeit	explizit	explizit und implizit	implizit

Quelle: Eigene Darstellung ©IAT

Während Faktenwissen und Grundlagenwissen in der Regel stark kodifiziert sind, d.h. in Büchern und anderen Medien dokumentiert und somit allgemein zugänglich, sind die beiden anderen Wissensarten stark vom Kontext abhängig und zumeist an Personen gebunden. Für den Fall des Know-How kann man wiederum den Meister oder den Kollegen im Ruhestand anführen, der im Lauf seines Berufslebens eine Menge Erfahrungswissen ansammelt, das nur in sozialer Interaktion aktivierbar ist. Im Fall des personenbezogenen Wissens wird zwar im Notfall auch ein Telefonbuch aushelfen, aber z.B. Kenntnisse über Kollegen und ihre spezialisierten Erfahrungen sind Wissen, das ebenfalls nur über soziale Beziehungen und Netzwerke zugänglich ist.

3.3 Wissensprozesse: Wissen und Lernen

Wie sich die Wissensarten in einen sinnvollen prozesshaften Zusammenhang bringen lassen, wird seit langem in der Innovationsforschung und seit einigen Jahren auch in der Forschung zum Wissensmanagement analysiert. Eine japanische Forschergruppe um Ikujiro Nonaka hat sich intensiv mit den Prozessen der Wissensverarbeitung im Betrieb beschäftigt und dabei den Mechanismus beschrieben, wie sich Wissen in unternehmensinternen Lernprozessen vermehrt. Auch hier wird Bezug genommen auf die Begrifflichkeit implizit/explizit und es wird anhand einer Spirale dargestellt, wie diese beiden Wissensarten einander bedingen und abwechseln. Die Organisation spielt dabei eine wesentliche Rolle, weil sie die Umgebung darstellt, in die diese Prozesse eingebettet sind.

Für die Bearbeitung und Weitergabe von Wissen sind nach Nonaka u.a. vier Prozesse von Bedeutung

» Sozialisation: Weitergabe von implizitem Wissen durch soziale Interaktion
» Externalisierung: Artikulierung von implizitem Wissen
» Kombination: altes und neues Wissen, von innerhalb und von außerhalb der Organisation wird kombiniert
» Internalisierung: Wissen wird angewendet und dadurch entsteht neues implizites Wissen

Die Wissensspirale (siehe unten) dient der Beschreibung wie Wissen innerhalb einer Organisation angewendet und generiert werden kann. Wissen wird durch die unterschiedlichen Transformationsprozesse zwischen explizitem und implizitem Wissen innerhalb und zwischen verschiedenen Wissensträgern verarbeitet und führt zu neuem Wissen. Wichtig ist, dass immer auch individuelles Wissen expliziert und anschließend der Organisation zugänglich gemacht werden kann.

Abb.II.3: Die Wissensspirale nach Nonaka und Takeuchi (1997)

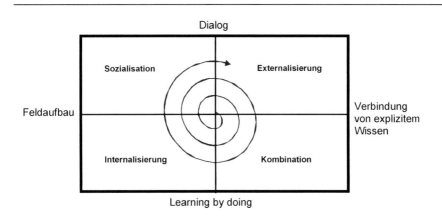

Quelle: Nonaka und Takeuchi 1997

Was zunächst als Abbild eines rein unternehmensinternen Prozesses konzipiert war, haben Nonaka/Reinmöller in der Folge konzeptionell weiterentwickelt. Kern ihrer Argumentation ist, dass durch die weltweiten Veränderungen in der Unternehmens- und Produktionsstruktur derartige Lernprozesse in erhöhtem Maße auch zwischen Organisationen stattfinden. Sie sprechen davon, dass „Unternehmen zunehmend Allianzen oder Partnerschaften begründen, in denen sie gemeinsam Ressourcen teilen und erwerben" (Nonaka/Reinmöller 1998: 405, Übers. des Verf.). Nach ihren Beobachtungen im asiatischen Raum haben solche Gruppen wegen ihrer gemeinsamen Lernkapazitäten viel zur Entwicklung der Region beigetragen.

Cluster oder Netzwerke (siehe Teil I, Kap 5) unterstützen nach Nonaka/Reinmöller die Erzeugung neuen Wissens, wenn sie als Plattformen für die Vermittlung von persönlichem, unternehmerischem und institutionellem Wissen dienen. Hier ergeben sich Parallelen zur integrierten Wirtschaftsförderung, die auch mit diesen Konzepten arbeitet.

3.4 Zwei Konzepte von Wissensmanagement

Wie bereits in Kapitel 1 erwähnt, sind in den letzten Jahren Konzepte und Ansätze für Wissensmanagement in großer Zahl entstanden. Aus heutiger Sicht haben sich vor allem diejenigen bewährt, die auf lern- und organisationstheoretischen Grundlagen aufbauen und aufgrund theoretischer Überlegungen und empirischer Forschung gewonnen und modifiziert wurden. Eine wichtige Erkenntnis liegt allen diesen Modellen zugrunde: es gibt keine Patentlösung. Ein Wissensmanagementmodell (z.B in Form einer Software) kann nicht einfach einer Organisation aufgestülpt werden. Vielmehr sind für jeden Einzelfall Lösungsansätze nötig, die auf die spezifischen Voraussetzungen und Anforderungen zugeschnitten werden müssen.

Hier werden exemplarisch zwei Modelle dargestellt, die aufgrund ihrer Prämissen und der in ihnen verwendeten Konzepte Anspruch auf eine systematische Behandlung der Problematik erheben können. Entscheidend ist, dass diese Modelle im wesentlichen einen Rahmen und Kriterien vorgeben, innerhalb dessen eine Organisation mehr oder weniger tief greifende Veränderungen in ihrer Struktur vornehmen kann, um dem Anspruch auf ein lernorientiertes Wissensmanagement gerecht zu werden. Beide Modelle weisen einen Praxisbezug auf, sind aber unterschiedlich in ihrem Konkretisierungsgrad.

3.4.1 Das Münchner Modell

Das Münchener Modell konzentriert sich auf die individuellen und kollektiven Lernpotenziale und bezeichnet Wissensmanagement als den Versuch, „Wissensbewegungen zwischen Information und Handeln so zu gestalten, dass konkrete Probleme und Situationen zielbezogen bewältigt werden können" (Reinmann-Rothmeier 29.01.2004: 7). Mit dem Modell soll ein Orientierungsrahmen und eine Verständigungsgrundlage für theoretische und praktische Arbeit gegeben werden.

Die Philosophie des Münchener Modells

Die Philosophie: „Wissensmanagement in diesem Sinne verkörpert den Versuch, eine neue Wissens- und Lernkultur zu etablieren, in der Themen wie Wissensteilung und gemeinsame Wissensbeschaffung sowie Entfaltung der Kreativität und vorhandenen Lernpotenziale eine weitaus größere Rolle spielen als bis dato der Fall ist. Wissensmanagement in diesem Sinne wurzelt in der Kultur von Organisationen und kann ohne diese weder ausreichend verstanden noch wirksam in seinen Potentialen ausgeschöpft werden" (ebd.: 17).

Wissen wird im Münchener Modell unterteilt in Wissen als Objekt und Wissen als Prozess. Lernprozesse sind auf einem Kontinuum von Informationswissen zum Handlungswissen angeordnet. Nur indem sich Individuen Informationswissen in Lernprozessen aneignen wird daraus brauchbares Handlungswissen. Diese Differenzierung hat Ähnlichkeiten mit dem oben angesprochenen impliziten und expliziten Wissen. Nicht nur diese Begrifflichkeit, sondern auch der Prozess der Wissensverarbeitung zeigt Parallelen zum Modell von Nonaka. Hier stehen ebenfalls Lernprozesse, bzw. Prozesse der „kreativen Wissensgenerierung" (ebd.: 22) im Vordergrund. Reinmann-Rothmeier kennzeichnet diesen Prozess durch vier Phänomenbereiche, wobei sie betont, dass davon sowohl individuelle als auch organisationale Vorgänge wechselseitig betroffen sind:

» Wissenspräsentation: Hier geht es um die Herstellung von Wissenstransparenz und die Optimierung des Zugriffs. Wichtig ist die Bereitschaft, das eigene Wissen offen zu legen und die Fähigkeit, es so darzustellen, dass andere etwas damit anfangen können.

» Wissensnutzung: bezieht sich auf die Anwendung des Wissens im organisatorischen bzw. persönlichen Kontext, so dass es Handlungsrelevanz bekommt. Dieser Prozess sollte nicht durch eingeschliffene Routinen und Gewohnheiten beeinträchtigt werden.

» Wissenskommunikation: Der interaktive Austausch von Wissen ist die Voraussetzung für Innovationen. Er sollte für den Einzelnen mit einem persönlichen Nutzen verbunden sein. Vertrauen und hohe Interaktionsdichte sind wesentliche Voraussetzungen für die Wissenskommunikation.

» Wissensgenerierung: Dieser Phänomenbereich bezieht sich auf die bedarfs- und zukunftsorientierte Weiterentwicklung der Wissensbasis.

Die wesentlichen Verdienste dieses Modells werden in der Synthese des technisch orientierten Informationsmanagements mit dem Human-Ressource orientierten Kompetenzmanagement gesehen. Diese pädagogisch-psychologische Sichtweise geht davon aus, dass sich Wissensprozesse durch das Gestalten von Rahmenbedingen sowie das Fördern der beteiligten Menschen optimieren lassen.

Mit dem Münchener Modell liegt ein Ansatz zum Wissensmanagement vor, der vor allem wichtige Hinweise auf den Zusammenhang von individuellen und organisationalen Lernprozessen gibt. Als Instrument zur Umsetzung werden unternehmensinterne Communities genannt, die beim Wissensmanagement eine Reihe wichtiger Funktionen erfüllen können (siehe auch Kap. 4.2). Da das Modell in seiner Konsequenz tiefe Eingriffe in die Organisation bedingt, wird es sich sicherlich nur unter speziellen, d.h. langfristigen Bedingen umsetzen lassen. Seine Weiterentwicklung in theoretischer wie praktischer Hinsicht wird vor allem als eine Aufgabe für interdisziplinäre Forschung gesehen.

3.4.2   Das Bausteinmodell

Probst/Raub/Romhardt stellen grundsätzlich fest, dass organisationales Wissen in vielen Bereichen brach liegt und das Management dem Umgang mit der Ressource Wissen weitgehend hilflos gegenüber steht. Das hat in den letzten Jahren zu einer institutionellen Verankerung von wissensbezogenen Tätigkeiten und zur Entwicklung von Instrumenten für die Analyse, Bilanzierung und das Management von Wissen geführt. Im Vorwort ihres Buches beschreiben die Autoren Wissensmanagement als eine „pragmatische Weiterentwicklung der Theorien und Perspektiven und des organisationalen Lernens" (Probst/Raub/Romhardt 1998: 5). Das von ihnen entwickelte »Bausteinmodell« ist in erster Linie ein Analysemodell. Es basiert auf der Arbeit des Schweizerischen Forums für organisationales Lernen und Wissensmanagement an der Universität Genf. In Round Tables und Projekten zu einzelnen Themen werden dort die Grundlagen weiterentwickelt und insbesondere auch die Praxisorientierung betont. Aus diesen Gesprächen und Arbeiten hat sich eine Reihe von Anforderungen an ein Wissensmanagementmodell ergeben:

- » Anschlussfähigkeit: Das Modell muss in bestehende Konzepte integriert werden und es muss eine gemeinsame Sprache entwickelt werden.
- » Problemorientierung: Es muss ein Beitrag zur Lösung eines konkreten Problems geleistet werden.
- » Verständlichkeit: Es geht um Reduktion der Komplexität, nicht »Verkomplizierung« von Sachverhalten.
- » Handlungsorientierung: Der Einsatz von Instrumenten muss zu Entscheidungen führen.
- » Instrumentenbereitstellung: Es muss ein Arsenal an ausgereiften und zuverlässigen Methoden und Instrumenten zur Verfügung stehen.

Wie viele andere Autoren sind auch sie der Ansicht, dass Wissensmanagement für eine Organisation immer nur ein individuell zugeschnittenes Maßnahmenbündel sein kann („das ‚richtige' Modell des Wissensmanagements existiert nicht", Probst/Romhardt 1999: 4). So haben sie, basierend auf den oben genannten Erfahrungen, Analysen und theoretischen Erkenntnissen, unterschiedliche »Bausteine des Wissensmanagements« identifiziert.

Mit den *Bausteinen* sollen Organisationen in die Lage versetzt werden, den Prozess der Wissensverarbeitung zu analysieren, zu strukturieren und mittels gezielter Interventionen Veränderungen der *organisationalen Wissensbasis* herbeizuführen. Die Bausteine dienen dabei als Analyseinstrument, dem die Auswahl geeigneter Instrumente folgen muss. Voraussetzung für die Entwicklung eines adäquaten Systems ist die *Definition* von Wissenszielen (strategisch, normativ, operativ) sowie eine *Bewertung* der Zielerreichung und möglicher notwendiger Veränderungen.

Die Bausteine sind im Einzelnen:

» *Wissensidentifikation*: In vielen Organisationen besteht das Problem, dass es keine ausreichende Transparenz über das vorhandene Wissen gibt. Deshalb ist die Wissensidentifikation (Was wissen wir bereits? Was wollen wir wissen?) Grundlage für alle weiteren Wissensaktivitäten. Obwohl Technologielösungen immer nur in Kombination mit persönlicher Interaktion sinnvoll sind, können sie doch dazu beitragen, die Wissensidentifikation zu erleichtern. Als Instrumente sind hier z.B. Wissenslandkarten oder die Weitergabe von Wissensbeständen auf Plattformen (siehe Teil III, Kap.3.5.2) anzuführen.

» *Wissenserwerb*: Wenn das Wissen für die Erreichung der Ziele nicht oder nicht in ausreichendem Maße in der eigenen Organisation vorhanden ist, muss die Frage gestellt werden wo integrationsfähige Wissensressourcen von außerhalb erworben werden können. Mögliche Wissensquellen sind z.B. Kunden, Kooperationspartner, neue Mitarbeiter oder auch Wissensprodukte (Software, Patente).

» *Wissensentwicklung*: Wissensentwicklung kann auf kollektiver oder auf individueller Ebene erfolgen und sich auf organisationsinternes oder von außen erworbenes Wissen beziehen. Wichtig ist, dass es nur dann zum Tragen kommt, wenn es in den Kontext der vorhandenen individuellen oder kollektiven Wissensträger integriert wird.

» *Wissensverteilung*: Nicht jeder muss alles wissen, aber vieles soll möglichst denen zugänglich sein, die es benötigen. Der Verteilungsmechanismus hängt von der Art des Wissens ab: So wird z.B. das Windows Betriebssystem möglichst allen Organisationsmitgliedern durch Handbücher oder Schulungen zugänglich gemacht werden. Die Fachexpertise eines Werkzeugmachermeisters dagegen ist nur für bestimmte Mitarbeiter von Bedeutung.

» *Wissensnutzung*: Die Wissensnutzung kann dadurch behindert werden, dass Barrieren bestehen, »fremdes« Wissen in die routinemäßige Arbeit einzubeziehen. Solche Abschottungsmechanismen können dadurch abgebaut werden, dass für den Nutzer der Ertrag klar erkennbar ist.

» *Wissensbewahrung*: Bei der Wissensbewahrung geht es vor allem um das Einfangen und Dokumentieren von Erfahrungen und Informationen, die für das Gedächtnis der Organisation wertvoll sind. Eine sinnvolle Selektion der Dokumentation und permanente Aktualisierungsbemühungen sind Grundvoraussetzungen, der Einsatz von entsprechenden Instrumenten (vorwiegend Speichermedien) ist auch hier sinnvoll.

Wie im nachfolgenden Schaubild dargestellt, wirken die einzelnen Bausteine gegenseitig aufeinander und können deshalb auch nicht unabhängig voneinander betrachtet werden. Die acht Aktivitäten bilden einen vernetzten Kreislauf, wobei Wissensziele und Wissensbewertung notwendige Vorgaben für das Wissensmanagement setzen.

Abb. II.4: Bausteine des Wissensmanagements

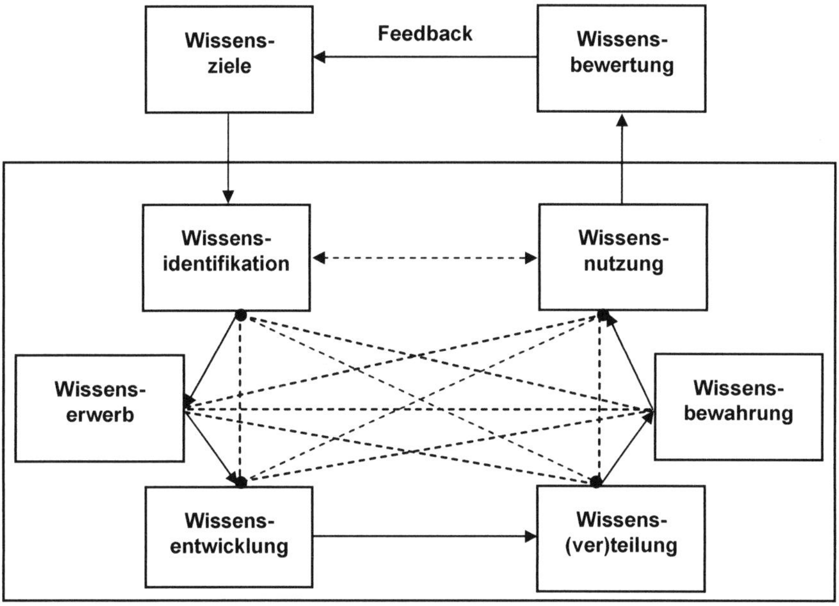

Quelle: Probst/Raub/Romhardt 1999

3.5 Zusammenfassende Wertung

Die dargestellten Ansätze zum Wissensmanagement weisen eine Ähnlichkeit von bestimmten Grundideen auf: Allen ist gemeinsam, dass sie von unterschiedlichen Arten von Wissen ausgehen und diese im Unternehmen oder der Organisation in einer bestimmten Weise durch soziale und technologische Prozesse verknüpft sehen. Eine weitere Gemeinsamkeit ist die Betonung der individuellen und organisationalen Lernprozesse, die ihrerseits wiederum Konsequenzen für die Organisationsstruktur haben können. Wichtigste Voraussetzung für alle ist, dass die Organisation selbst klare Ziele und Strategien vorgibt, weil nur auf dieser Basis eine effiziente Verarbeitung von Wissen stattfinden kann. Einigkeit besteht auch darüber, dass es das Modell für Wissensmanagement nicht gibt, weil jede Organisation ihre Individualität besitzt, die eine Gleichbehandlung nicht zulässt. Das unterscheidet sie auch von Systemen, die versuchen ein einheitliches Schema auf unterschiedliche Situationen anzuwenden und oft damit scheitern. Statt starren Handlungsanweisungen bieten die oben diskutierten Modelle Kriterien (»Bausteine« oder »Phänomenbereiche«) an, die als Analyseraster und Orientierungshilfen für die Praxis dienen sollen. Insofern sind sie genereller anwendbar und die daraus zu entwickelnden Instrumente sind viel eher nach Bedarf modifizierbar. Hier wird auch ihre Eignung dafür gesehen, sie im Kontext einer integrierten Wirtschaftsförderung einzusetzen. Da sie eine hohe Praxisrelevanz besitzen, sollen im Folgenden die »Bausteine« des Modells von Probst/Raub/Romhardt als Leitfaden dienen, um die Problematik des Wissensmanagements in der Wirtschaftsförderung zu verdeutlichen und Gestaltungsoptionen zu skizzieren.

4 Wissensmanagement in der Wirtschaftsförderung

Das folgende Kapitel thematisiert die Relevanz von Wissensmanagement im Kontext der integrierten Wirtschaftsförderung und die Anforderungen, die damit verbunden sind. Anhand eines Beispiels wird die Anwendung beschrieben.

Das generelle Ziel, vorhandenes Wissen besser zu organisieren, zu nutzen und es kommunikativ für Lernprozesse einzusetzen, ist für die Wirtschaftsförderung genauso wie für andere Organisationen Notwendigkeit und Chance zugleich. Die Wirtschaftsförderung befindet sich häufig in dem Dilemma, einerseits Aufgaben der Beratung und einzelne Dienstleistungen für Unternehmen erbringen zu müssen, die in vielen Fällen die personellen Ressourcen bereits weitgehend ausschöpfen. Andererseits wird von ihr gefordert, den Standort oder die Region so zu positionieren, dass er im internationalen Wettbewerb bestehen kann. Das sind Aufgaben, die sich zwar nicht widersprechen, die aber unter den vorliegenden organisatorischen Bedingungen in einen sinnvollen Zusammenhang gebracht werden müssen, um bewältigbar zu sein. Deshalb erfordert es die Definition von Strategien und Zielen und setzt neue Akzente für das Selbstverständnis und für die Organisation von Wirtschaftsförderung.

Wenn wir von integrierter Wirtschaftsförderung sprechen, so meinen wir damit, dass die zu erbringende Dienstleistung nicht nur Einzelunternehmen zugute kommen kann, sondern dass die »Kunden« heute eher Gruppen von regionalen Akteuren, Verbünde (Cluster) oder regionale Netzwerke sind, die unter gemeinsamen strategischen Aspekten zur Entwicklung der Region beitragen. Dienstleistung beinhaltet in diesem Sinne ganz zentral die Einbeziehung von und Interaktion mit dem Kunden.

Wissen und seine interaktive Nutzung wird so zu einem zentralen Faktor bei der Bereitstellung der Dienstleistung (*wissensbasierte* Dienstleistung) und Wissensmanagement kann für den Standort die Chance der zentralen Sammlung und Verwaltung von Wissen und Kompetenzen beinhalten. Durch ein effizientes Wissensmanagement können die Fäden in einer Hand zusammenlaufen und die Ressource Wissen kann effizienter eingesetzt und genutzt werden.

Wir haben es bei der Wirtschaftsförderung nicht nur damit zu tun, dass innerorganisatorische Prozesse besser koordiniert werden müssen, sondern auch damit, dass diverse Partner (Kunden) im Sinne der Gesamtstrategie angesprochen, zur Mitarbeit angeregt und untereinander vernetzt werden müssen. Das erfordert, dass Wissen wechselseitig zwischen der Wirtschaftsförderung und anderen Akteuren ausgetauscht, verarbeitet und vermehrt wird.

In der Folge soll diskutiert werden, was die wissensbezogenen Anforderungen an die Wirtschaftsförderung im Sinne der oben dargestellten »Bausteine« sind. Es wird danach gefragt, welche Lieferanten und Adressaten von Wissen eine Rolle spielen und welche Instrumente zu entwickeln sind, um die Wissensverarbeitung in der Wirtschaftsförderung einerseits als internes Arbeitsinstrument und zum andern als Instrument einer strategischen Entwicklung von Räumen zu nutzen.

4.1 Das Umfeld der Wirtschaftsförderung

Wirtschaftsförderung bewegt sich heute in einem Umfeld, das davon geprägt ist, dass immer mehr Unternehmen von der Chance Gebrauch machen, in mehr oder weniger stabilen *Netzwerken* bestimmte Ressourcen mit anderen Unternehmen auszutauschen und dadurch Vorteile zu erzielen (siehe auch Nonaka/Reinmöller 1998). Ebenso werden andere Institutionen und Organisationen in den (regional)ökonomischen Prozess eingebunden, um Beiträge dazu zu leisten, dass die Wettbewerbsfähigkeit einer Region gestärkt und weiterentwickelt werden kann. In diesem Umfeld nimmt die Wirtschaftsförderung Aufgaben wahr, die von der Beratung und Vermittlung einzelner Akteure bis hin zu Anbahnung oder Unterstützung von Clustern oder Kompetenzschwerpunkten reichen kann (siehe Teil I, Kap.5).

Wie die nachfolgende Abbildung verdeutlicht, wird die Wirtschaftsförderung dadurch Bestandteil eines umfassenden Wissensnetzes. Innerhalb dieses Wissensnetzes existieren Informations- und Kommunikationsflüsse in unterschiedliche Richtungen und von unterschiedlicher Intensität. Die Wirtschaftsförderung fungiert dabei zum einen als Informationsnehmer, d.h. sie bezieht geschäftsprozessrelevante Informationen von Banken, Unternehmen, Kammern und internen Fachabteilungen. Zum anderen ist sie im Rahmen ihres Serviceangebots aber auch Informationsgeber, der relevante Informationen für Unternehmen, Fachabteilungen etc. zur Verfügung stellt. Außerdem erfolgen ständig wirtschaftsförderungsinterne Informations- und Kommunikationsflüsse zwischen den einzelnen Mitarbeitern. Um das Wissen an diesen zahlreichen Schnittstellen zu organisieren, ist es besonders wichtig, Wissensstrukturen und Wissensflüsse zwischen den entsprechenden Teilprozessen in der Wirtschaftsförderung zu dokumentieren und zu modellieren. Neues Wissen, das in solchen Prozessen entsteht, muss gesichert und für die weitere Verwertung verfügbar gemacht werden.

Abb.II.5: Das Wissensumfeld der Wirtschaftsförderung

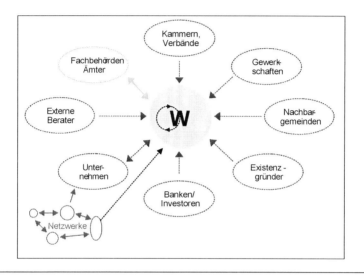

Quelle: eigene Darstellung © IAT

4.2 Interne Aufgaben und Wissensmanagement

Aufgrund von Veränderungen, die sowohl auf globalen Gegebenheiten, als auch auf einer modifizierten Sichtweise der regionalen Entwicklungsdynamik beruhen (siehe Teil I, Kap.3), steht die Wirtschaftsförderung heute anderen Aufgaben gegenüber als dies in früheren Jahren der Fall war. Prototypisch kann die »klassische« Wirtschaftsförderung durch eine Aufteilung in Einzelaufgaben und die eher passive Rolle des Dienstleisters und Vermittlers – im Wesentlichen zwischen Verwaltung und Kunden – für Unternehmen charakterisiert werden. Entsprechend sind in diesem Modell personelle Ausstattung und Arbeitsorganisation nach Grundsätzen zugeschnitten, die ein möglichst großes Expertenwissen in einer organisatorischen Einheit bzw. Person vereinigen, um Anfragen von Unternehmen möglichst kompetent beantworten zu können. Auf längere Sicht führt dies zu einer Agglomeration von Spezialwissen bei bestimmten Personen, die ihre Kompetenz den Kunden gegenüber sehr sinnvoll einsetzen können. Dieses Wissen wird aber oft nicht für die Organisation als ganze und somit auch nicht für eine integrierte Standortentwicklung genutzt. Die meisten Wirtschaftsförderungen stehen hier vor dem Dilemma, dass die »traditionellen« Aufgaben weiterhin erfüllt werden müssen, aber neue hinzukommen, die nicht notwendigerweise andere Kompetenzen, aber eine bessere Organisation der vorhandenen Ressourcen verlangen. Hier kommen die Prinzipien des Wissensmanagements ins Spiel.

Es stellt sich zum einen die Frage nach der strategischen Orientierung und der Zieldefinition (Wissensziele), wie sie auch in allen Modellen des Wissensmanagements als Grundvoraussetzung genannt werden. Wie in Teil I (Kap. 4.2) ausgeführt, ist die Orientierung an Kompetenzschwerpunkten oder an Clustern eine Möglichkeit solche Ziele zu definieren. Zum andern stellt sich die Frage nach der Wissenstransparenz (Wissensidentifikation). Sobald ein klares Ziel und mögliche Projekte definiert sind wird es unabdingbar, dass die »Spezialisten« in der Organisation ihr eigenes Wissen im Hinblick auf diese Ziele reflektieren und dieses auch den anderen Mitarbeitern zugänglich machen. Es geht im Wesentlichen darum, das vorhandene Wissen transparent zu machen und die Weitergabe so zu organisieren, dass Lernprozesse in Gang gesetzt werden (Wissensverteilung und Wissensentwicklung). In speziellen Fällen mag es auch nötig sein, Wissen in Form von Daten oder Kompetenzen von außen zu erwerben (Wissenserwerb).

Beispiel

In einem strategischen Projekt wird festgestellt, dass in dem zu entwickelnden Bereich Produkte oder Dienstleistungen gute Chancen für Neugründungen bieten. Der Mitarbeiter für Gründungsberatung greift diese Ideen auf und bringt seinerseits die Erfahrungen aus seinem Bereich in das Projekt ein. Dabei wird deutlich, dass die Marktpotentiale jedoch noch nicht hinreichend klar sind, deshalb wird eine Recherche über eine potentielle Käuferschicht in Auftrag gegeben.

Der Prozess der Wissensverteilung und Wissensweitergabe kann mit *Instrumenten* unterstützt werden. Viele Verfahren und Instrumente des Wissensmanagements sind ohne Informations- und Kommunikationstechnologien (IT) nicht denkbar, weil diese es ermöglichen, Wissen besser zu strukturieren und verfügbar zu machen. Allerdings sollten sie im strengen Sinne nur unterstützende Funktionen haben und nicht mit Wissensmanagementsystemen verwechselt werden. Ein Intranet löst nicht die Probleme einer unzureichenden Organisations- und Kommunikationsstruktur. Dem Einsatz von IT muss immer eine genaue Analyse und Strukturierung der Problembereiche vorangehen; die bisherige Sicht des integrierten Informationsmanagements soll um eine weitere Dimension erweitert werden. Nicht die Prozessoptimierung allein, sondern die laufende Aktualisierung und Verknüpfung der Informationen zu neuem Wissen durch die Mitarbeiter, durch interne und externe Kommunikationsstrukturen, durch Lernen und die sich daraus entwickelnden Innovationen bestimmen letztendlich die strategische Positionierung der Wirtschaftsförderung auf regionaler und nationaler Ebene. In diesem Zusammenhang wird die sinnvolle Eingliederung von Wissensmanagement in die Aktivitäten, Prozesse und Zielsetzungen der Förderung entsprechender Qualifizierungsmaßnahmen in Form von projektintegriertem Lernen zur Bildung einer »Wissenskultur« gefordert. In der Folge werden jeweils einige Instrumente exemplarisch genannt (zur IT-Unterstützung siehe ausführlich in Teil III).

Beispiele für Instrumente

Instrumente zum **Content Management** dienen zur Verwaltung und Verteilung von explizitem Wissen. Sie werden häufig in verschiedenen Medienformaten angeboten. Mit Hilfe solcher Instrumente kann die Versorgung der Geschäftsprozesse der Wirtschaftsförderung mit aktuellen und konsistenten Informationen verbessert werden. Dokumentiertes Wissen soll freigegeben werden, für Adressanten bereitgestellt, auf Aktualität und Korrektheit überprüft.

Expertenverzeichnisse (z.B. in Form von Informationsbroschüren) unterstützen die Vermittlung von Experten als Ansprechpartner zu bestimmten Themen (Wissenserwerb). Häufig werden diese Verzeichnisse durch Wissensträgerkarten grafisch hinterlegt, die zeigen, welches Wissen bei welchen Wissensträgern vorhanden ist (Lokalisierung des Wissens). Expertenverzeichnisse schaffen Transparenz in der Wirtschaftsförderung, indem die projekt-, prozess- und regionenübergreifende Wissensteilung gefördert wird, vermeiden Doppelarbeiten und helfen Synergien zu nutzen. Ähnliche Instrumente könnte die Wirtschaftsförderung zum Finden von Ansprechpartnern an allen Standorten einführen.

Communities: In manchen Modellen bilden innerorganisatorische Communities den Kern des Wissensmanagements. Sie sind eine wichtige Komponente einer innovativen Organisationsstruktur und dienen als Knotenpunkt für Kommunikation, Forum wechselseitigen Lernens, Innovationstreiber, Kulturveränderer und Identitätsstifter. Da sie freiwillige Personennetzwerke sind, die von der hierarchischen Struktur abgekoppelt bleiben, ist ihre Existenz nicht gewährleistet.

4.3 Wissensmanagement bei komplexeren Aufgaben

Gleichzeitig mit der Ausweitung des Aufgabenspektrums nimmt bei der integrierten Wirtschaftsförderung auch die Komplexität der zu erledigenden Aufgaben zu (siehe Bratl/Trippl, Kap. 2.2). Das beruht zum einen darauf, dass die Menge des zu verarbeitenden Wissens zugenommen hat. Schnellerer Zugang zu allen Arten von Informationen macht die Selektion relevanten Wissens schwieriger und stellt höhere Anforderungen an menschliche und technische Verarbeitungskapazitäten. Eigenes und neues Wissen aus vielfältigen Quellen (siehe Kap. 4.1) muss bewertet, integriert und weitergegeben werden (Wissensbewertung). So gilt es nicht nur einzelne Unternehmen mit bestimmten Informationen zu versorgen, sondern durch die Kenntnis von Branchen, Produktions- und Distributionsketten Netzwerke zu initiieren und Entwicklungen strategisch zu begleiten oder zu moderieren. Entscheidend sind hier die Fähigkeiten der Mitarbeiter und die Kommunikationsstrukturen in der Organisation. Wissensverteilung und Wissensentwicklung muss nicht nur intern, sondern vor allem auch zwischen der Wirtschaftsförderung und ihren Kunden und Partnern stattfinden.

Damit Wirtschaftsförderung als Organisation lernen und gleichzeitig die Schnittstellen zu den regionalen Partnern organisieren kann, stellt sich die zentrale Frage nach der Wissensbewahrung: Das Wissen, das der einzelne Mitarbeiter bei seiner Arbeit erwirbt, aber auch das Wissen, das z.B. in Projekten für das »Gedächtnis« der Organisation von Bedeutung ist, muss in einer systematischen Weise dokumentiert und gepflegt werden (siehe Teil IV, Kap. 3). Entscheidend ist dabei, dass das »Bewahrungswürdige« ausgewählt und gespeichert wird und dass dieses konservierte Wissen in regelmäßigen Abständen einer kritischen Prüfung unterzogen wird. Auch hierzu ausgewählte Instrumente:

Beispiele für Instrumente

Dokumentationen von Erfahrungen (**Lessons Learned**) von Organisationsmitgliedern die sich z.B. auf Projekte, Geschäftsprozesse beziehen, können dazu beitragen, dass wertvolles Wissen (das für andere Projekte oder Geschäftsprozesse entscheidend sein kann), nicht verloren geht. Der Projektverlauf wird evaluiert und sämtliche relevanten Erfolgs- und Misserfolgsfaktoren, Kontakte etc. dokumentiert. Mit Hilfe von IT können diese in Form von Lessons Learned Berichten auch in spezifischen Wissensbasen gespeichert und verwaltet werden. Dieses Instrument kann einen entscheidenden Beitrag zur Wissensidentifikation, Wissensentwicklung, Wissensverteilung und Wissensbewahrung leisten.

Best Practice: Damit sind Verfahren gemeint, um Strategien, Wissensgrundlagen etc. die im Rahmen einer Organisation einen nachgewiesenen Wert besitzen auf andere Organisationen zu übertragen sind.

Learning Histories: Sie sind ein Instrument, »erfolgreiche« und »nicht erfolgreiche« Wissensaktivitäten der Organisation zu protokollieren und aus diesen zu lernen.

4.4 Wissensmanagement in der Praxis: ein Beispiel

Zum Schluss dieses Teils soll anhand der Erfahrungen aus einem Forschungsprojekt demonstriert werden, wie sich die »Bausteine« des Wissensmanagements auf eine konkrete Situation anwenden lassen. In der Einleitung wurde bereits geschildert, dass das Forschungsprojekt zum Ziel hatte, eine Konzeption für integrierte Wirtschaftsförderung und Regionalentwicklung zu entwerfen und diese als wissensbasierte Dienstleistung gemeinsam mit zwei Pilotorganisationen in der Praxis zu erproben. Mit einer der Pilotorganisationen wurde das Konzept 50plus entwickelt, das hier genauer dargestellt wird.

Beispiel: impuls-50plus.de

Die Rheinisch-Bergische Wirtschaftsförderungsgesellschaft mbH (kurz: RBW) verfolgt aufgrund der Wirtschafts- und Bevölkerungsstruktur (hoher Anteil von über 50-Jährigen mit hohem Haushaltseinkommen) sowie der begrenzten Verfügbarkeit von Gewerbeflächen die strategische Zielsetzung, die Region als Standort mit herausragender Seniorenwirtschaftskompetenz zu profilieren. Vor diesem Hintergrund wurde von der RBW die Initiative »impuls-50plus« ins Leben gerufen, die auf den Aufbau regionaler Branchennetzwerke zur Entwicklung altersspezifischer Dienstleistungen und Produkte abzielt. Ergänzend zu den wirtschaftlichen und beschäftigungsrelevanten Vorteilen verspricht sich die RBW soziale Vorteile: Ältere Menschen könnten bei Vorhandensein besonders umfassender Serviceleistungen wesentlich länger im gewohnten Wohnumfeld ein selbstbestimmtes Leben führen. Im Rahmen der Initiative wurden einerseits allgemeine Projekte als Querschnittsbereiche entwickelt, so z.B. der »Senioren Experten Service«. Andererseits fanden sich aufgrund der regionalen Ausrichtung der Initiative in kürzester Zeit interessierte Unternehmen der Region zusammen, die sich in sektoralen Arbeitskreisen mit der Entwicklung neuer bzw. erweiterter Dienstleistungen und Produkte für die Zielgruppe befassen. Zur Unterstützung der Vernetzungsaktivitäten wurde ein Portal entwickelt (www.impuls-50plus.de). In einem öffentlich zugänglichen Bereich werden die Nutzer über die Initiative und deren Hintergründe informiert. Innerhalb eines personalisierten Bereichs werden den einzelnen Arbeitskreisen Werkzeuge für die elektronische Zusammenarbeit zur Verfügung gestellt. Als Koordinationsgremium der regionalen Aktivitäten wurde ein Steuerungskreis eingerichtet, der zugleich die Rückkoppelung des Wissenstransfers in die Wirtschaftsförderung und damit in die tägliche Beratungsarbeit der Mitarbeiter der RBW sicherstellt. Während sich das Angebot des Kompetenzportals in der ersten Phase hauptsächlich an die regionale Wirtschaft richtete, um diese zur aktiven Teilnahme an der Standortentwicklung zu motivieren, werden in der zweiten Phase die in den Arbeitskreisen entwickelten Produkte und Dienstleistungen sowie die dadurch gewonnene Seniorenwirtschaftskompetenz über diese Plattform vermarktet.

Im Kontext des Projekts hat die RBW innerhalb von zwei Jahren einen Prozess durchlaufen, bei dem die regionalpolitischen Ziele und die arbeitsorganisatorischen Grundlagen für eine wissensbasierte Dienstleistung »50plus« entwickelt wurden. Erkenntnisse aus der Forschung und Praxis zum Wissensmanagement, zur Regionalentwicklung und der I&K-Technologie haben dabei als Leitlinien für die praktische Durchführung des Projektes gedient. Dieser Prozess wird in der Folge nun anhand der »Bausteine des Wissensmanagements« nachvollzogen.

- » <u>Wissensziele</u>: In gemeinsamen Workshops wurden Ziele der Organisation wie die Verbesserung von internen und externen Geschäftsprozessen sowie Möglichkeiten für die Profilierung der Region diskutiert. Ergebnis war die Initiierung von Maßnahmen zur Entwicklung eines Angebots von Produkten und Dienstleistungen für die Zielgruppe der über Fünfzigjährigen.

- » <u>Wissensidentifikation</u>: Die Wissensidentifikation wurde in zwei Schritten durchgeführt: Zum einen wurde in Einzelinterviews ermittelt, über welche Kompetenzen die Mitarbeiter verfügen. Zum anderen wurde in moderierten Workshops das Konzept einer integrierten Projektarbeit vorgestellt. Ziel war es zu verdeutlichen, dass die stark segmentierte Arbeitsorganisation aufgebrochen und Wissenselemente aus den einzelnen Teilbereichen in die Arbeit im Projekt 50plus eingehen sollen. Die Mitarbeiter wurden befragt, welches Wissen aus ihrer täglichen Arbeit für das Projekt nutzbar wäre und welche Wissensimpulse sie sich aus dem Projekt versprechen.

» Wissenserwerb: Da es sich herausstellte, dass einige Wissenskomponenten (z.B. Marktdaten) nicht in ausreichendem Maße in der Organisation vorhanden waren, wurde überlegt, wie diese von außen beschafft werden könnten. Dazu wurden Experten konsultiert (z.B. im Rahmen einer Kooperation mit der Fachhochschule Bergisch-Gladbach) und in verschiedenen Informationsquellen und Datenbanken recherchiert.

» Wissensentwicklung: Wissensentwicklung bedeutet, dass die aus diversen Quellen erworbenen neuen Wissensinhalte in den Kontext der Organisation, insbesondere in die Tätigkeitsfelder der Mitarbeiter integriert werden. Eine wichtige Komponente ergibt sich aus dem »learning by doing«. D.h. die Mitarbeiter haben in Firmengesprächen, öffentlichen Veranstaltungen und beim Aufbau von Diskussionszusammenhängen (Arbeitskreise) Informationen und Wissen zum Thema weitergegeben und in der Kommunikation zusätzliches Wissen erworben und entwickelt. Dazu wurden Schulungen zum Gebrauch des Kompetenzportals durchgeführt, um diese Prozesse informationstechnisch unterstützen zu können.

» Wissensverteilung: Das so erworbene und neu entwickelte Wissen ist wiederum innerhalb der Organisation genutzt worden, um Bereiche zu ergänzen oder neu zu entwickeln. So wurde von einem Mitarbeiter, der bereits eine Reihe von Kontakten zu qualifizierten Persönlichkeiten im Ruhestand hatte, in Wissensteilung mit dem Projekt der Bereich Senioren Experten Service entwickelt (siehe Webseite, Teil III, Kap. 5.2). In einer größeren Informationsveranstaltung wurde das Projekt vorgestellt und dabei das erworbene Wissen einer breiten Öffentlichkeit in der Region präsentiert.

» Wissensnutzung: Die Nutzung des Wissens zum Bereich 50plus schlägt sich am deutlichsten in den Arbeitskreisen nieder. Sie wurden für bestimmte Teilbereiche eingerichtet, um unter Leitung kompetenter Personen den Nukleus für ein Netzwerk oder eine Community zu schaffen. Zweiter sichtbarer Erfolg der Wissensaktivitäten ist das Kompetenzportal (siehe genauer in Teil III, Kap. 3.5.2), mit dem die wesentlichen Voraussetzungen für die Wissensbewahrung geschaffen wurden. Hier besteht die Möglichkeit, das erworbene Wissen längerfristig zu speichern und beständig zu aktualisieren. Die interaktiven Komponenten des Kompetenzportals können dazu dienen, Kommunikationsprozesse aufrechtzuerhalten und zu unterstützen.

» <u>Wissensbewertung</u>: Eine mittelfristige Bewertung der abgelaufenen Prozesse ist wegen der zeitlichen Begrenzungen des Projekts schwierig. Eine Befragung der Nutzer des Kompetenzportals hat ergeben, dass die Idee 50plus und das Kompetenzportal in der Region Fuß gefasst haben und die von der RBW angebotene Dienstleistung genutzt wird. Da in diesem Projekt ein sehr enger Zusammenhang zwischen Konzeption und Umsetzung besteht, kann auch eine durchgeführte Projektevaluation als Wissensbewertung verstanden werden.

5 Wissensmanagement als Instrument der integrierten Regionalentwicklung

Abschließend werden die wichtigsten Erkenntnisse dieses Teils unter dem Aspekt der integrierten Regionalentwicklung zusammengefasst.

Im ersten Teil dieses Buches wird ausführlich argumentiert, dass es unter den heutigen globalen Bedingungen sinnvoll erscheint, Wirtschaftsförderung als integrierte, wissensbasierte Dienstleistung zu verstehen. Es ist zu beobachten, dass seit den 1980er Jahren eine Schwerpunktverschiebung von den klassischen Feldern der Wirtschaftsförderung hin zu einer solchen integrativen Sichtweise stattfindet. Sie ist mehr auf die Entwicklung der gesamten Region gerichtet, allerdings ohne die Unterstützung einzelner Unternehmen dabei zu vernachlässigen. Entsprechend haben sich die Aufgabenfelder verändert. In diesem Kontext hat die Wirtschaftsförderung, wie viele andere Organisationen, das Problem, dass der Umfang an Informationen und Wissen, die sie für ihre Arbeit dringend benötigt, größer wird und dass verstreutes Wissen aus den verschiedensten Quellen koordiniert und genutzt werden muss. Hinzu kommt, dass bei einer integrierten Sichtweise nicht nur die Organisation selbst, sondern auch eine Vielzahl von regionalen Akteuren in die Arbeitsprozesse einbezogen werden muss. Unter diesem Aspekt sind im vorliegenden Teil unterschiedliche Ansätze zum Wissensmanagement diskutiert und kritisch daraufhin untersucht worden, ob sie geeignet sind in der Wirtschaftsförderung eingesetzt zu werden.

Zusammenfassend lassen sich daraus einige Schlüsse ziehen.

» Es gibt eine Reihe von Ansätzen, die sich in der Praxis nicht bewährt haben, weil sie zu technikzentriert sind und zu wenig auf die individuelle Organisationskultur und die vorhandenen sozialen Bezüge eingehen.

» Es muss davor gewarnt werden, »konfektionierte« Lösungen auf eine Organisation aufzustülpen. Charakter (Kultur) der Organisation, Geschäftsprozesse und Kompetenzen der Mitarbeiter verlangen maßgeschneiderte Lösungen. Besondere Vorsicht ist geboten, wenn die Grenzen einer Organisation dabei überschritten werden und Prozesse der Wissensverarbeitung in weiteren Bezügen z.B. in Netzwerken stattfinden sollen.

> Für eine Anwendung im Bereich der Wirtschaftsförderung sind solche Modelle in Erwägung zu ziehen, die Grundlagen, Rahmenbedingungen und Kriterien für das Wissensmanagement angeben, und die je nach Kontext mit den entsprechenden Instrumenten umgesetzt werden.

Unter diesen letztgenannten Bedingungen lassen sich durchaus Wissensmanagementkonzepte entwickeln, die die Wirtschaftsförderung bei der Erstellung der notwendigen *integrierten* Dienstleistungen für eine Gemeinde/Region unterstützen können. Wesentliche Elemente (Bausteine) sollen dabei die Definition von Wissenszielen und deren Bewertung, die Identifikation von vorhandenem Wissen, der Erwerb neuen Wissens sowie die kontinuierliche Entwicklung, Verteilung, Nutzung und Bewahrung von Wissen sein. Trotz der grundsätzlichen Eignung eines derartigen Bausteinmodells für die Wirtschaftsförderung zeigt sich, dass auch diese Ansätze noch durchaus entwicklungsfähig sind. Vor allem besteht noch Bedarf an Konzepten, die den persönlichen Arbeitseinsatz der Mitarbeiter besser mit den Möglichkeiten der Informations- und Kommunikationstechnologien verbinden. Erfahrungen aus dem in der Einleitung beschriebenen Forschungsprojekt zeigen, dass eine erfolgreiche Wirtschaftsförderung nach wie vor in einem sehr hohen Maße auf persönlichen Kontakten und direkten sozialen Interaktionen beruht. Gegen die prinzipiell einsetzbaren elektronischen Medien besteht häufig ein gewisses Misstrauen, weil dabei Wissen offen gelegt werden muss. Neben den bekannten Problemen mit der Weitergabe von individuellem Wissen gibt es im Bereich der Wirtschaft auch bestimmte Fakten und Informationen bei denen Vertraulichkeit geschätzt wird. Wie das Beispiel zeigt, lassen sich solche Probleme aber mit entsprechenden Maßnahmen durchaus lösen. So stellen z.B. öffentliche und personalisierte Bereiche in Portalen Informationen nur bestimmten Nutzern zur Verfügung (siehe Teil III, Kap. 5.2).

Unter dem Gesichtspunkt einer integrierten Regionalentwicklung ist für ein effizientes Wissensmanagement noch eine Reihe von anderen Faktoren zu berücksichtigen. Zum einen ist eine sorgfältige Analyse und Auswahl der relevanten Wissensbestände nötig, wenn das Wissen von anderen Akteuren, Organisationen, Institutionen, Gruppen und Netzwerken mit einfließt. Zum anderen muss die Wahl der Instrumente genau abgewogen werden. Obwohl sich gerade in solchen komplexen Situationen der Einsatz von Instrumenten der Informations- und Kommunikationstechnologien als sinnvoll erweist, werden die mit ihnen verbundenen Potenziale möglicherweise nicht ausgeschöpft, wenn sie entweder nach Bereitstellung gar nicht genutzt werden oder ihre Nutzung unerwünschte Nebenwirkungen erzeugt (z.B. Datenfriedhöfe). Deshalb ist zu entscheiden, welche Prozesse und Interaktionen auf der Ebene der direkten Kommunikation anzusiedeln sind und welche sinnvoll mit elektronischen Medien unterstützt werden können.

Wirtschaftsförderung als integrierte, wissensbasierte Dienstleistung für eine Gemeinde/Region zu begreifen, setzt als *Wissensziel* den Rahmen innerhalb dessen Wissensmanagement als sinnvolles Arbeitsinstrument entwickelt werden kann. Eine sorgfältige Analyse und Abwägung der Brauchbarkeit der verwendeten Instrumente vorausgesetzt, kann man davon ausgehen, dass damit positive Effekte für die Verarbeitung des Wissens und die damit verbundenen Lernprozesse entstehen.

Literatur

Bratl, H./Trippl, M., 2001: Systemische Entwicklung regionaler Wirtschaften, Studie im Auftrag des Bundeskanzleramtes, invent, Wien.

Nonaka, I./Reinmöller, P., 1998: The Legacy of Learning. Towards Endogenous Knowledge Creation for Asian Economic Development. In: Albach, H./Dierkes, M. Bertoin Antal, A./Vaillant, K.:(1998), Organisationslernen – institutionelle und kulturelle Dimensionen. WZB Jahrbuch 1998, Ed. Sigma, Berlin.

Nonaka, I./Toyama, R./Konno, N., 2002: SECI, Ba and Leadership: A Unified Model of Dynamic Knowledge Creation. In: Managing Knowledge. An Essential Reader. ed. by Stephen Little, Paul Quintas and Tim Ray, SAGE Publications Ltd., pp. 41-67, London.

Probst, G. Raub, S,/Romhardt, K., 1998: Wissen Managen. Frankfurt/Main: Frankfurter Allgemeine Zeitung, Gabler, Wiesbaden.

Probst, G./Romhardt, K. (Internet 12.05.1999): Bausteine des Wissensmanagements – ein praxisorientierter Ansatz. URL: http://www.cck.uni-kl.de/wmk/papers/public/Bausteine.

Reinmann-Rothmeier, G. (Internet 29.01.2004): Eine integrative Sicht auf das Managen von Wissen. URL: http://www.wissensmanagement.net/online/archiv/2001/09_1001/muenchener_modell.shtml.

Reinmann-Rothmeier, G. (Internet 29.01.2004): Wissen managen: Das Münchener Modell URL: http://www.wissensmanagement.net/online/archiv/2001/09_1001/muenchener_modell.shtml.

IT IN DER WIRTSCHAFTSFÖRDERUNG

Judith Terstriep

Inhaltsverzeichnis

ABBILDUNGSVERZEICHNIS **115**
GLOSSAR **116**

1 **Einleitung** **119**
2 **Ausgangssituation – Status Quo** **120**
3 **Potenziale & Einsatzbereiche von IT** **124**
    3.1 Arbeitsfelder der Wirtschaftsförderung 125
    3.2 Voraussetzungen schaffen: Geschäftsprozessanalyse 127
    3.3 Strukturierung potenzieller Einsatzbereiche 130
    3.4 IT als internes Arbeitsinstrument – Prozessoptimierung im Kundenmanagement 131
    3.5 IT an der Schnittstelle 135
        3.5.1 Enterprise Information Portale – Wissensmanagement in der Organisation 136
        3.5.2 Kompetenzportale – Wissensmanagement & Standortprofilierung 140
    3.6 Integrierte IT-Systeme 144
4 **Kritische Erfolgsfaktoren & Risiken** **150**
    4.1 IT-Strategie 150
    4.2 Organisation 151
    4.3 Kooperation 152
    4.4 Finanzierung 153
    4.5 Motivation & Qualifizierung 156
5 **Fazit** **158**
Literatur **160**
Anhang **161**

Abbildungsverzeichnis

Tab. III.1:	Einsatz von IT-Systemen in der Wirtschaftsförderung	121
Abb. III.1:	Arbeitsfelder in der Wirtschaftsförderung – Aufgaben, Wissen & IT	125
Abb. III.2:	Geschäftsprozessanalyse unter dem Blickwinkel des Informationsbedarfs	120
Abb. III.3:	Bausteine eines ganzheitlichen CRM-Ansatzes	132
Abb. III.4:	Entwicklungsstufen von Intranet zum Enterprise Information Portal	137
Abb. III.5:	Architektur eines Kompetenzportals	143
Abb. III.6:	Integrierte Systeme – Prozessebene, Interaktionsgrad, Komplexität	145
Abb. III.7:	Aufbau eines integrierten IT-Systems	147
Abb. III.8:	Nutzen einer Public Private Partnership	154

Glossar

B2B   B2B ist ein Kürzel für »Business to Business« und bezeichnet jenen Teil des elektronischen Handels, der den Internethandel von Waren oder Dienstleistungen von Unternehmen untereinander ausmacht. B2B-Plattformen umfassen nicht nur Warenbörsen und Großhandelsangebote im Netz, sondern auch virtuelle Auktionen, Ausschreibungen und Bietverfahren.

B2C   B2C steht für »Business to Consumer« und bezeichnet jenen Teil des elektronischen Handels, der Angebote an den Endverbraucher umfasst. B2C bezieht sich aber nicht nur auf den elektronischen Einzelhandel (auch e-tailing genannt), sondern darüber hinaus auf Internetbanking, Auktionen im Netz usw.

CMS   Content Management Systeme (kurz: CMS) dienen der Erstellung und Pflege von Internetseiten und Portalen. Wesentliches Kriterium dieser Anwendungen ist die strikte Trennung zwischen Layout und Inhalten. Vorteil: Sie sind i.d.R. einfach zu bedienen und erlauben somit die eigenständige Pflege der Inhalte durch die Mitarbeiter.

(e)Community   Im angelsächsischen Sprachgebrauch eine Gruppe mit z.B. kultureller, religiöser oder ethnischer Zugehörigkeit. Bezogen auf das Internet wird darunter eine Website verstanden, auf der sich Personen mit ähnlich gelagerten Interessen treffen und ihre Erfahrungen austauschen. Communities profitieren von dem Grundsatz, dass alle Teilnehmer zum Erfolg beitragen, indem sie ihr Wissen einbringen. Neben Communities, die für alle Interessenten offen stehen, existieren auch geschlossene Communities.

(e)CRM   Management von Kundenbeziehungen (Customer Relationship Management oder kurz: CRM); CRM stellt eine Methode dar, mit deren Hilfe das Management der Kundenbeziehungen durch die Neustrukturierung von Dienstleistungen optimiert werden kann, wobei die Kundenbedürfnisse im Mittelpunkt stehen. Elektronisches Kundenbeziehungsmanagement (eCRM) umfasst die Analyse, Planung und Steuerung der Kundenbeziehungen mit Hilfe elektronischer Medien, insbesondere des Internets, mit dem

IT IN DER WIRTSCHAFTSFÖRDERUNG

	Ziel einer umfassenden Ausrichtung auf den Kunden.
eGovernment	eGovernment (elektronische Verwaltung) ist eine Organisationsform der staatlichen Ebene, welche die Interaktion und Wechselbeziehungen zwischen Staat und Bürgern, Unternehmen und Institutionen durch den Einsatz moderner Informations- und Kommunikationstechnologien integriert.
Content	Bezeichnet den Inhalt einer Website. Content sind Beiträge, Informationen etc., die über das Web abgerufen werden können.
Electronic Public Service (ePS)	Unter Electronic Public Service wird die Abgabe öffentlicher Leistungen an die Leistungsempfänger, Privatpersonen oder Unternehmen, über lokale, regionale oder nationale Portale verstanden.
Enterprise Information Portal (EIP)	Anwendungen, die die Möglichkeit bieten, intern und extern gespeicherte Informationen freizusetzen und Benutzern einen zentralen Zugriffspunkt auf jene personalisierten Informationen liefern, die erforderlich sind, um Geschäftsprozesse abzuwickeln. Es handelt sich dabei um eine Akkumulation von Softwareanwendungen, die Informationen innerhalb und außerhalb der Organisation konsolidieren, verwalten, analysieren und verbreiten.
Geschäftsprozess	Unter einem Geschäftsprozess ist die Zusammenfassung fachlich zusammenhängender Aktivitäten zu verstehen, die notwendig sind, um einen Geschäftsvorgang zu bearbeiten. Die einzelnen Aktivitäten können organisatorisch verteilt sein, stehen aber gewöhnlich in zeitlichen und logischen Abhängigkeiten zueinander.
Open Source Software	Software, deren Weitergabe häufig unentgeltlich erfolgt und die uneingeschränkt genutzt werden kann. Ihr Quellcode liegt offen und ist modifizierbar.
Personalisierung	Kundenbindungsinstrument, bei dem in der Regel informationelle Vorteile durch individuelle Anpassung von Angeboten und Informationen auf der Basis eines persönlichen Nutzerprofils angeboten werden.

Portal	Universeller Zugang (»Eingangstor«) zu einer virtuellen Gemeinschaft (Community) oder virtuellen Inhalten (Content). Portale bündeln Informationen, stellen diese übersichtlich dar und bieten Möglichkeiten zu Interaktion und ggf. auch Transaktionen.
Proprietäre Software	Software, die von Privatpersonen oder Unternehmen unter Geheimhaltung des Quellcodes entwickelt und veröffentlicht sowie gegen Lizenzgebühr zum Kauf angeboten wird. Sowohl der Gebrauch als auch die Veränderung dieser Software unterliegt der Zustimmung des Urhebers.
Virtuelle Gemeinschaft	Siehe »(e)Community«.
Workflow	Arbeit wird als ein Prozess mit geschlossenem Zyklus definiert, in dem z.B. ein Dienstleister Aktivitäten mit dem Ziel durchführt, eine Kunden-Anfrage zufrieden zustellen.
Workflow Management System (WMS)	Workflow Management Systeme dienen der informationstechnischen Abbildung und Unterstützung von Geschäftsprozessen.

1 Einleitung

Die Aufgaben der lokalen bzw. regionalen Wirtschaftsförderung sind durch eine deutliche Komplexitätssteigerung bei vielfach gleich bleibender personeller und finanzieller Ressourcenausstattung gekennzeichnet (siehe hierzu ausführlich Teil I). Zugleich unterliegt die Wirtschaftsförderung einem immer größeren Effizienz-, Effektivitäts- und Legitimationsdruck bezüglich der von ihr erbrachten Dienstleistungen. Vor diesem Hintergrund widmet sich der folgende Beitrag der Fragestellung, inwieweit der Einsatz moderner Informations- und Kommunikationstechnologien (IT) zur Prozessoptimierung in der Wirtschaftsförderung und zu einer stärkeren Kundenorientierung beitragen kann. In diesem Kontext gilt es sowohl die internen Prozesse als auch die Beziehungen zu den Kunden, seien es Unternehmen, andere Verwaltungseinheiten oder Institutionen zu betrachten.

Der Artikel soll einen Beitrag zur Beantwortung folgender Fragen leisten:

» Wie gestaltet sich die derzeitige Ausstattung mit und die Nutzung von IT in den Wirtschaftsförderungseinrichtungen?

» In welchen Bereichen eignet sich der Einsatz von IT in besonderem Maße zur Prozessoptimierung und welche Anforderungen resultieren aus den Besonderheiten der Arbeit in der Wirtschaftsförderung an IT-Systeme?

» Was sind die zentralen Faktoren für die erfolgreiche Realisierung einer ganzheitlichen IT-Strategie in der Wirtschaftsförderung?

2 Ausgangssituation – Status Quo

Das folgende Kapitel gibt einen Einblick in die derzeitige Ausstattung von Wirtschaftsförderungseinrichtungen mit IT und thematisiert die Ursachen für den mangelnden Einsatz integrierter Systeme.

Die Mitarbeiter der Wirtschaftsförderung benötigen zur Bewältigung ihrer Aufgaben eine Vielzahl von Informationen aus unterschiedlichsten Quellen. So zählen z.B. die Verwaltung, Ministerien, Handelskammern, Investitionsbanken und Unternehmen zu den Informationslieferanten der Wirtschaftsförderung, um nur einige zu nennen. Dies ist nicht neu, wohl aber hat das Volumen der zu verarbeitenden Informationen deutlich zugenommen (siehe hierzu Teil II, Kap. 4). Vor diesem Hintergrund ist es nicht weiter verwunderlich, dass die IT-gestützte Informationsverarbeitung kein neues Thema für die Wirtschaftsförderung darstellt. Die Nutzung des Internets zur Informationsbeschaffung und der Einsatz von E-Mails als Kommunikationsinstrument zählen heute zum Standard in der Wirtschaftsförderung. So gaben in der im Jahr 2003 von der Technischen Universität Hamburg-Harburg (TUHH) durchgeführte Umfrage bei 158 Wirtschaftsförderungseinrichtungen im gesamten Bundesgebiet rund 70 Prozent der Befragten an, dass alle Mitarbeiter der Wirtschaftsförderung über einen Internetzugang verfügen. Insgesamt zeigt sich – wie in Tab. III.1 dargestellt – bezogen auf den Einsatz und die Nutzung von IT ein sehr heterogenes Bild: Einerseits verfügt ein Großteil der Wirtschaftsförderungseinrichtungen über einen Internetauftritt, um den Standort und seine Wettbewerbsvorteile (passiv) zu kommunizieren. Auch sind die Nutzung von Adressverwaltungssoftware (66%), das Betreiben von Unternehmens- und Gewerbeflächendatenbanken (57%) sowie die Nutzung von Gruppenkalendern stark verbreitet. Andererseits kommen Extranets nur in wenigen Wirtschaftsförderungseinrichtungen zum Einsatz (19%). Dies gilt analog für das Betreiben elektronischer Marktplätze (24%) und die Nutzung von Dokumentenmanagementsystemen (24%).

Tab. III.1: Einsatz von IT-Systemen in der Wirtschaftsförderung

Anwendung/Software	Anteil in Prozent
Internetauftritt	76 %
Adressverwaltung	66 %
Intranet	65 %
Unternehmensdatenbank	57 %
Gewerbeflächendatenbank	57 %
Gruppenkalender	51 %
Geografische Informationssysteme (GIS)	43 %
Dokumentenmanagement	24 %
Elektronische Marktplätze	24 %
Extranet	19 %

Quelle: Glaser 2003

Bezogen auf die eingesetzten internen Anwendungen zeigt sich, dass der Anteil von Fachanwendungen (z.B. Geoinformationssysteme, kurz: GIS) gegenüber Anwendungen, die eine interne Vernetzung unterstützen, also helfen Geschäftsprozesse zu optimieren, deutlich überwiegt. Dies liegt in erster Linie darin begründet, dass der Nutzen von Fachanwendungen seitens der Entscheidungsträger deutlich höher bewertet wird als der von Vernetzungsanwendungen.

Die Ergebnisse korrespondieren mit den zentralen Zielen, die mit dem Einsatz von IT verbunden werden: So nannten rund 75 Prozent der Befragten Marketingziele wie die Steigerung des Bekanntheitsgrades des Wirtschaftsstandortes als zentrale Zielsetzung des Informationsmanagements. Dies manifestiert sich u.a. in dem hohen Anteil von Internetauftritten von Wirtschaftsförderungseinrichtungen (76%). Service- und Kommunikationsziele wurden jeweils von rund 59 Prozent der Befragten genannt. Im Gegensatz dazu scheinen Management- und Kostenziele mit nur 28 Prozent der Nennungen als relativ nachgeordnet eingestuft zu werden.

Folglich steht weniger die Prozessoptimierung im Vordergrund des IT-Einsatzes als vielmehr die Vermarktung der Region nach Außen. Dies hat neben den oben genannten Gründen sicherlich auch organisatorische Ursachen, denn eine Optimierung der

Geschäftsprozesse erfordert eine prozessorientierte Restrukturierung der Organisation. Bis heute sind Wirtschaftsförderungseinrichtungen vielfach durch eine hierarchische Aufbauorganisation geprägt und in Abteilungen oder Fachbereiche mit fest definierten Aufgabenbereichen gegliedert. Die Zusammenarbeit mit anderen Verwaltungseinheiten erfolgt in der Regel bedarfs- und fachbezogen zur Klärung spezifischer Fragestellungen. Infolge dieser eher punktuellen Zusammenarbeit zwischen den einzelnen Fachabteilungen der Wirtschaftsförderung sowie mit anderen Verwaltungseinheiten überrascht es nicht, dass es sich bei den eingesetzten Systemen vielfach um isolierte Datenbanksysteme und Anwendungen handelt, die in Verbindung mit der hohen Zahl von Informationslieferanten einen enormen Aufwand bei der Informationsbeschaffung und -verarbeitung bedingen.

Ressourcenschonung durch zentrale Datenbanken

Viele Wirtschaftsförderungseinrichtungen betreiben Unternehmensdatenbanken. Die Aktualität der Unternehmensdaten hängt im Wesentlichen von der Pflege der Datenbestände durch die Mitarbeiter der Wirtschaftsförderung ab. Je nach Detaillierungsgrad der hinterlegten Informationen ist dies mit einem erheblichen Pflegeaufwand verbunden, der in Zeiten knapper personeller Ressourcen kaum zu bewältigen ist. Das Vorhalten eines aktuellen Unternehmensdatenbestandes ist damit nahezu unmöglich. Eine Vernetzung mit anderen Verwaltungseinheiten, wie z.B. dem Gewerbeamt könnte einen wesentlichen Beitrag zur Reduzierung des Pflegeaufwands und zur Aktualität des Datenbestandes leisten, indem die wirtschaftsförderungsinterne Datenbank automatisch mit den Gewerbean- und -abmeldungen gespeist würde.

Die mangelnde Ausstattung mit organisations- und prozessübergreifenden Informationssystemen (sog. »integrierten Systemen«) liegt zum einen im Fehlen finanzieller Ressourcen begründet. So nannten rund 45 Prozent der Befragten im Rahmen der Umfrage der TUHH Finanzierungsengpässe als zentrales Problem bei der Einführung von IT-Systemen. Zum anderen mangelt es vielfach an ganzheitlichen IT-Strategien und der damit einhergehenden fehlenden IT-gestützten Vernetzung mit den Informationsgebern. Erschwerend kommt hinzu, dass auf kommunaler und regionaler Ebene vielfältige eGovernment Initiativen angelaufen sind, die sich häufig auf publikumswirksame Aktivitäten beschränken und zum Teil wenig koordiniert erfolgen. Wird eGovernment aber als ganzheitliches Konzept aufgefasst, das gleichsam die Modernisierung und Optimierung der Prozesse in der öffentlichen Verwaltung mit Hilfe von IT und eine Verwaltungsmodernisierung umfasst, so ist es erforderlich, die Wirtschaftsförderung explizit in die Strategieformulierung einzubeziehen.

Aber die Ursachen für die geringe Verbreitung integrierter IT-Lösungen sind keineswegs nur bei den Wirtschaftsförderungseinrichtungen zu suchen, vielmehr liegen diese auch in dem mangelnden Angebot entsprechender Systeme begründet: Viele Softwarehersteller bieten IT-Systeme an, die geeignet sind, unternehmensbezogene Geschäftsprozesse zu optimieren. Diese eignen sich aber in der Regel nur bedingt für den Einsatz in der Wirtschaftsförderung, da die Prozesse innerhalb der Wirtschaftsförderung und zu den Kunden deutlich heterogener sind als dies in Unternehmen der Fall ist. Des Weiteren bilden die speziell für die öffentliche Verwaltung entwickelten Systeme häufig nur Teilprozesse ab (z.B. Geoinformationssysteme) und verfügen vielfach nicht über geeignete Schnittstellen zu den internen und externen Informationsgebern. Selbst solche Softwarehäuser, die so genannte »Komplettlösungen« für Kommunen anbieten, beschränken sich vielfach auf eine Reihe kommunaler Verwaltungsprozesse wie Finanz-, Einwohner-, Sozial- und Jugendwesen oder Gewerbeflächenmanagement und eignen sich damit nicht für den Einsatz in der Wirtschaftsförderung. Schließlich werden solche IT-Lösungen angeboten, die explizit für die Wirtschaftsförderung entwickelt wurden. Diese verfügen aber zum einen infolge des frühen Zeitpunkts ihrer Entwicklung häufig nicht über entsprechende Schnittstellen zu webbasierten Anwendungen. Zum anderen weisen sie einen hohen Grad an Komplexität auf und bieten oft nicht die Möglichkeit Teilinformationen benutzer- und arbeitsprozessbezogen bereitzustellen. Das hat zur Folge, dass sich die Anwender durch die am Bildschirm angezeigte Informationsfülle überfordert fühlen.

Zusammenfassend bleibt festzuhalten, dass bisher der Einsatz isolierter IT-Lösungen überwiegt und integrierte Informationssysteme in der Wirtschaftsförderung nur selten zur Anwendung kommen. Aber gerade diese Systeme könnten einen wesentlichen Beitrag zur Prozessoptimierung in der Wirtschaftsförderung leisten, da sie dazu geeignet sind die Wirtschaftlichkeit und Vergleichbarkeit zu verbessern, eine höhere interne Transparenz und Effizienz des Arbeitsflusses zu schaffen, die Produktqualität zu sichern sowie die Vernetzung der Prozesse zwischen unterschiedlichen Verwaltungsebenen und Dritten zu unterstützen.

3 Potenziale & Einsatzbereiche von IT

Das folgende Kapitel behandelt die Potenziale der IT-gestützten Prozessoptimierung, zeigt mögliche Einsatzbereiche auf und thematisiert den Nutzen integrierter IT-Systeme für die Wirtschaftsförderung.

Die Implementierung eines integrierten Informationsmanagements in der Wirtschaftsförderung ist kein leichtes Unterfangen. Täglich werden hunderte von Informationen zwischen den Mitarbeitern der einzelnen Fachabteilungen, mit anderen Verwaltungseinheiten und Kunden auf unterschiedlichstem Wege ausgetauscht. Diese Informationen sind die Basis aller internen und externen Geschäftsprozesse. Dabei reicht die bloße Existenz von Informationen allerdings nicht aus, vielmehr muss der Anwender wissen, dass für ihn relevante Informationen existieren. Die Herausforderung liegt folglich darin, die für den Anwender relevanten Informationen herauszufiltern und ihm bedarfsgerecht zur Verfügung zu stellen.

Will man der Frage nachgehen, wie sich diese Prozesse durch den Einsatz von IT optimieren lassen, erfordert dies genaue Kenntnisse über die Abläufe der einzelnen Geschäftsprozesse und der mit diesen verbundenen Informations- und Kommunikationsflüsse. Die Betrachtung der Aktivitäten in der Wirtschaftsförderung unter dem Aspekt der Informations- und Kommunikationsflüsse verdeutlicht schnell, dass Wissen einen der zentralen Potenzialfaktoren der Wirtschaftsförderung darstellt (siehe Teil II, Kap. 4). Im Rahmen der IT-gestützten Prozessoptimierung sind die Vernetzung von Wissen und Informationen, die Kommunikationsflüsse und die verlässliche Bereitstellung der erforderlichen Informationen von zentraler Bedeutung. Die Wirtschaftsförderung fungiert dabei gleichermaßen als Informationsgeber und -nehmer. Insofern ist die Struktur zwischen den einzelnen Akteuren von großer Bedeutung für das IT-gestützte Informations- und Wissensmanagement. So wird unter informationstechnischen Gesichtspunkten eine Wirtschaftsförderungseinrichtung, die als Amt oder Fachbereich in die städtische Verwaltung integriert ist, leichter Zugang zu verwaltungsinternen Informationen erhalten, als eine Wirtschaftsförderung, die als selbstständige Organisation (z.B. GmbH) agiert. Dies vor dem Hintergrund, dass selbstständige Wirtschaftsförderungseinrichtungen i.d.R. nicht direkt mit den Verwaltungseinheiten informationstechnisch vernetzt sind.

3.1 Arbeitsfelder der Wirtschaftsförderung

Angesichts der Vielfalt der Aktivitäten muss in der Wirtschaftsförderung von vornherein genauer als üblich gefragt werden, welches Wissen und welche Information in welchen Handlungszusammenhängen von Bedeutung sind. Eine nähere Betrachtung der Arbeitsfelder der Wirtschaftsförderung, die unter informationstechnologischer Perspektive wie nachfolgend dargestellt strukturiert werden können, verdeutlicht dies. Die Abbildung knüpft an die Darstellung der Handlungsfelder in Teil I, Kap. 2 an und erweitert diese um die Dimensionen Wissen und IT.

Abb. III.1: Arbeitsfelder in der Wirtschaftsförderung – Aufgaben, Wissen & IT

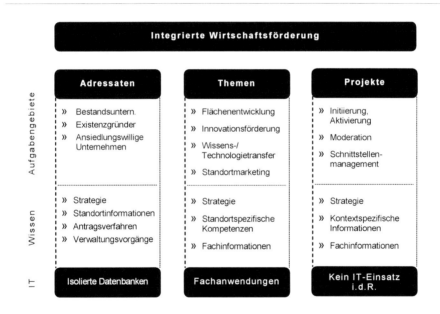

Quelle: Eigene Darstellung © IAT

Handlungsfelder nach Kundengruppen/Adressaten: Adressaten der Wirtschaftsförderung sind Existenzgründer, ansiedlungswillige Unternehmen und Bestandsunternehmen (siehe Abb. III.1). Zu den im Rahmen dieser drei *klassischen Handlungsfelder* anfallenden Tätigkeiten zählen Aufgaben wie Gründungsberatungen, Unterstützung bei der Standortsuche, Kontaktpflege, Erweiterungsberatungen, Umsiedlungen, Entwicklung von Ansiedlungskonzepten. In Abhängigkeit von der Zielgruppe und dem zu bearbeitenden Vorgang werden unterschiedlichste Informationen und Wissensbasen benötigt, die von der Kenntnis des Leitbildes über Standortinformationen, Entwicklungspotenziale, Förderprogramme bis hin zu betriebswirtschaftlichem Wissen sowie Kenntnissen hinsichtlich Antragsverfahren und Verwaltungsvorgängen reichen. Informationstechnisch unterstützt wird in diesem Bereich häufig lediglich die Speicherung von Unternehmensdaten in isolierten Datenbanken.

Handlungsfelder nach Themen: Unter thematischen Gesichtspunkten lassen sich u.a. die Handlungsfelder Flächenmanagement, Innovationsförderung, Wissens- und Technologietransfer und Standortmarketing identifizieren (siehe Abb. III.1). Auch für diese Handlungsfelder gilt, dass in Abhängigkeit vom jeweiligen thematischen Schwerpunkt sehr unterschiedliche Informationen – mit einem zum Teil sehr hohen Detaillierungsgrad – und Wissensbestände zur Abwicklung der Geschäftsprozesse erforderlich sind. In noch stärkerem Maße als im Rahmen der klassischen Handlungsfelder benötigen die Mitarbeiter zur Bewältigung dieser Aufgaben Kenntnisse bezüglich der strategischen Ausrichtung der Region bzw. Stadt und der am Standort vorhandenen Kompetenzen. Darüber hinaus werden in großem Umfang Fachinformationen benötigt. Hier kommen zumeist isolierte Fachanwendungen zum Einsatz, die regelmäßig nur Teilinformationen abbilden können.

Projekte: Eine strategische Neuausrichtung hin zur integrierten Wirtschaftsförderung – wie in Teil I dargestellt – lässt sich in der Regel nicht in einem Schritt umsetzen. In der Praxis werden daher häufig Projekte definiert, die einen Beitrag zur strategischen Neuausrichtung der Wirtschaftsförderung leisten. Die im Rahmen derartiger Projekte erforderlichen Informationen sind vielfach stark kontextbezogen. Zugleich werden übergeordnete Informationen wie z.B. Informationen zum Leitbild und der strategischen Ausrichtung sowie fachbezogene Informationen benötigt, um die Arbeit zu bewältigen. Außerdem müssen die Mitarbeiter über Kenntnisse im Projektmanagement, betriebswirtschaftliche Zusammenhänge und Kommunikationsfähigkeit verfügen (siehe Teil IV). Des Weiteren müssen sie in der Lage sein Prozesse zu moderieren und die lokalen/regionalen Akteure zu aktivieren. Zugleich übernehmen sie die Funktion des Schnittstellenmanagers, der die Erkenntnisse aus den Projekten in die Arbeit der klassischen

Handlungsfelder rückkoppelt. Der Bereich der projektbezogenen Arbeit der Wirtschaftsförderung wird in der Praxis vielfach nicht durch spezielle IT-Lösungen unterstützt, obwohl gerade hier die Verknüpfung unterschiedlicher Informationen und Wissensbestände von zentraler Bedeutung ist.

Die Ausführungen verdeutlichen, dass es sich in Bezug auf die Informations- und Kommunikationsflüsse im Rahmen der Aktivitäten der Wirtschaftsförderung um ein sehr komplexes Gebilde handelt. Auf der einen Seite werden in starkem Maß fachbezogene Detailinformationen benötigt, die nicht in originärer Form in der Wirtschaftsförderung vorliegen. Auf der anderen Seite gibt es Informationen, wie z.B. die Kenntnisse bezüglich des Leitbildes oder der strategischen Ausrichtung der Wirtschaftsförderung, die für alle Arbeitsbereiche relevant sind. Entsprechend dieser Komplexität existieren vielfältige Einsatzmöglichkeiten von IT in der Wirtschaftsförderung, die von der Bereitstellung interner und externer Informationen über die Verarbeitung dieser Informationen in Entscheidungsprozessen sowie neuer Interaktionsformen im Rahmen dieser Prozesse bis hin zur IT-gestützten Verknüpfung von Arbeitsprozessen reichen. Doch nicht in allen Wirtschaftsförderungseinrichtungen bietet der Einsatz von IT vergleichbare Optimierungspotenziale, vielmehr hängen diese in starkem Maße von der internen Organisation der Geschäftsprozesse ab. Vor diesem Hintergrund stellt die detaillierte Analyse der Geschäftsprozesse – unabhängig von der einzusetzenden Softwarelösung – eine wesentliche Voraussetzung für die Formulierung und erfolgreiche Realisierung einer integrierten IT-Strategie dar.

3.2 Voraussetzungen schaffen: Geschäftsprozessanalyse

Im Mittelpunkt der Geschäftsprozessanalyse unter informationstechnischer Perspektive stehen die zur Abwicklung einzelner Prozesse erforderlichen Informationsbedarfe und die damit einhergehenden Kommunikationsbeziehungen. Eine solche Analyse kann in vier Phasen erfolgen:

1. Zunächst sind die einzelnen, in der Wirtschaftsförderung anfallenden Geschäftsprozesse zu identifizieren, abzugrenzen und darzustellen. Hierbei kann eine Orientierung an den zuvor aufgezeigten Handlungsfeldern hilfreich sein.

2. Für jeden Prozess ist zu klären, welche Informations- und Wissensbestände zur Abwicklung erforderlich sind und aus welchen Quellen diese Bedarfe befriedigt werden.

3. Die so ermittelten Geschäftsprozesse sind dann hinsichtlich ihres Optimierungspotenzials zu untersuchen. Diese Analyse bezieht sich sowohl auf die aktuell genutzten Informationsquellen als auch auf die Art der Informationsbeschaffung. Dabei sind die derzeit verwendeten Informationen u.a. hinsichtlich der Kriterien Erhältlichkeit, Verständlichkeit, Relevanz, Verlässlichkeit (Objektivität), Vollständigkeit und Konsistenz für den jeweiligen Geschäftsprozess zu bewerten. Im Anschluss daran gilt es zu klären, ob neue Informationsquellen erschlossen werden müssen und eine Optimierung der Informationsbeschaffung durch den Einsatz von IT möglich ist. Dabei ist zwischen strukturierten und unstrukturierten Prozessen zu unterscheiden. Während strukturierte Standardprozesse relativ einfach automatisierbar sind, bedarf es bei unstrukturierten, häufig fallbezogenen Entscheidungsprozessen einer genaueren Analyse. Es gilt die Frage zu beantworten, inwieweit diese Prozesse – bei aller inhaltlichen Verschiedenheit – doch Gemeinsamkeiten in Bezug auf die Ablaufsteuerung und Dokumentation aufweisen. Sind Gemeinsamkeiten identifiziert, so können sich auch für die fallbezogenen Geschäftsprozesse Optimierungspotenziale z.B. in Form einer IT-gestützten Vorgangsbearbeitung ergeben (siehe hierzu Anhang 3).

4. Im nächsten Schritt gilt es Soll-Prozesse zu definieren, d.h., überflüssige Prozessschritte zu streichen, bewährte Schritte zu erhalten und unter Umständen neue Schritte zu ergänzen bzw. vorhandene Prozessschritte zu modifizieren. Wie in nachfolgendem Beispiel dargestellt (Abb. III.2), kann sich in diesem Zusammenhang die graphische Darstellung der Informations- und Kommunikationsflüsse innerhalb eines Geschäftsprozesses zur Identifikation von Schnittstellen zu den internen und externen Informationsgebern und -nehmern als sinnvoll erweisen.

Informations- & Kommunikationsflüsse am Beispiel Existenzgründungsberatung

Im Handlungsfeld »Existenzgründungsberatung« fallen u.a. Arbeiten wie die Erst- und Folgeberatung, die Unterstützung bei der Erstellung von Business Plänen und/oder das Finden geeigneter Räume an. Um einen potenziellen Neugründer beraten zu können, benötigt der für dieses Handlungsfeld zuständige Mitarbeiter Informationen zur Branche, in der die Gründung geplant ist. Hierzu zählen u.a. aktuelle Branchendaten, Markttrends, Nachfragepotenziale sowie Informationen zu eventuell am Standort bestehenden Unternehmensnetzwerken. Des Weiteren werden Informationen zum aktuellen Unternehmensbestand, zu verfügbaren Flächen oder Immobilien, Förderprogrammen etc. benötigt. Dazu ein Beispiel: Frau X möchte ein Unternehmen gründen. Neben einer Beratung zu den Erfolgsaussichten benötigt sie Büroräume. Aus Sicht der Wirtschaftsförderung stellt sich der

IT IN DER WIRTSCHAFTSFÖRDERUNG

Geschäftsprozess wie folgt dar (siehe Abb. III.2): Bei der Wirtschaftsförderung geht die Anfrage von Frau X nach einem Beratungstermin ein. Die Mitarbeiter der Wirtschaftsförderung erfassen den Termin und bereiten das Beratungsgespräch vor, indem sie sich die erforderlichen Informationen zu Marktdaten, Fördermitteln, Immobilien und derzeitigem Branchenbesatz von den Informationsgebern beschaffen. Diese Informationen werden im Beratungsgespräch genutzt. Das Gespräch wird durch die Mitarbeiter der Wirtschaftsförderung dokumentiert und die Informationsgeber soweit erforderlich informiert. Es kommt zur Gründung bzw. Frau X verwirft ihre Idee der Neugründung.

Abb. III.2: Geschäftsprozessanalyse unter dem Blickwinkel des Informationsbedarfs

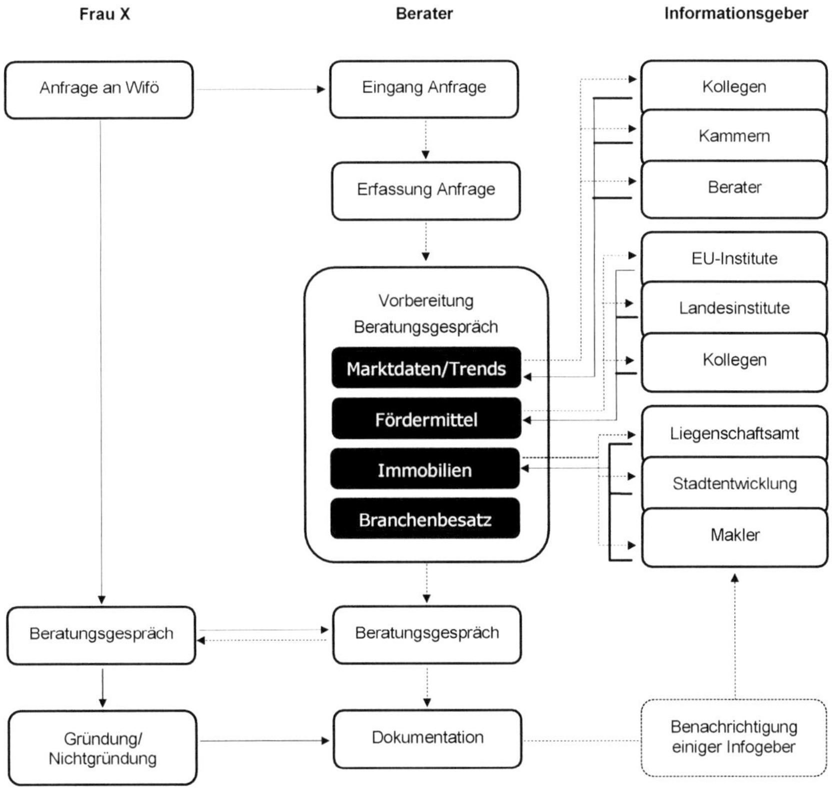

Quelle: Eigene Darstellung © IAT

3.3 Strukturierung potenzieller Einsatzbereiche

Wie bereits eingangs ausgeführt, bieten sich im Rahmen der IT-gestützten Prozessoptimierung vielfältige Einsatzbereiche. Zum besseren Verständnis wird daher im Folgenden auf eine funktionale Differenzierung möglicher Einsatzfelder zurückgegriffen. Danach kann IT dienen als

» internes Arbeitsinstrument,
» Schnittstelle zwischen interner und externer Kommunikation zur Unterstützung des Informationsflusses zwischen Wirtschaftsförderung und den relevanten Akteuren sowie von Netzwerken durch die Bereitstellung interaktiver Anwendungen und
» Instrument zur Standortprofilierung durch die Abbildung der tatsächlichen Standortverbünde und Kompetenzen.

Im Idealfall sollten all diese Funktionen in einem System integriert sein, um so möglichst ohne Medienbrüche den gesamten Geschäftsprozess IT-gestützt abwickeln zu können. Die Vermeidung von Medienbrüchen bedingt zum einen eine Erhöhung der Durchlaufgeschwindigkeit, eine Reduzierung der Liege-/Transportzeiten und damit eine Reduzierung der Bearbeitungszeiten. Zum anderen erscheinen integrierte Systeme in besonderer Weise geeignet thematische Handlungsfelder und projektbezogene Arbeit im Sinne einer integrierten Wirtschaftsförderung informationstechnisch zu vernetzen. Da sich in der Praxis die oben genannten Einsatzbereiche allerdings nicht immer trennscharf von einander abgrenzen lassen und einzelne Anwendungen verschiedenen Einsatzbereichen zuzurechnen sind, werden im Folgenden beispielhaft einige Anwendungen erläutert. Zunächst wird auf *Customer Relationship Management* Lösungen als internes Arbeitsinstrument eingegangen (Kap. 3.4). In Kapitel 3.5 wird IT auf der Schnittstelle hin zu einem ganzheitlichen Wissensmanagement auf lokaler bzw. regionaler Ebene thematisiert: *Enterprise Information Portale*, die stärker auf die interorganisatorischen Informations- und Kommunikationsbeziehungen gerichtet sind, bilden ein erstes Anwendungsbeispiel (Kap. 3.5.1). *Kompetenzportale* werden als Instrument zur Unterstützung der regionalen Netzwerkbildung, des organisationsübergreifenden Wissensmanagements sowie der Standortprofilierung detaillierter vorgestellt (Kap. 3.5.2). Abschließend wird das Konzept eines integrierten IT-Systems (Kap. 3.6), das die einzelnen Instrumente zusammenführt dargestellt.

3.4 IT als internes Arbeitsinstrument – Prozessoptimierung im Kundenmanagement

Geht man der Frage nach, welchen Beitrag der Einsatz von IT zur Unterstützung der Arbeit in der Wirtschaftsförderung leisten kann, so ergeben sich zunächst einmal interne Optimierungspotenziale. Die sich in diesem Kontext ergebenden Einsatzbereiche sind vielfältig und reichen von der Vernetzung der unterschiedlichen Fachanwendungen bis hin zu Anwendungen zur Optimierung der Kundenbeziehungen.

Der wirtschaftliche Strukturwandel und die Intensivierung des Wettbewerbs zwischen Unternehmen gehen mit einer abnehmenden Loyalität und steigenden Ansprüchen der Kunden gegenüber einzelnen Unternehmen einher. Die Verbesserung der Beziehungen zu den Kunden rückt vor diesem Hintergrund zunehmend in das Blickfeld von Unternehmensstrategien (vgl. Simon/Homburg 1998). Ähnlich wie jedes Unternehmen hat auch die Wirtschaftsförderung mit einer Vielzahl unterschiedlicher »Kunden« zu tun, die Informationsbedürfnisse haben, die Transaktionen ausführen möchten, die sich orientieren und kommunizieren wollen. Obwohl sich das Verhältnis zwischen der Wirtschaftsförderung und ihren Kunden anders gestaltet als das zwischen Unternehmen und ihren Kunden, ist beiden gemein, dass die Kunden eingeübte Erwartungen und Ansprüche mitbringen. Bezogen auf die Wirtschaftsförderung zählen hierzu die schnelle Beantwortung von Anfragen, die Bereitstellung von Standortdossiers oder Informationen zum aktuellen Stand von Anträgen und in zunehmendem Maße die Unterstützung von Vernetzungsaktivitäten. Die Kundenzufriedenheit hängt entscheidend von der Erfüllung dieser Erwartungen ab. Voraussetzung für die Erbringung kundenzentrierter Dienstleistungen durch die Wirtschaftsförderung ist die Generierung von Wissen über die Kunden, deren Bedürfnisse und Zufriedenheit. Dieses Wissen ist derzeit vielfach stark personengebunden bzw. in unterschiedlichen Datenbanken oder Dokumenten gespeichert und steht damit nicht allen Mitarbeitern zur Verfügung. Aber auch die zentrale Speicherung aller Kundeninformationen in einer Datenbank schafft hier i.d.R. nur wenig Abhilfe, denn eines der größten Probleme besteht in der bedarfsgerechten Bereitstellung dieser Informationen.

Customer Relationship Management Systeme (kurz: CRM-Systeme) bieten die Möglichkeit, die Kundenbedürfnisse exakter zu ermitteln, eine kundenspezifische Anpassung der Serviceleistungen vorzunehmen und den Mitarbeitern der Wirtschaftsförderung bedarfsgerecht zur Verfügung zu stellen. CRM ist aber mehr als eine IT-Lösung: Es handelt sich um eine Methode, mit deren Hilfe das Management der Kundenbeziehungen durch die Neustrukturierung von Dienstleistungen optimiert werden kann, wobei die Kundenbedürfnisse im Mittelpunkt stehen.

Zu den fünf grundlegenden Bausteinen eines ganzheitlichen CRM-Ansatzes zählen

❶ die Kundendatenanalyse

❷ die Erstellung kundenspezifischer Angebote

❸ das Kundenkontaktmanagement

❹ die Leistungsfähigkeit der Organisation und

❺ die Vernetzungsfähigkeit.

Abb. III.3: Bausteine eines ganzheitlichen CRM-Ansatzes

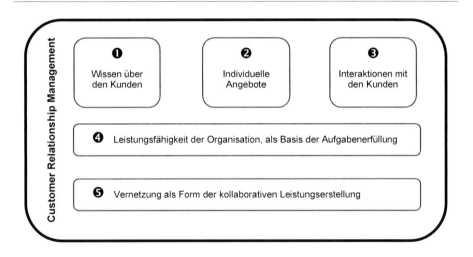

Quelle: In Anlehnung an Schneider/Crook 2002

Die Informations- und Kommunikationsflüsse zwischen der Wirtschaftsförderung und ihren Kunden sind durch die Nutzung unterschiedlichster Kommunikationskanäle, wie Telefon, Fax, persönliche Gespräche, E-Mail etc. gekennzeichnet. In der Regel werden die so generierten Kundeninformationen allerdings nicht zentral gespeichert, mit der Folge von Medienbrüchen und damit Informationsbrüchen. Hier setzen CRM-

Systeme an: Sie zielen darauf ab, dass alle Interaktionen mit dem Kunden von allen Mitarbeitern der Wirtschaftsförderung unabhängig von Zeit, Ort und gewähltem Kommunikationsmedium vollständig nachvollziehbar sind. Es werden drei Typen von CRM unterschieden:

» operatives CRM

» analytisches CRM

» kollaboratives CRM

Unter *operativem* CRM wird die Unterstützung aller Kundenmanagementprozesse des Front-Office-Bereichs, also der Mitarbeiter mit direktem Kundenkontakt verstanden. Diese Systeme müssen mit den Back-Office-Lösungen (Fachanwendung) vernetzt sein, um so zu einer Automatisierung von Serviceprozessen zu gelangen. Dem *analytischen* CRM kommt die Aufgabe zu, die generierten Kundendaten und -profile detailliert auszuwerten. Während diese Auswertungen in Unternehmen in erster Linie zur Erstellung von Marketingkampagnen genutzt werden, bieten sie für die Wirtschaftsförderung die Möglichkeit eines »Monitoring« der kundenbezogenen Aktivitäten, um etwa Geschäftsprozesse aufgrund definierter Auswertungen zu initiieren. Darüber hinaus können die so generierten Daten für die strategische Orientierung der Region (z.B. im Rahmen der Überprüfung definierter Qualitätsziele und Meilensteine für einzelne Kompetenzfelder) genutzt werden. Zudem erlaubt die Analyse eine Segmentierung der Kunden vorzunehmen. Beim *kollaborativen* CRM geht es um die Vernetzung der verschiedenen Kommunikationskanäle, die den Kunden für die Interaktion mit der Wirtschaftsförderung zur Verfügung stehen. Ziel ist es – unabhängig davon welchen Kanal der einzelne Kunde wählt – jeder Zeit erkennen zu können, um welchen Kunden es sich handelt und alle kundenbezogenen Informationen abrufbar zu machen. Diese Vernetzung stellt für einen durchgängigen Kundenmanagementprozess einen wesentlichen Erfolgsfaktor dar.

Elektronische Kundenakte

In der Wirtschaftsförderungsgesellschaft Paderborn mbH hat die Nutzung von IT eine lange Tradition, so wurde bereits 1996 Lotus Notes als E-Mail System und ein Domino Server eingeführt. Die Gründe für die Einführung eines neuen IT-Systems können wie folgt zusammengefasst werden: Zum einen zeigte sich, dass die bisher eingesetzten Systeme zu komplex waren und infolge dessen einer bedarfsgerechten Bereitstellung der relevanten Informationen entgegenstanden. Zum anderen hatte die Wirtschaftsförderung als eigenständige Gesellschaft keinen Zugriff auf die innerstädtischen Fachanwendungen, mit der Folge, dass es zu Medienbrüchen kam. Aus diesen Aspekten ergaben sich auch die Anforderungen an das neu einzuführende System: Benutzerfreundlichkeit, Vermeidung von Medienbrüchen durch entsprechende Schnittstellen, Bündelung der relevanten Informationen. Im Ergebnis wurde ein CRM-System eingeführt, mit dessen Hilfe alle Unternehmensinformationen in so genannten elektronischen Kundenakten verwaltet werden. Dabei verfolgt die Wirtschaftsförderung eine Strategie der »Offenheit und Transparenz«, d.h. jeder Mitarbeiter hat Zugriff auf alle verfügbaren Daten. Insgesamt hat die Einführung des neuen Systems dazu beigetragen, eine deutlich höhere Serviceorientierung zu erreichen. Entscheidend hierfür war, dass allen Mitarbeitern alle Unternehmensinformationen auf »einen Blick« bedarfsgerecht zur Verfügung stehen.

Grundsätzlich kann davon ausgegangen werden, dass die oben beschriebenen fünf Grundsätze des CRM in der Wirtschaftsförderung umgesetzt werden können. Zugleich sind aber vor der Implementierung einige Barrieren zu überwinden, insbesondere organisatorischer Art: Staatliche Organisationen sind vielfach hierarchisch strukturiert und nach dem Abteilungsprinzip organisiert. Dies gilt analog für viele Wirtschaftsförderungseinrichtungen. Jede Form der Informationszurückhaltung, sei es aus Gründen des Abteilungsdenkens, des Machterhalts aufgrund eines Wissensvorsprungs oder als Folge bürokratischer Strukturen, stellt für das Kundenmanagement ein Hindernis dar. Vor diesem Hintergrund sind Arbeitsabläufe, und damit einhergehend der Zugriff auf Kundeninformationen so weit wie möglich zu reorganisieren. Des Weiteren gilt es durch geeignete Qualifizierungsmaßnahmen die Servicementalität der Mitarbeiter zu verbessern.

Die Erschließung neuer Kommunikationskanäle für die Interaktionen zwischen Kunde und Wirtschaftsförderung ist für eine Verbesserung des Serviceangebots unumgänglich. Dabei beeinträchtigen wesentliche Faktoren – wie die unzureichende Integration von Informationssystemen – die Fähigkeit der Wirtschaftsförderung, Serviceleistungen über verschiedene Kommunikationskanäle (Multi-Channel Kommunikation) zu strukturieren und anzubieten. Aber nicht nur im Sinne einer verbesserten Servicequalität ergeben sich durch die Zusammenführung der über die unterschiedlichen Kommunikationskanäle gewonnenen Informationen positive Nutzeneffekte für die Wirtschaftsförderung. Insbesondere sektorspezifische Detailanalysen der Kundendaten und -profile können wichtige Informationen über die Entwicklung eines Standortes und einzelner Branchen liefern. Diese Daten können als Grundlage für einen kontinuierlichen Abgleich zwischen strategischer Zielsetzung der Wirtschaftsförderung und der wirtschaftlichen Ist-Situation genutzt werden.

3.5 IT an der Schnittstelle

Für die integrierte Wirtschaftsförderung ist aber nicht nur das Wissen über einzelne Unternehmen von Bedeutung, sondern auch Informationen über die am Standort vorhandenen Netzwerke, Kompetenzen, das innovative regionale Umfeld etc., also Informationen über das Standortgefüge (siehe hierzu ausführlich Teil II). Zur Abbildung eben dieser Standortverbünde bedarf es eines ganzheitlichen Wissensmanagements auf lokaler bzw. regionaler Ebene. In diesem Kontext können IT-Systeme dazu beitragen, das notwendige Wissen zu bündeln, transparent zu machen und zu transferieren. Sie stellen allerdings kein »Allheilmittel« dar, vielmehr kommt es auf den richtigen Mix aus traditionellen Informations- und Kommunikationsmethoden wie Besprechungen, Workshops, Broschüren etc. und IT-gestützten Methoden an. Ziel des IT-Einsatzes sollte die Nutzung von Wissen und Information zum Zweck der integrierten Wirtschaftsförderung und die Wissensvermittlung sein, d.h., bestehendes Wissen sollte effizient und effektiv eingesetzt, neues Wissen systematisch im Rahmen der Geschäftsprozesse verarbeitet werden.

Derartige informationstechnische Lösungen können auf unterschiedlichen infrastrukturellen Ebenen angesiedelt sein und unterscheiden sich in Bezug auf die Informationsangebote und die Nutzungsrechte. Im Folgenden werden diese Unterschiede anhand von *Enterprise Information Portalen* als Intranetanwendung an der Schnittstelle zwischen interner und externer Kommunikation sowie *Kompetenzportalen* als Internetanwendung, die daneben auch als Instrument der Standortprofilierung genutzt werden können, verdeutlicht. Wobei an dieser Stelle festzuhalten ist, dass die beiden Anwendungen keinesfalls ausschließlich dem einen oder anderen Zweck dienen, vielmehr sind die Übergänge, je nach technischer Einbettung und Ausdifferenzierung der Systeme, fließend.

3.5.1 Enterprise Information Portale – Wissensmanagement in der Organisation

Das hohe Aufkommen von Informationen und die Vielzahl der Informationsquellen erschwert deren Bündelung und kontextbezogene Bereitstellung. Heute bedienen sich die Mitarbeiter der Wirtschaftsförderung regelmäßig unterschiedlichster Anwendungen (z.B. Fachanwendungen, Internet, Unternehmensdatenbanken), um die für den Arbeitsvorgang relevanten Informationen zu erhalten. Dies ist in der Regel mit einem hohen Arbeitsaufwand verbunden. Die Bündelung und bedarfsgerechte Bereitstellung von Informationen bietet daher im Rahmen der Prozessoptimierung enorme Potenziale, sie ist Chance und Herausforderung zugleich. Wie bereits ausgeführt, reicht die bloße Existenz von Informationen nicht aus, vielmehr muss der einzelne Mitarbeiter wissen, dass für ihn relevante Informationen vorliegen und um welche Informationen es sich hierbei handelt. Nur durch den Kontextbezug wird aus Informationen Wissen und dies zu einem zentralen Erfolgsfaktor für die Servicequalität der Wirtschaftsförderung.

Hinter dem Begriff »*Enterprise Information Portal*« (kurz: EIP) verbirgt sich die Idee diesen Prozess informationstechnologisch zu unterstützen, indem den Mitarbeitern Informationen strukturiert und kontextbezogen zur Verfügung gestellt werden. Es handelt sich dabei folglich um ein auf Internettechnologien basierendes Wissensmanagement. An die Fähigkeiten von EIPs stellt dies im Wesentlichen vier Anforderungen: Ersten muss das Portal allen Mitarbeitern die Möglichkeit bieten, sämtliche Phasen des Informationstransfers selbst abwickeln zu können. D.h., Funktionalitäten für das Bearbeiten, Erstellen, Publizieren und Recherchieren im Intra-/Extranet müssen an jedem Arbeitsplatz einfach durchzuführen sein. Zweitens sind die Informationen so bereitzustellen, dass sie für den einzelnen Anwender auffindbar sind. Drittens müssen EIPs die Integrität der gespeicherten Inhalte gewährleisten, womit automatisch ablaufende administrative Prozesse gemeint sind, wie die Link-Verwaltung und das Entfernen veralteter Dokumente. Und schließlich soll das Portal eine selektive Informationsversorgung entsprechend den unterschiedlichen Bedürfnissen diverser Mitarbeitergruppen und deren spezifischen Aufgaben bieten: Aus der Fülle des Informationsangebots wird jedem Benutzer nur der für ihn interessante Ausschnitt angezeigt.

IT IN DER WIRTSCHAFTSFÖRDERUNG

Abb. III.4: Entwicklungsstufen vom Intranet zum Enterprise Information Portal

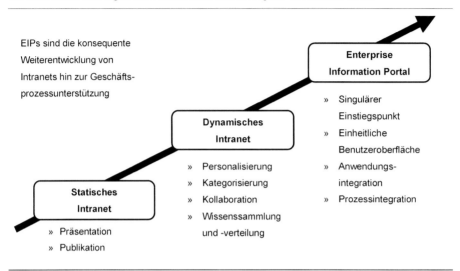

Quelle: Eigene Darstellung © IAT

Im Gegensatz zum bisher üblichen Vorgehen, das dem Benutzer die Informationen im Kontext des jeweiligen technischen Ursprungs (z.B. Dateisystem, Internet, Fachanwendung) bereitstellt, zielen EIPs auf die Bereitstellung von Informationen im Kontext eines Arbeitsprozesses ab. Informationen werden dem Anwender im Zusammenhang mit seiner Rolle (Funktion innerhalb der Wirtschaftsförderung oder in Projekten) und den aktuell bearbeiteten Informationen im Prozess (z.B. Existenzgründungs-, Flächenmanagement-, Projektinformationen) zugänglich gemacht. Voraussetzung hierfür ist, dass das Portal unterschiedliche Informationsquellen integrieren kann und gleichermaßen wirtschaftsförderungsinterne und externe Informationsquellen sinnvoll kombiniert. EIPs eröffnen somit einen gemeinsamen, personalisierten Zugang zu Daten, Expertisen und Anwendungen.

Insgesamt zeichnen sie sich durch folgende Attribute aus:

» **Personalisierung:** Dem Anwender werden je nach seiner Rolle und Funktion innerhalb der Organisation die prozessrelevanten Daten und Anwendungen zur Verfügung gestellt.

» **Navigation und Suche:** EIPs dienen als zentraler Einstiegspunkt (Single Point of Access), über den dem Benutzer alle relevanten Informationen/Anwendungen zur Verfügung stehen. Vor diesem Hintergrund sollten zum einen alle Informationen unabhängig von der jeweiligen Quelle übersichtlich in einer Bedienoberfläche zusammengeführt werden. Zum anderen sollte dem Benutzer eine intuitive Navigation/Bedienung zur Verfügung stehen, um so den Qualifizierungsaufwand zu minimieren. Zur Sicherstellung eines schnellen Auffindens der relevanten Informationen sollte das EIP zudem Suchfunktionen beinhalten.

» **Daten- und Anwendungsintegration:** Die Integration von Informationen und Anwendungen aus unterschiedlichen Quellen ermöglicht eine Verknüpfung von Informationen, Daten und Zusammenhängen aus verschiedenen Anwendungen innerhalb einer Arbeitsumgebung.

» **Workflow und Kollaboration:** Durch die Einbindung einer Workflow-Komponente, die Arbeitsprozesse unterstützt, wird das EIP von einer reinen Informationsplattform zu einem interaktiven Instrument. Einige Systeme ermöglichen es, neben den internen Prozessen zwischen den Mitarbeitern auch Prozesse mit Kunden und Partnern anzustoßen und zu verarbeiten. Voraussetzung hierfür ist eine webbasierte Plattform, die z.B. über einen herkömmlichen Browser zugänglich ist. Damit können EIPs auch für den interorganisatorischen Informations- und Wissenstransfer genutzt werden.

» **Notifikation und Wissensmanagement:** EIP-Systeme vereinen Push- und Pull-Technologien: Eine Benutzerverwaltung auf Basis eines definierten Rollenkonzepts regelt die Bereitstellung von Informationen, wenn sich der Benutzer in das System einloggt (Push-Prinzip). Durch die Integration einer webbasierten Arbeitsumgebung kann der Anwender aber auch Informationen abonnieren (Pull-Prinzip).

» **Infrastrukturdienste:** EIPs nutzen die Infrastruktur von Webservern und Technologien aus den Bereichen Datenbank, Informations- und Prozessmanagement.

» **Offenheit:** Durch die Möglichkeit zur Integration unterschiedlichster Informationsquellen und Anwendungen ist das System offen, d.h. es kann flexibel auf die Informationen zugegriffen und das System jederzeit erweitert werden.

Aufgrund der Informations- und Kommunikationsflüsse innerhalb der Wirtschaftsförderung und mit anderen Verwaltungseinheiten bietet der Einsatz eines EIPs für die Arbeit der Wirtschaftsförderung eindeutig einen Mehrwert:

» Durch den Zugang zu strukturierten Informationen, die dem Mitarbeiter bedarfsgerecht über eine durchgängige, personalisierbare und skalierbare Benutzeroberfläche (z.B. Browser) bereitgestellt werden, kommt es für den einzelnen Anwender zu einer Reduzierung der Informationsflut bzw. zur Schließung bisher vorhandener Informationslücken.

» Die Nutzung eines zentralen Datenpools reduziert den Erfassungs- und Rechercheaufwand für den einzelnen Anwender.

» Durch die Vermeidung von Medienbrüchen können Geschäftsprozesse effizienter abgewickelt werden.

» Der Informations- und Wissenstransfer zwischen den Mitarbeitern der Wirtschaftsförderung wird vereinfacht. Entscheidend hierfür ist, dass der »Autor« von Informationen, also die Person, die über das entsprechende Wissen verfügt, eindeutig identifizierbar ist und somit als Ansprechpartner für weitergehende Fragen fungieren kann.

Allerdings sollte der Einsatz eines Enterprise Information Portals nicht auf die Wirtschaftsförderung beschränkt werden, da die Potenziale einer solchen Lösung erst dann vollständig zum Tragen kommen, wenn das System auch die für die Abwicklung der Geschäftsprozesse erforderlichen Informationen aus anderen Verwaltungseinheiten umfasst. Insofern erscheint es sinnvoll, die Einführung eines EIPs als Bestandteil einer umfassenden eGovernment Strategie zu verstehen. Durch die Nutzung eines Webbrowsers als Bedienoberfläche könnte außerdem sichergestellt werden, dass Wirtschaftsförderungseinrichtungen, die als eigenständige Gesellschaft organisiert sind, Zugang zu verwaltungsinternen Informationen erhalten, auf die sie bislang vielfach keinen Zugriff haben. Denkbar wäre in diesem Kontext z.B. auf der Internetseite der Stadt/Region einen Zugang zum EIP zu schaffen, indem sich die registrierten Anwender mit einem Benutzernamen und Passwort anmelden.

Zusammenfassend ist festzuhalten, dass der Einsatz von EIPs für die Wirtschaftsförderung zur Optimierung der Informations- und Kommunikationsflüsse und somit der Arbeitseffizienz beitragen kann. Entscheidend für die erfolgreiche Implementierung und den nutzbringenden Betrieb von EIPs ist es, die mit der Einführung solcher Systeme potenziell verbundenen Schwierigkeiten frühzeitig zu berücksichtigen. So stellt die *Informationszurückhaltung* sei es aus Gründen der erwarteten Arbeitsintensität, die mit der Pflege der Informationen verbunden wird, zum Zweck des »Machterhalts« oder in Ermangelung geeigneter Belohnungssysteme eine mögliche Barriere dar (vgl. hierzu auch Teil II, Kap. 2.1). Zur Vermeidung bzw. zur Abmilderung dieser Problematik gilt es eine Organisationskultur des offenen Umgangs mit Wissen und Information zu fördern. Die *Nicht-Nutzung* eines eingeführten EIPs kann ein weiteres Problem darstellen. Ursächlich hierfür kann u.a. der mangelnde Kontextbezug kodifizierter Wissensbestände sein und/oder die unzureichende Integration des Systems in die Arbeitsprozesse. Diese Barrieren lassen sich i.d.R. allerdings nicht kurzfristig überwinden, vielmehr erfordern sie einen arbeitsevolutionären Prozess der Restrukturierung, der bereits im Vorfeld der Implementierung eingeleitet werden sollte.

3.5.2 Kompetenzportale – Wissensmanagement & Standortprofilierung

Im Rahmen der integrierten Wirtschaftsförderung geht es nicht nur um die Bereitstellung von Serviceleistungen durch die Wirtschaftsförderung, sondern auch um die Einbeziehung der regionalen Akteure in die strategische Standortentwicklung. Im Mittelpunkt steht dabei der regionale Informations- und Wissensaustausch, der bisher in erster Linie durch Schriftverkehr, Telefonate und Besuche vor Ort erfolgt. Einen Ansatzpunkt für die IT-gestützte Optimierung dieser Prozesse stellen Portallösungen dar, die in diesem Kontext dazu dienen können, das unter den regionalen Akteuren vorhandene Wissen transparent und zugänglich zu machen sowie die Generierung neuen Wissens zu unterstützen. Voraussetzung hierfür ist allerdings eine gemeinsame Interessenslage der beteiligten Akteure, so lassen sich mit Hilfe von Portalen z.B. die Vernetzungsaktivitäten regionaler Akteure innerhalb bestimmter Cluster oder Kompetenzfelder wirkungsvoll unterstützen. Derartige Portale werden vielfach als »*Kompetenzportale*« bezeichnet.

In Bezug auf die mittels Portalen bereitgestellten Angebote kann zwischen den Bereichen *Information*, *Kommunikation* und *Transaktion* differenziert werden, die sich durch ihr Interaktionsniveau unterscheiden (vgl. Holznagel/Werthmann 2002). Bei den *Informationsdiensten* beschränkt sich die Interaktion auf das Durchsuchen des Informationsangebots. Sie umfassen den Abruf unterschiedlich aufbereiteter Daten und Informationen durch den Besucher des Portals und machen derzeit den weitaus größten Anteil aller Angebote an elektronischen Dienstleistungen der Wirtschaftsförderung aus. Als Informationssystem dient das Portal der Wirtschaftsförderung als Medium, durch das sich interessierten Unternehmen im Bezug auf Wissenswertes über die Wirtschaftsförderung, die Wirtschaftsstruktur, das Standortgefüge, Förderprogramme und u. U. die strategische Ausrichtung der Stadt/Region informieren können. Zum Teil erhält der Besucher auch Zugang zu Dokumenten und Datenbanken. Im Bereich der *Kom-*

munikationsdienste stellen die Eingaben der Benutzer einen wesentlichen Teil der Interaktion dar. Sie sind somit eine Weiterentwicklung der reinen Informationsdienste und ermöglichen dem Besucher neben dem Abrufen von Informationen auch den direkten Kontakt mit der Wirtschaftsförderung, in der Regel per E-Mail. Diese Dienste finden sich ebenfalls in vielen Internetauftritten von Wirtschaftsförderungseinrichtungen. *Transaktionsdienste* umfassen das Auslösen von Prozessen der Leistungserbringung durch die Eingaben der Kunden. Sie stellen damit die höchste Stufe der Beteiligung dar. Diese Dienste sind bislang am wenigsten verbreitet, obwohl sie das größte Potenzial zur Prozessoptimierung bieten. Diesem Bereich sind außerdem solche Angebote zuzuordnen, die auf die Schaffung von Transaktionsräumen abzielen, d.h. Instrumente/Dienste zur Verfügung stellen, welche die Zusammenarbeit zwischen den regionalen Akteuren im Sinne eines interaktiven Wissensmanagements unterstützen. Die Wirtschaftsförderung tritt in diesem Kontext als eine Art Clearingstelle auf, die die Wissensbestände mit Hilfe des Portals bündelt, für interne Prozesse nutzbar und den an der Standortentwicklung beteiligten Akteuren wieder zugänglich macht. Zwar steigen mit dem Angebot an Transaktionsdiensten die Sicherheitsanforderungen, die Komplexität und die Kosten, allerdings bieten sie aufgrund der aktiven Einbeziehung der regionalen Akteure zugleich einen echten Mehrwert, sowohl aus Nutzersicht als auch aus regionalökonomischer Perspektive.

Grundsätzlich ist es sinnvoll Kompetenzportale in zwei Bereiche zu unterteilen: Der *öffentlich* zugängliche Bereich umfasst in erster Linie Informations- und Kommunikationsdienste und kann folglich als Informations- und Marketinginstrument dienen. Die Bereitstellung von Transaktionsdiensten, insbesondere der Instrumente zum Wissensmanagement, sollte in einem *personalisierten* Bereich erfolgen, um so die personen- bzw. gruppenbezogene Bereitstellung von Informationen und Instrumenten zum Wissenstransfer (z.B. Terminkalender, Diskussionsforen, Dokumentenaustausch etc.) sicherstellen zu können.

Beispiel: impuls-50plus.de

Die Rheinisch-Bergische Wirtschaftsförderungsgesellschaft mbH (kurz: RBW) fördert im Rahmen der Initiative »impuls-50plus« (siehe Teil II, Kap. 5) den Aufbau regionaler Branchennetzwerke zur Entwicklung altersspezifischer Dienstleistungen und Produkte. Zur Unterstützung der Vernetzungsaktivitäten wurde ein Portal entwickelt (www.impuls-50plus.de), das in einem öffentlich zugänglichen Bereich über die Initiative und deren Hintergründe informiert und zum anderen innerhalb des personalisierten Bereichs den Mitgliedern der einzelnen Arbeitskreise und den Mitarbeitern der Wirtschaftsförderung Instrumente für die elektronische Zusammenarbeit zur Verfügung stellt. Während sich das Angebot des Kompetenzportals in der ersten Phase insbesondere an die regionale Wirtschaft richtete, um diese zur aktiven Teilnahme an der Standortentwicklung zu motivieren, werden in der zweiten Phase, die in den Arbeitskreisen entwickelten Produkte/ Dienstleistungen sowie die dadurch gewonnene Seniorenwirtschaftskompetenz ebenfalls über diese Plattform vermarktet. Das Kompetenzportal ist – wie eine seitens des Instituts Arbeit und Technik durchgeführte Unternehmensbefragung gezeigt hat – aufgrund der regionalen Ausrichtung auf eine hohe Akzeptanz bei den Unternehmen gestoßen.

Eine webbasierte Vernetzung kann dann als Instrument der Regionalentwicklung besonders erfolgreich sein, wenn es gelingt, integrale Netzwerke zu bilden, die zugleich einen sektoralen Fokus und einen starken regionalen Bezug aufweisen, und deren Innovations- und Problemlösungspotenzial nutzbar zu machen. Bezogen auf die Wirtschaftsförderung bedeutet dies, dass bei der Entwicklung derartiger Konzepte, der Transfer der mittels Portalanwendungen gewonnenen Wissensbestände in die Wirtschaftsförderung explizit berücksichtigt werden muss. Dieser Wissenstransfer kann z.B. durch die Nutzung einer einheitlichen Datenbank bzw. durch die Definition von Schnittstellen zwischen den Portalanwendungen und den wirtschaftsförderungsinternen IT-Systemen erfolgen (siehe Abb. III.5).

Für die Wirtschaftsförderung sind Kompetenzportale mit elementaren Nutzeneffekten verbunden, die sich auf folgende Aspekte verdichten lassen:

» Sie bieten die Möglichkeit, die Region nach Außen zu profilieren, indem sie die regionalen Kompetenzen eindeutig kommunizieren.

» Gleichzeitig können sie als Instrument zur Koordination und damit zur innovativen Weiterentwicklung der regionalen Kompetenzen durch die beteiligten Akteure dienen.

Abb. III.5: Architektur eines Kompetenzportals

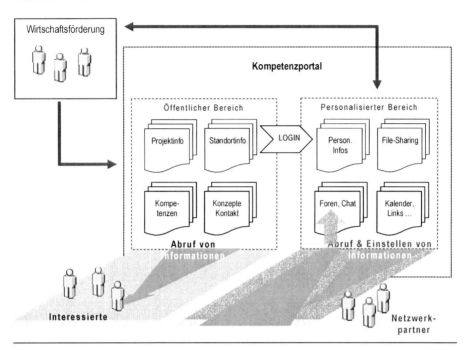

Quelle: Eigene Darstellung © IAT

Die praktischen Erfahrungen zeigen allerdings, dass es nicht ausreicht eine Internetplattform einzurichten, um die positive Wirkung zu entfalten. Vor diesem Hintergrund besteht der erste Schritt ohne Frage in der Aktivierung und Koordination der regionalen Akteure. Das erfordert in der Regel direkte Kontakte in Form persönlicher Gespräche, kann aber sehr wohl durch den Einsatz webbasierter IT-Anwendungen unterstützt werden. Übergeordnetes Ziel sollte es dabei sein, ein Portal zu schaffen, das als singulärer Zugangspunkt zu allen relevanten Informationen – im Sinne einer One-Stop-Agency – dient. Nur so kann die Etablierung von Kompetenzportalen als Instrument des Wissensmanagements und damit der strategischen Regionalentwicklung gelingen.

3.6 Integrierte IT-Systeme

Ziel integrierter (geschäftsprozess- und organisationsübergreifender) IT-Systeme ist es, den Benutzern über einen elektronischen Zugang Informationen, Instrumente und Dienstleistungen bereitzustellen.

Integration in diesem Sinne meint die Einbindung sowohl von (organisationsangehörigen und externen) Personen, Daten oder Programmen als auch anderen (Teil-)Prozessen in die konkreten Leistungsprozesse. Also die Verbindung der Organisation mit anderen Organisationen oder Ressourcen und die Möglichkeit, hierdurch einen organisationsübergreifenden Gesamtprozess und ein Gesamtprozessverständnis bei den Beteiligten herzustellen. Im Optimalfall ist einem Ausführenden nicht mehr deutlich – bzw. wichtig –, ob der mit ihm im Prozess Tätige zur eigenen Organisation gehört oder nicht, woher von ihm zur Bearbeitung benötigte Daten konkret stammen etc. (vgl. Dovifat/Kubisch/Stracke 2003). Der Gruppe der Benutzer sind in diesem Kontext die Mitarbeiter der Wirtschaftsförderung und anderer Verwaltungseinheiten, Unternehmen der Region sowie weitere regionale Schlüsselakteure zuzurechnen. Grundsätzlich gilt, dass durch die erfolgreiche Implementierung eines integrierten IT-Systems, die mit einer Reorganisation der Geschäftsprozesse einhergeht, Effizienz-, Effektivitätssteigerungen und eine Verbesserung der Dienstleistungsqualität realisiert werden können.

Wie in den vorangehenden Kapiteln dargestellt, kann eine elektronische Abbildung herkömmlicher Geschäftsprozesse mit Hilfe unterschiedlichster IT-Lösungen und auf verschiedenen organisatorischen Ebenen erfolgen. Was sich infolge der Lösungsvielfalt zunächst als Vorteil darstellt, erweist sich in der Praxis häufig als erheblicher Nachteil, der sich in vielfach nicht aufeinander abgestimmten Schnittstellen zwischen den Einzelprozessen und immer wieder auftretenden Medienbrüchen manifestiert. Integrierte IT-Systeme können dabei helfen diese Nachteile zu überwinden, indem sie vorhandene Einzelsysteme bzw. Insellösungen zu einem geschäftsprozess- und organisationsübergreifenden System zusammenzufassen.

IT IN DER WIRTSCHAFTSFÖRDERUNG

Abb. III.6: Integrierte Systeme – Prozessebene, Interaktionsgrad, Komplexität

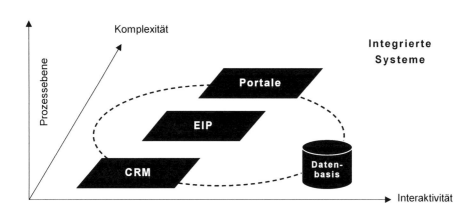

Quelle: Eigene Darstellung © IAT

Wesentliche Voraussetzung hierfür ist die Formulierung einer ganzheitlichen IT-Strategie, die explizit berücksichtigt, dass durchgängig verknüpfte Systeme eine offene Architektur, allgemeingültige Standards (siehe hierzu auch Anhang 2) und Instrumente für das Prozessmanagement erfordern. Denn nur dadurch wird es möglich, jederzeit an jeder Stelle des Systems mit Hilfe von Daten- und Programmierschnittstellen bestehende Systeme einzubinden oder Prozesse zu beeinflussen. Damit stellen integrierte IT-Systeme hohe Anforderungen an das IT-Management: Zum einen sind genaue Kenntnisse bezüglich der einzelnen Geschäftsprozesse und deren Abläufe erforderlich. Zum anderen wird Detailwissen hinsichtlich der in diesen Prozessen eingesetzten IT-Systeme benötigt. Unter Nutzenaspekten erscheint eine solche informationstechnische Integration trotz der Komplexität für die Wirtschaftsförderung und die Standortentwicklung insgesamt lohnenswert.

Konkret ergeben sich folgende Vorteile:

» **Zusatznutzen:** Durch die Speicherung aller standortrelevanten Daten in zentralen Datenbanken und die kontextbezogene Bereitstellung der Informationen ergibt sich ein Zusatznutzen in der Form, dass die gespeicherten Informations- und Wissensbestände für vielfältige Fragestellungen bzw. Prozesse genutzt werden können.

- » **Ressourcenschonung:** Integrierte IT-Systeme wirken sich durch die Vermeidung von Doppelerfassungen und das schnellere Auffinden von Informationen ressourcenschonend aus.
- » **Komplexitätsreduktion:** Sind die erforderlichen Schnittstellen zu den vorhandenen Systemen definiert, ermöglichen integrierte IT-Systeme den Einsatz modularer Anwendungen. D.h., die Wirtschaftsförderung muss sich bei der Beschaffung einer IT-Lösung nicht mehr auf die Suche nach einer geeigneten »Komplettlösung« machen, was den Beschaffungsprozess deutlich vereinfacht.
- » **Standort-Monitoring:** Durch die Einbindung von Kompetenzportalen in ein integriertes System und dem damit einhergehenden Rückfluss der über diese Portale generierten Informations- und Wissensbestände in die Wirtschaftsförderung kann in Verbindung mit anderen standortrelevanten Daten ein kontinuierliches Monitoring der regionalen Standortentwicklung erfolgen, da sich vorhandene Standortverbünde (Netzwerke, Kompetenzen) leichter abbilden lassen.
- » **Strategische Orientierung:** Die Durchführung eines Standort-Monitoring auf Basis der über verschiedene Kanäle gewonnenen Daten und Informationen ermöglicht einen kontinuierlichen Abgleich zwischen strategischer Ausrichtung der Wirtschaftsförderung und der Ist-Situation am Standort. Ein solches Vorgehen kann dazu beitragen, Fehlentwicklungen frühzeitig zu erkennen und darauf zu reagieren bzw. die notwendigen Basisdaten für eine strategische Orientierung bereitzustellen.

IT IN DER WIRTSCHAFTSFÖRDERUNG

Abb. III.7: Aufbau eines integrierten IT-Systems

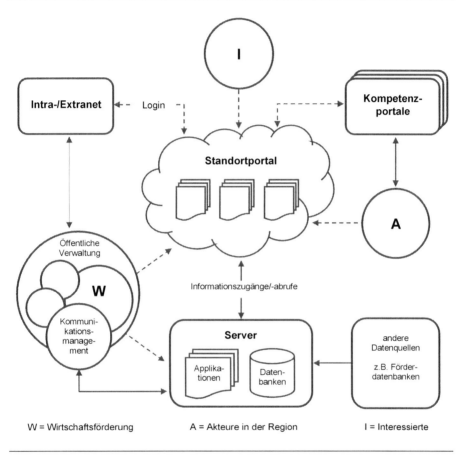

Quelle: Eigene Darstellung © IAT

Das in Abb. III.7 dargestellte Beispiel eines integrierten IT-Systems umfasst einen Server auf dem die Fachanwendungen und Datenbanken zentral gespeichert sind. Die Datenbanken werden sowohl von der Wirtschaftsförderung, anderen Verwaltungseinheiten und regionalen Akteuren als auch durch die Anbindung an externe Datenbanken gespeist. Dies erfordert die Definition von Zugriffsrechten (z.B. Schreib-/Leserechte) und Kontrollmechanismen, um einerseits vor unberechtigten Zugriffen geschützt zu sein

147

und andererseits nicht alle Informationen ungefiltert zu speichern. Für die Verwaltung und den Betrieb des Servers ist ein Kommunikationsmanagement vorgesehen, das durch die Wirtschaftsförderung oder andere Einrichtungen erfolgen kann. Das Standortportal fungiert als zentraler Zugangsknoten zu allen relevanten Informationsangeboten und Anwendungen. So bietet es für die an der Standortentwicklung beteiligten *Akteure* [A] Zugang zu den entsprechenden Kompetenzportalen, *Interessierte* [I] können sich über den Standort informieren, wobei sich das Angebot keineswegs auf wirtschaftsbezogene Informationen beschränken sollte.

Standortportal der Stadt Delft (NL)

Delft präsentiert sich als Wissensstadt mit den vier Kompetenzfeldern Wasser & Boden, Architektur & Design, Umwelttechnologie, Informationstechnologie und Innovative Transportsysteme. 1999 waren 581 Unternehmen im Bereich der »Wissensintensiven Dienstleistungen« mit rd. 45.000 Beschäftigten tätig. Das Standortportal von Delft versteht sich als zentraler Zugangspunkt zu Informationen für Einwohner, Touristen und Unternehmen. Für jede Zielgruppe wurde ein spezieller Bereich eingerichtet. Im Unternehmensbereich werden u.a. zu jedem der o.g. Kompetenzfelder Fallstudien vorgestellt. Zudem erhält der Besucher des Portals Zugang zu den am Standort existierenden Netzwerken mit seinen unterschiedlichen Partnern/Betreibern. Hierzu zählen u.a. Digitale Stadt Delft, Delfttechweb, Delft Cluster, Delft Communication Network (Stadtmarketing). Den Vernetzungsgedanken der dem Standortportal zugrunde liegt verdeutlicht z.B. das Delft Cluster, in dem fünf Institutionen mit dem Ziel der nachhaltigen Standortentwicklung kooperieren (www.delftcluster.nl). Das Delft Cluster versteht sich als Netzwerk-Organisation zum Zweck der Entwicklung und des Austausches von Wissen, das von allen Interessierten genutzt wird. Zu diesem Zweck wurden intelligente Suchsysteme implementiert, die Fragen analysieren und entsprechende Antworten liefern.

Mittels Anmeldung mit Benutzernamen und Passwort erhalten die Mitarbeiter der *Wirtschaftsförderung* [W] Zugang zum Intra- bzw. Extranet. Alle einzelnen Elemente sind in der Art miteinander verbunden, dass über sie generierte Informationen in die zentralen Datenbanken einfließen und mit Hilfe entsprechender Filterroutinen in anderen Bereichen kontextbezogen wieder bereitgestellt werden.

Gelingt der Aufbau integrierter IT-Systeme, die Back-Office- und Front-Office-Bereiche, Portale und Fachanwendungen miteinander verknüpfen, kann ein deutlich höherer Grad an Automatisierung realisiert werden. Dies führt in der Folge zu einer

Beschleunigung, und bei entsprechender Ausgestaltung der organisatorischen Rahmenbedingungen zu einer qualitativen Verbesserung der Geschäftsprozesse.

Zusammenfassend ist festzuhalten, dass die erfolgreiche Realisierung eines solchen Systems, verstanden als Instrument einer integrierten Wirtschaftsförderung, nicht nur von technischen, sondern in starkem Maße von der Bereitschaft aller Beteiligten zur bewussten Weitergabe von Informationen und Wissen abhängt. Zur Förderung dieses Bewusstseins sind bezogen auf die Wirtschaftsförderung organisatorische, personalwirtschaftliche und technische Anreize erforderlich. Ablauf- und aufbauorganisatorische Regelungen zum Umgang mit Informationen und Wissen, die Vermittlung und Förderung einer neuen Informations- und Wissenskultur sowie die Entwicklung einer durchgängigen technischen Informations- und Wissensoberfläche durch die Verknüpfung von Fachinformationssystemen, Fachanwendungen und internen Verwaltungssystemen sind nötig. Gleichzeitig gilt es Transaktionsräume zu schaffen, die die Netzwerkbildung im Sinne einer integrierten Wirtschaftsförderung informationstechnisch unterstützen.

4 Kritische Erfolgsfaktoren & Risiken

Die erfolgreiche Umsetzung integrierter IT-Strategien hängt nicht ausschließlich von der Erfüllung technischer Anforderungen ab, vielmehr existieren eine Reihe kritischer Erfolgsfaktoren, auf die im folgenden Kapitel eingegangen wird.

Für die Bewältigung der Modernisierung der Wirtschaftsförderung hinsichtlich des Einsatzes integrierter IT-Lösungen zur Prozessoptimierung lassen sich folgende zentrale Erfolgsfaktoren benennen:

» IT-Strategie
» Organisation
» IT-Infrastrukturen
» Kooperationen
» Finanzierung
» Motivation & Qualifizierung

Da die Anforderungen an die IT-Infrastruktur bereits Gegenstand des vorangegangen Kapitels waren, wird im Folgenden lediglich auf die anderen kritischen Erfolgsfaktoren näher eingegangen.

4.1 IT-Strategie

Wie die Praxis zeigt, war der Einsatz von IT, die Nutzung von Multimedia und Internet in der Wirtschaftsförderung, aber auch in der Verwaltung lange Zeit durch ein eher ungeplantes und häufig unsystematisches Vorgehen gekennzeichnet. Viele der heute im Einsatz befindlichen Systeme entstanden aus Einzelinitiativen. Die Entwicklung einer ganzheitlichen IT-Strategie, die klare Ziele formuliert ist aber wesentlich für den Erfolg von IT-Projekten. Dabei sollten die Bedürfnisse der unterschiedlichen Zielgruppen (Unternehmen, andere Verwaltungseinheiten, Institutionen etc.) möglichst frühzeitig in den Strategiefindungsprozess einfließen. Allerdings erscheint es wenig sinnvoll, dass die Wirtschaftsförderung ihre »eigene« IT-Strategie formuliert, vielmehr gilt es die eigenen strategischen Überlegungen in die Formulierung einer ganzheitlichen eGovernment-Strategie einzubinden, um so ein medienbruchfreies System gewährleisten zu können. Ein eGovernment Leitbild sollte dabei den Rahmen für die Entwicklung strategischer Maßnahmen schaffen, die

» mittelfristig zu einer umfassenden Modernisierung führen,
» durch den Einsatz von IT zu mehr Leistung und Effizienz beitragen und
» den Kunden in den Mittelpunkt der Betrachtung rücken.

Auch wenn die Wirtschaftsförderung als eigenständige Organisation agiert (z.B. als GmbH) sollten ihre Bedürfnisse an die informationstechnische Vernetzung mit der Verwaltung und anderen lokalen/regionalen Akteuren in das Leitbild »eGovernment« einfließen. Denn nicht die Organisationsform ist entscheidend, sondern die kundenspezifischen Dienstleistungen und die damit einhergehenden Geschäftsprozesse der Wirtschaftsförderung.

Um eine breite Akzeptanz der IT-Strategie zu gewährleisten und die Maßnahmen umsetzen zu können, ist die politische Unterstützung auf kommunaler/regionaler Ebene unbedingt erforderlich. In der Praxis befindet sich die Wirtschaftsförderung hier häufig in einem Dilemma: Die Entwicklung und Realisierung einer integrierten IT-Strategie ist ein mittel- bis langfristiger Prozess, bei dem nicht zwangsläufig auf kurzfristige Erfolge gesetzt werden kann. Ähnlich wie bei den vielen derzeit laufenden eGovernment Aktivitäten zeigt sich auch hier, dass Politik vielfach auf kurzfristige Projekte setzt, die öffentlichkeitswirksam kommuniziert werden können. Vor diesem Hintergrund erscheint es sinnvoll, eine pragmatische Umsetzung der übergeordneten IT-Strategie in Bausteinen (z.B. durch die Definition strategischer Projekte) zu fokussieren.

4.2 Organisation

Wie in Kapitel 3.1 dargestellt, erfordert der Einsatz von IT mit dem Ziel der Prozessoptimierung eine Prüfung und gegebenenfalls Restrukturierung der Geschäftsprozesse sowie der Ablauf- und Aufbauorganisation. Hierbei handelt es sich um einen komplexen Prozess, dessen Erfolg zum einen durch die Fähigkeit der Mitarbeiter zur

Bewältigung eben dieses Wandels determiniert wird. Vor diesem Hintergrund empfiehlt es sich die Beschäftigten frühzeitig in den Modernisierungsprozess einzubeziehen. Zum anderen stellt die Fähigkeit zur Modellierung integrierter Geschäftsprozesse, welche die interne Sicht mit der Kundensicht, also einer Außenansicht, verknüpft, einen entscheidenden Erfolgsfaktor dar. Des Weiteren ist eine ressortübergreifende Koordination und Bündelung aller Maßnahmen der informationstechnischen Modernisierung erforderlich. Eine klare Rollenverteilung und die eindeutige Zuweisung von Verantwortlichkeiten können hier einen wesentlichen Beitrag leisten. Dabei gilt es zu berücksichtigen, dass neben der technischen die inhaltliche Verantwortung von zentraler Bedeutung ist. Es gilt die Aufgabenzuschnitte, die Organisation der Zusammenarbeit, die Arbeitsteilung innerhalb des Prozesses und die Entscheidungsbefugnisse eindeutig zu definieren, transparent zu machen und offen zu kommunizieren. Da es sich in der Praxis sowohl aus organisatorischen Gründen als auch in Folge der begrenzten Ressourcen als schwierig erweist, alle Geschäftsprozesse zeitgleich IT-gestützt zu optimieren sollte eine Fokussierung auf strategische Projekte erfolgen. Durch die Zusammenführung der im Rahmen dieser Einzelprojekte gemachten Erfahrungen können die Projekte bezüglich ihres Beitrags zur Erreichung der Gesamtstrategie überprüft werden. Die so gewonnenen Erkenntnisse können dann im Rahmen der Organisation strategischer Folgeprojekte genutzt werden. Zudem kann die interne und externe Vermarktung von »best practice« Beispielen dazu beitragen, Akzeptanzbarrieren zu überwinden.

4.3 Kooperation

Neben der Kooperation mit Informationsgebern kann sich die Zusammenarbeit mit lokalen bzw. regionalen Infrastrukturanbietern (z.B. Internet Service Providern für die Bereitstellung von Servern) oder regionalen Online-Marktplatzbetreibern als sinnvoll erweisen. Wesentlich für die erfolgreiche Kooperation ist es, die Zusammenarbeit mit den externen Akteuren zu initiieren, zu koordinieren und zu moderieren, um so den gesamten Prozess transparent zu machen. Dabei ist zu berücksichtigen, dass im Rahmen eines solchen Prozesses vielfältige Interessenslagen privater und öffentlicher Akteure aufeinander treffen. Insbesondere sind Interessensdivergenzen zwischen einzelbetriebswirtschaftlicher Gewinnerzielungsabsicht und gesamtwirtschaftlichen regionalen Nutzeneffekten in Einklang zu bringen. Auch die Zusammenarbeit mit anderen Standorten oder Regionen kann dann vorteilhaft sein, wenn es gelingt, durch die Nutzung einer einheitlichen IT-Infrastruktur Kosten zu senken.

4.4 Finanzierung

An dieser Stelle können aufgrund der Unterschiede in der Organisation, den daraus resultierenden Anforderungen sowie der unterschiedlichen Mittelausstattung der einzelnen Wirtschaftsförderungseinrichtungen (vgl. o.V. 2002) keine Aussagen zu einem optimalen Finanzierungskonzept für integrierte IT-Projekte getroffen werden. Grundsätzlich gilt allerdings, dass die Konzepte vor allem an die finanzielle Lage und den Umfang des Vorhabens anzupassen sind und es auf dieser Basis ein maßgeschneidertes Finanzierungsmodell zu entwickeln gilt. Dabei stellt die Sicherung der Finanzierung auf lange Zeit einen wesentlichen Bestandteil einer erfolgreichen Implementierung dar. Im Rahmen des Finanzierungskonzepts sind Investitionen in neue Technologien (z.B. PCs, Server, Datenleitungen, Software), in die Neuausrichtung der Geschäftsprozesse und in die Qualifikation der Beschäftigten zu berücksichtigen. Neben diesen einmaligen Implementierungsinvestitionen fallen zusätzlich laufende Kosten für die Wartung, die Pflege der Datenbestände etc. an, die es zu kalkulieren gilt.

Die Finanzierungsmöglichkeiten derartiger Vorhaben sind sehr unterschiedlich und reichen von der Haushaltsfinanzierung bis hin zur Finanzierung über Fördermittel des Bundes oder der EU. Infolge der engen Haushaltslage vieler Städte und Gemeinden steht für die Umsetzung integrierter IT-Strategien vielfach allerdings nur ein sehr beschränktes Budget zur Verfügung. Vor diesem Hintergrund kann sich die Nutzung alternativer Finanzierungsformen wie Public Private Partnerships (PPPs) und Application Service Providing (ASP) oder aber der Einsatz von Open Source Software als sinnvoll erweisen.

Bei der *Public Private Partnership* handelt es sich um Kooperationsmodelle zwischen öffentlichen Einrichtungen (Public) und privatwirtschaftlichen Unternehmen (Private), mit deren Hilfe gleich zwei Probleme gelöst werden können: Zum einen werden fehlende IT-Kompetenzen in der Wirtschaftsförderung kompensiert, zum anderen kann der akute Kostendruck gemindert werden. Im Rahmen dieser strategischen Allianzen sollte ein langfristiger kooperativer Ansatz verfolgt werden, bei dem Chancen, Risiken und Verantwortungen geteilt sowie Entscheidungen gemeinsam getroffen werden. Im Idealfall lassen sich durch ein solches Vorgehen für die Wirtschaftsförderung, die beteiligten Unternehmen und die Kunden der Wirtschaftsförderung Gewinne realisieren (siehe Abb. III.8).

Abb. III.8: Nutzen einer Public Private Partnership

Public Private Partnership

Wirtschaftsförderung
- » Partizipation an den Ressourcen der privaten Unternehmen (Zugang zu privatem Kapital, Wissenstransfer, Entlastung der Mitarbeiter)
- » Realisierung komplexer Vorhaben, zu denen ein Partner nicht in der Lage gewesen wäre
- » Aufbau von Beziehungen zu den beteiligten Unternehmen

Private Unternehmen
- » Prestige-Zuwachs durch öffentliches Engagement
- » Identifikation neuer Geschäftsmöglichkeiten
- » Partizipation an den Ressourcen der Wirtschaftsförderung (Einblick in interne Prozesse, Zugang zu Fördergeldern, etc.)

Kunden der Wirtschaftsförderung
- » Zugang zu Dienstleistungen mit hoher Qualität und Verfügbarkeit
- » Ausreichende Berücksichtigung der Kundeninteressen durch die Einflussnahme der Wirtschaftsförderung
- » Schaffung von Arbeitsplätzen in zukunftssicheren Sektoren

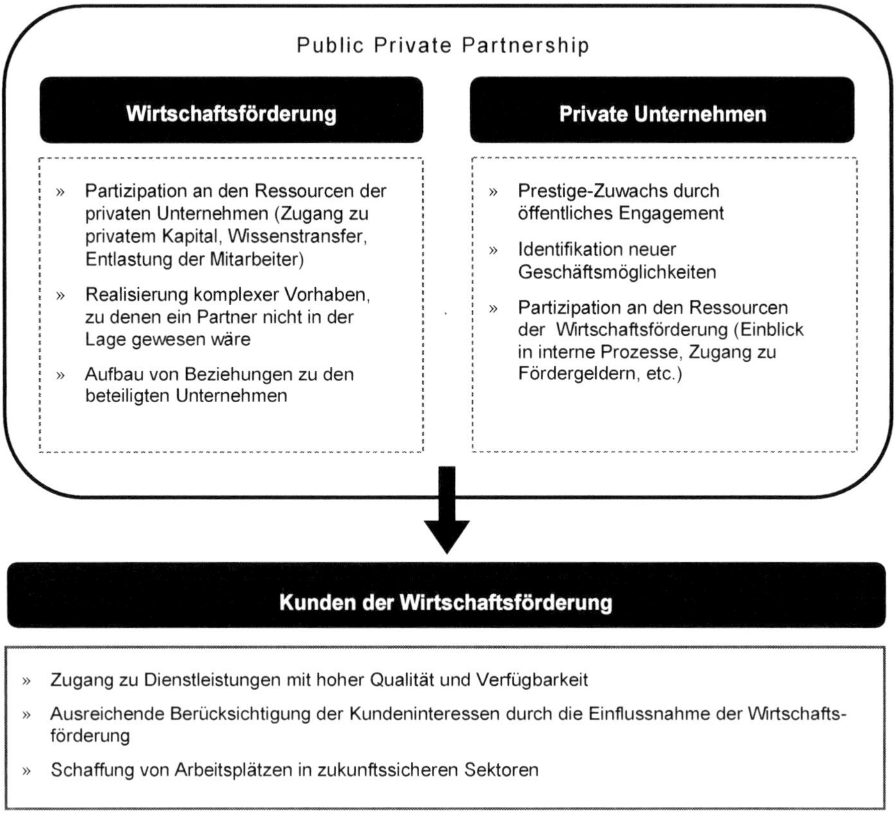

Quelle: In Anlehnung an Cap Gemini Ernest & Young 2003

Im Rahmen von PPPs sollte allerdings stets berücksichtigt werden, dass ein ausgewogenes Verhältnis zwischen den Interessen der Wirtschaftsförderung und den wirtschaftlichen Interessen der partizipierenden Unternehmen gewährleistet wird.

Eine weitere Möglichkeit der Finanzierung von IT-Infrastrukturen besteht in der Inanspruchnahme von *Application Service Providern*, die webbasierte Anwendungen zur Verfügung stellen. Vorteil eines solchen Vorgehens ist, dass die hohen Anschaffungskosten für Software entfallen, da lediglich die Nutzung derselben bezahlt werden muss. Problematisch kann sich in diesem Fall allerdings die Verknüpfung mit den internen Fachanwendungen erweisen, wenn die Schnittstellen zu den von kommerziellen Application Service Providern bereitgestellten Anwendungen nicht bekannt sind. Zudem stellt sich in diesem Kontext in besonderem Maße die Frage nach Sicherheitsstandards und Datenschutz. Anders dagegen, wenn der Bund oder das Land als Application Service Provider agieren würde, wie dies im Rahmen der Initiative BundOnline (www.bundonline.de) in Teilen zum Ausdruck kommt.

Als weiteres Modell »kostengünstiger« IT-Lösungen wird seit einiger Zeit verstärkt der Einsatz von *Open Source Software* im öffentlichen Sektor diskutiert. Diese Alternative bietet den Vorteil, dass die Anschaffungsinvestitionen im Vergleich zu kommerziellen Softwarelösungen geringer sind, dabei wird allerdings vielfach der Aufwand vernachlässigt, der aus den erforderlichen Anpassungen resultiert. Daher sollte für jedes, auf Open Source basierende System genau geprüft werden, in welchem Umfang individuelle Anpassungen erforderlich sind. Zudem ist zu berücksichtigen, dass die mit Open Source Software erstellten Systeme der sog. General Public License (GPL) unterliegen. Die GPL erlaubt es, die ihr unterliegenden Programme uneingeschränkt zu nutzen, zu verändern, zu kopieren und weiterzugeben. Werden Anpassungen der Software vorgenommen, so sind diese wieder der Allgemeinheit zur Verfügung zu stellen und dürfen nicht kommerziell vertrieben werden.

Alternative Finanzierungsformen bieten sich immer dort an, wo die Wirtschaftsförderung bei der Realisierung von integrierten IT-Strategien an ihre finanziellen, technischen oder organisatorischen Grenzen stößt.

Unabhängig von der Finanzierungsform sollte bei der Kalkulation von IT-Projekten stets der *Return on Investment* berücksichtigt werden. So kann der Einsatz arbeitsprozess- und organisationsübergreifender IT-Systeme in der Wirtschaftsförderung dazu beitragen, Doppelterfassung von Daten zu vermeiden, aufwendige Recherchen zu Fördermitteln zu vereinfachen und insgesamt die Geschäftsprozesse zu optimieren. Damit werden Personalressourcen freigesetzt und die Mitarbeiter können sich stärker auf ihre strategische Arbeit konzentrieren. Die Höhe des Return on Investment hängt von der Integrationstiefe der IT-Systeme ab: Je stärker die IT-Strategie eine Vernetzung fokussiert, umso höher wird der mittelfristige Return sein. Als Barriere eines derart betriebswirtschaftlichen Denkens erweist sich in der Praxis bisher allerdings die kameralistische Haushaltsführung der die Wirtschaftsförderungseinrichtungen häufig unterliegen.

4.5 Motivation & Qualifizierung

Da der Einsatz informationstechnologischer Instrumente keine Kausalrelationen (wenn... dann...) impliziert sondern vielmehr das Potenzial für eine situationsadäquate Organisationsgestaltung in Abhängigkeit von den in einer Organisation bestehenden Zielen und Führungskonzeptionen ermöglicht (vgl. Petrovic 1994: 581), wird deutlich, dass die Akteure einen wesentlichen Einfluss auf die Ausnutzung der IT-Potenziale besitzen. Insofern stellt die bewusste oder unbewusste Verhinderung der Nutzung eben dieser Gestaltungspotenziale einzelner Mitarbeiter einen zentralen Erfolgsfaktor für die Realisierung integrierter IT-Strategien dar. Mögliche Fragestellungen in diesem Kontext sind z.B.:

» Welches Leitbild verbinden die Mitarbeiter mit IT?

» Welche Aufgaben- und Verantwortungsbereiche sind von der IT-Einführung berührt und wie wird diese von den Beschäftigten bewertet?

Vor diesem Hintergrund muss die Qualifizierung der Mitarbeiter der Wirtschaftsförderung den aktuellen Entwicklungen angepasst werden. Hierbei sind Maßnahmen auf unterschiedlichen Ebenen zu ergreifen:

» *Sensibilisierung*: Die Implementierung integrierter IT-Systeme mit dem Ziel der Prozessoptimierung ist stets mit organisatorischen Veränderungen verbunden. Insofern gilt es die Mitarbeiter für diese Thematik und insbesondere für die Neuorientierung auf die Kundenbedürfnisse zu sensibilisieren. Zudem sind die Beschäftigten dahingehend zu qualifizieren, zu einer stärker prozessorientierten Denkweise zu gelangen.

» *Kooperation*: In zunehmendem Maße erfordert die Arbeit der Wirtschaftsförderung Kooperation auf unterschiedlichen Ebenen, organisationsintern und -übergreifend. Die Mitarbeiter müssen in die Lage versetzt werden derartige Interaktionsbeziehungen managen und ggf. moderieren zu können. Dies umfasst auch die Nutzung unterschiedlicher Kommunikationsinstrumente.

» *IT-Qualifizierung*: Die Beschäftigten sind im Umgang mit den eingesetzten IT-Systemen zu schulen. In diesem Kontext sollte den Mitarbeitern ebenfalls vermittelt werden, welche Zusammenhänge zwischen den einzelnen Modulen des integrierten IT-Systems bestehen und welche Ziele damit verfolgt werden.

Es gilt, Maßnahmen zur Steigerung der Motivation und Akzeptanz zu ergreifen, Schulungsprogramme auszubauen und die betroffenen Beschäftigten von Beginn an in den Prozess einzubeziehen. So zeigt sich in der Praxis immer wieder, dass die Realisierung »top-down«-getriebener IT-Strategien nur dann in eine erfolgreiche Umsetzung mündet, wenn sie durch »bottom-up« Umsetzungsaktivitäten ergänzt werden und laufende Aktivitäten berücksichtigen.

5 Fazit

Resümierend lässt sich festhalten, dass infolge der Informations- und Wissensintensität der Leistungserstellungsprozesse in der Wirtschaftsförderung der strategische Einsatz von IT starke qualitative Verbesserungen in der Art und Weise der Informations-, Kommunikations- und Interaktionsmöglichkeiten erlaubt. Entscheidend für den Erfolg von IT-Projekten in der Wirtschaftsförderung ist die Formulierung einer ganzheitlichen IT-Strategie, welche die Informations- und Kommunikationsflüsse mit anderen Verwaltungseinheiten, Unternehmen und den lokalen/regionalen Akteuren explizit berücksichtigt.

Soll der Einsatz von IT zu nachhaltigen Erfolgen in der integrierten Wirtschaftsförderung beitragen, muss sich die Wirtschaftsförderung drei großen Herausforderungen stellen: (1) Prozessoptimierung, (2) Organisatorischer Wandel, (3) Optimierung der IT-Systemlandschaft. Diese drei Ebenen sollten sich in einer integrierten IT-Strategie wieder finden, die in Einklang mit der übergeordneten Strategie der Wirtschaftsförderung stehen muss. Hierbei sind gleichermaßen interne und organisationsübergreifende Geschäftsprozesse zu berücksichtigen. Um diesen Anforderungen gerecht zu werden, ist eine übergeordnete, einheitliche und leistungsfähige IT-Landschaft mit der Möglichkeit zur flexiblen Anpassung an wechselnde Anforderungen als substantielles Rückgrat erforderlich. Hierbei sollte vermehrt auf dezentrale offene Systeme und den Einsatz standardisierter Software gesetzt werden. Von besonderem Nutzen sind dabei integrierte IT-Systeme mit der Möglichkeit, sämtliche wesentlichen Daten zu verarbeiten und somit auch eine integrierte Planung ohne die sonst üblichen Schnittstellen und Medienbrüche zu erlauben. Diese sollten jedoch nicht als Ersatz für eine methodisch durchdachte Planung und Entscheidungen der Planungsverantwortlichen verstanden werden, sondern vielmehr als wesentliches Instrument der Unterstützung.

Bislang existiert allerdings keine Lösung am Markt, die den Anforderungen der Wirtschaftsförderung in oben beschriebener Art und Weise gerecht wird: Eine solche Lösung müsste gleichermaßen in der Lage sein komplexe Geschäftsprozesse und Kommunikationsbeziehungen abzubilden, dem Benutzer eine einfach zu bedienende Oberfläche mit den für einen bestimmten Arbeitsgang erforderlichen Informationen bereit zu stellen und zudem über offene Schnittstellen für die Einbindung externer Daten verfügen. Sie sollte dazu beitragen, die Region gemäß der Wirtschaftstruktur und Kompetenzfelder zu vermarkten.

Obwohl die Herausforderung zur IT-gestützten Prozessoptimierung bereits von vielen Wirtschaftsförderungseinrichtungen erkannt wurde, mangelt es bislang infolge der hohen Komplexität jedoch an einer entsprechenden Umsetzung in die Praxis. Vor diesem Hintergrund empfiehlt es sich einzelne Projekte zu initiieren, die zur Realisierung der Gesamtstrategie beitragen. Bei der Planung derartiger Projekte sollten zunächst solche Bereiche in den Fokus rücken, die mit den höchsten Nutzeneffekten für die Wirtschaftsförderung und die Standortentwicklung insgesamt verbunden sind. In diesem Zusammenhang kann u.a. die Analyse von »best practice« Beispielen aus anderen Regionen hilfreich sein. Berücksichtigt werden sollte dabei allerdings, dass diese infolge der Unterschiede in der Organisation, deren Einbettung in die Verwaltung, den vorhandenen Kompetenzen etc. in der Regel nicht eins-zu-eins übertragbar sind. Insofern gilt es stets genau zu prüfen ob sich die Lösung aus einer anderen Stadt/Region auch für den eigenen Bedarf eignet.

Abschließend kann festgehalten werden, dass die grundlegende Basis für eine zukunftsfähige IT-Infrastruktur die Berücksichtigung und Sicherstellung einheitlicher Standards sowie die Vermeidung von Insellösungen ist.

Literatur

Dovifat, A./Kubisch, D./Stracke, J., 2003: Organisatorische Gestaltungspotenziale durch E-Government. Zielsetzung, Leitthesen, Definition der IuK-Potenziale und Forschungsdesign. Werkstattbericht I,. Oldenburg, Potsdam, Berlin.

Eggert, G./Fassott, A. (Hg.), 2001: eCRM-Electronic Customer Relationship Management: Management der Kundenbeziehungen im Internetzeitalter. Schäffer-Poeschel, Stuttgart.

Glaser, J., 2003: Informationsmanagement in der Wirtschaftsförderung. Ergebnisse einer bundesweiten Befragung. Technische Universität Hamburg-Harburg, Lehrstuhl Stadt- und Regionalökonomie. Unveröffentlichtes Manuskript.

Cap Gemini Ernest & Young, 2003: Webbasierte Untersuchung des elektronischen Service-Angebots der Öffentlichen Hand. Ergebnisse der vierten Erhebung, Berlin.

Herzognagel, B./Werthmann, Ch., 2002: Grenzen der elektronischen Abwicklung von Verwaltungsvorgängen. In: HMD Praxis der Wirtschaftsinformatik, Heft 226, S. 71-79.

Kaczorowski, W. et al., 2003: eGovernment in den Bundesländern – Sachstand und Perspektiven. In: Koschützke, A. (Hg.), Stababteilung der Friedrich-Ebert-Stiftung, Bonn.

Lenk, K./Traumüller, R. (Hg.), 1999: Öffentliche Verwaltung und Informationstechnik – Perspektive einer radikalen Neugestaltung der öffentlichen Verwaltung mit Informationstechnik. R.v. Decker, Heidelberg.

o.V., 2002: Wo steht die Wirtschaftsförderung in Deutschland? Befragung 2002. In: ExperContext, Ausgabe 20, S. 11-14.

Petrovic, O., 1994: Lean Management und informationstechnologische Potenzialfaktoren. In: Wirtschaftsinformatik, 36, Heft 6, S. 580-590.

Schneider, St./Crook, P., 2002: Customer Relationship Management: Ein Konzept für die öffentliche Verwaltung. The Government Executive Series, Accenture.

Simon, H./Homburg, C. (Hg.), 1998: Kundenzufriedenheit. Konzepte – Methoden – Erfahrungen. 3. aktual. Aufl., Gabler, Wiesbaden.

Anhang

1 CHECKLISTE »IT-INFRASTRUKTUR«

2 STANDARDS IM E-GOVERNMENT

3 IT-GESTÜTZTE VORGANGSBEARBEITUNG

Anhang 1: Checkliste »IT-Infrastruktur«

- [ ] Sollen die bisherigen informationstechnischen Einzellösungen durch ein integriertes IT-System ersetzt werden?

- [ ] Soll für solch ein integrierendes System eine Lösung angestrebt werden, der eine gemeinsame Datenbank (anstelle einzelner Dateien) für alle Anwendungen zugrunde liegt?

- [ ] Wie soll die interne Vernetzung der Arbeitsplätze als Client/Server-Modell erfolgen und welches Betriebssystem soll eingesetzt werden?

- [ ] Wie soll die Vernetzung mit externen Informationsgebern und -nehmern erfolgen? Sollen hierfür webbasierte Lösungen eingesetzt werden?

- [ ] Sind die erforderlichen Schnittstellen zum Datenaustausch vorhanden und die Interoperabilität zwischen den verschiedenen technischen Systemen sichergestellt?

- [ ] Welche der vorhandenen Systeme/Anwendungen sollen Bestandteil eines integrierten IT-Systems werden, welche IT-Lösungen sind zu ergänzen?

Anhang 2: Standards im eGovernment

DOMEA

Hierbei handelt es sich um ein deutsches Konzept für »**D**okumenten-**M**anagement und **e**lektronische **A**rchivierung« in der öffentlichen Verwaltung, welches von der Koordinierungs- und Beratungsstelle der Bundesregierung für Informationstechnik in der Bundesverwaltung (kurz: KBSt) betreut wird. Ziel des DOMEA Konzepts ist die Einführung einer elektronischen Akte, um behördliche Geschäftsprozesse vollständig elektronisch abwickeln zu können. Für die informationstechnische Abbildung der Geschäftsprozesse sieht DOMEA eine dreistufige Objekthierarchie bestehend aus Dokument, Vorgang und Akte vor. Die *Dokumente* stellen die grundlegende Einheit zur Speicherung von Primärinformationen dar. Die *Vorgänge*, in denen Dokumente bearbeitet werden, bilden einen Geschäftsvorfall. D.h., dass die durch Entstehungs- und Bearbeitungsprozesse nachzuweisende Kontext- oder Bearbeitungsinformation mit dem Vorgang in nicht veränderbarer Form automatisch durch das System protokolliert werden muss. Durch sog. »Metainformationen« werden die Dokumente und Vorgänge Akten zugeordnet. Diese müssen nach der Erfassung zu jeder Zeit nachweisbar sein.

SAGA

Im Rahmen der BundOnline 2005 Initiative entstand das Dokument »**S**tandards und **A**rchitekturen für e**G**overnment **A**nwendungen«. Ziel von SAGA ist es durch die Definition einfacher und klarer Standards und Spezifikationen die Interoperabilität, die Wiederverwendbarkeit, die Offenheit und Skalierbarkeit von Informationssystemen zur erreichen sowie zu einer Reduzierung von Kosten und Risiken beizutragen. Zu diesem Zweck identifiziert SAGA erforderliche Standards, Formate und Spezifikationen und legt dafür Konformitätsregeln fest. Dabei stehen vier Aufgaben im Fokus: (1) Festlegung von technischen Normen, Standards und Architekturen, (2) Prozessmodellierung, (3) Datenmodellierung sowie (4) Entwicklung von Basiskomponenten. Weitere Informationen zu

SAGA finden sich im Internet unter www.bund.de in der Rubrik »BundOnline 2005«.

MoReq

Bei dem Standard »**Mo**del **Req**uirements for the Management of Electronic Records« handelt es sich um einen europäischen Standard. MoReq liefert im Gegensatz zu den anderen Standards eine sehr detaillierte Anforderungsliste sowohl für funktionale Anforderungen an ein elektronisches und papierbasiertes Records Management System, als auch für die dazugehörigen elektronischen Vorgangsbearbeitungs- und Dokumenten-Management-Systeme. Des Weiteren wurden konkrete Anforderungen für dokumentenbezogene Funktionen wie Workflow, E-Mail und Elektronische Signaturen definiert. Insgesamt besteht MoReq aus rund 390 definierten Anforderungen und einem Metadatenmodell mit 127 Elementen.

ISO 15489

Der internationale Standard ISO 15489 legt in seiner Dokumentation fest, welche Dokumente erzeugt, welche Informationen in die Dokumente eingefügt werden müssen und welcher Genauigkeitsgrad erforderlich ist, in welcher Form und Struktur Dokumente erzeugt und erfasst werden sollen, welche Anforderungen zum Gebrauch von Dokumenten benötigt werden, wie lange sie archiviert sein müssen um diesen Anforderung zu genügen und wie Dokumente zu organisieren sind um die Anforderungen für den Gebrauch zu unterstützen. Die ISO 15489 soll international eine einheitliche Grundlage für das elektronische Records Management schaffen. Weitere Informationen unter www.din.de.

Anhang 3: IT-gestützte Vorgangsbearbeitung

Der Begriff »Vorgang« verbindet in diesem Kontext eine dokumentenbezogene und eine (arbeits-)prozessbezogene Sicht. Aus dokumentbezogener Sicht ist ein Vorgang eine Anzahl von Dokumenten, die in einem inhaltlichen und zeitlichen Bezug zueinander stehen und in einer Akte abgelegt sind. Die Elektronisierung der Vorgangsbearbeitung stellt damit vorrangig Anforderungen an die elektronische Aktenführung, die Schriftgutverwaltung und die elektronische Archivierung. Aus Prozesssicht versteht sich ein Vorgang als eine organisatorisch zusammenhängende Folge von Tätigkeiten, an deren Abwicklung diverse Organisationseinheiten beteiligt sind. Aus diesem Blickwinkel stellt die informationstechnische Unterstützung der Vorgangsbearbeitung Anforderungen an die elektronische Steuerung des Dokumentenflusses (Workflow), die Prozessmodellierung, die Rationalisierung von Vorgangsschritten und die Vorgangsverfolgung. Beide Sichtweisen sind Gegenstand der IT-gestützen Vorgangsbearbeitung.

Entsprechend dieser Logik werden im Rahmen der IT-gestützten Vorgangsbearbeitung alle für den Geschäftsprozess erforderlichen Anweisungen und Sichtvermerke auf elektronischen Dokumenten aufgezeichnet. Durch die Aufzeichnung der Bearbeitungssituation und Arbeitsaufträge auf den Dokumenten wird für alle Beteiligten der aktuelle Status der Bearbeitung auf einen Blick sichtbar. Insofern handelt es sich bei der IT-gestützten Vorgangsbearbeitung um eine Form der benutzerzentrierten, flexiblen Laufwegssteuerung. Im Gegensatz dazu sind klassische Workflow-Management-Systeme durch die Definition fester Laufwege gekennzeichnet und somit weniger flexibel. Die Koordinierungs- und Beratungsstelle der Bundesregierung für Informationstechnik in der Bundesverwaltung (KBSt) hat bereits einige solcher Systeme zertifiziert. Weitere Informationen hierzu finden Sie auf der Website der KBSt (www.kbst.bund.de).

PROJEKTMANAGEMENT IN DER WIRTSCHAFTSFÖRDERUNG

DORIS BEER

Inhaltsverzeichnis

ABBILDUNGSVERZEICHNIS **169**

1 Einleitung **170**

2 Merkmale von Projektarbeit **171**

3 Projekte als Bausteine einer strategischen Ausrichtung **175**
   3.1 Voraussetzungen für Projektarbeit in der Wirtschaftsförderung 177
   3.2 Projektorganisation in der Wirtschaftsförderung 179
   3.3 Initiative – Start – Durchführung – Abschluss:
        Die Aufgaben in den einzelnen Projektphasen 182
        3.3.1 Initiativphase 182
        3.3.2 Start- und Durchführungsphase 184
        3.3.3 Schlussphase 188

4 Instrumente des Projektmanagements **191**
   4.1 Arbeitspakete und Projektstrukturplan 192
   4.2 Ablaufplanung 194
   4.3 Meilensteine 196

5 Besonderheiten von Kooperationsprojekten **198**
   5.1 Anforderungen an die Projektleitung 201
   5.2 Gewinnung von Teilnehmern 202
   5.3 Türöffner und Promotoren 204
   5.4 Nachhaltigkeit von Kooperationsprojekten 205

6 Zusammenfassung **208**

Literatur **209**

Abbildungsverzeichnis

Abb. IV.1: Phasen in der Projektarbeit 173

Abb. IV.2: Beispiel für eine Matrixorganisation einer Wirtschaftsförderung 180

Abb. IV.3: Beispiel für einen Projektstrukturplan Messepräsentation 193

Abb. IV.4: Beispiel für einen Projektablaufplan Messepräsentation 195

Abb. IV.5: Meilenstein-Trend-Darstellung 197

Abb. IV.6: Phasenmodell der Projektarbeit 199

1 Einleitung

Projekte sind ein wichtiges Arbeitsinstrument in der strategisch ausgerichteten Wirtschaftsförderung. Sie bringen zeitlich begrenzt Wissen und Fähigkeiten verschiedener Akteure zusammen. Damit leisten sie erstens einen Beitrag zur Vernetzung der regionalen Akteure, zweitens lenken sie die Aufmerksamkeit der örtlichen Wirtschaft zeitweise auf einen zentralen Aspekt der regionalen Wirtschaftsentwicklung. Drittens legen die Strukturfördermittel der europäischen Union und der Bundesländer projektförmige Organisationen nahe. Dieses Kapitel befasst sich damit, wie die Wirtschaftsförderung Projekte – allein oder gemeinsam mit anderen Stellen – vorbereiten und durchführen kann, damit sie die regionalen Entwicklungsstrategien in optimaler Weise umsetzen. Im Folgenden geht es um die Fragen:

- » Was kann die Wirtschaftsförderung mit Projekten bewirken?
- » Welche Aufgaben fallen in den einzelnen Arbeitsphasen typischer Projekte an?
- » Mit welchen Instrumenten lassen sich Projekte steuern und Kooperationen moderieren?
- » Wie können die Erfahrungen aus den Projekten gesichert und für die Arbeit der Wirtschaftsförderung dauerhaft nutzbar gemacht werden?

2 Merkmale von Projektarbeit

Das Kapitel schildert die allgemeinen Merkmale von Projektarbeit, die Einteilung in Phasen und das Vorgehen bei der Kontrolle der Projektergebnisse

Der Begriff »Projekt« ist in vielen Zusammenhängen anzutreffen – in der Forschung, in Unternehmen, in der öffentlichen Verwaltung und im politischen Raum. Als Projekt werden alle Aufgaben bezeichnet, die für eine Organisation neu, komplex und einmalig sind. Die Schritte, die zur Lösung der Aufgabe führen, sind vorab nicht bekannt, sondern müssen erst erarbeitet werden.

Definition von Projekten

„Ein Projekt ist ein Vorhaben, das im Wesentlichen durch die Einmaligkeit der Bedingungen in ihrer Gesamtheit gekennzeichnet ist, z.B. durch Zielvorgabe, durch zeitliche, finanzielle, personelle und andere Begrenzungen, durch Abgrenzung gegenüber anderen Vorhaben und projektspezifische Organisation". (DIN-Norm 69901)

Was als Projekt angesehen werden kann, hängt also wesentlich von der Organisation und ihren Erfahrungen ab. Ist der Aufbau von Unternehmensverbünden Neuland für eine Wirtschaftsförderung, so gilt er als Projekt. Hat eine Organisation dafür jedoch schon Verfahrensweisen entwickelt und bei verschiedenen Akteursgruppen angewendet, hat für sie die Arbeit mit Unternehmenskooperationen Routinecharakter angenommen: die Kriterien für Projektarbeit sind dann strenggenommen nicht mehr gegeben.

In der Regel arbeiten an Projekten mehrere Akteure mit, die unterschiedliche Kenntnisse und Erfahrungen, oftmals aus verschiedenen Organisationen einbringen. Das eröffnet die Chance, zu besseren Problemlösungen zu kommen als es einer einzelnen Organisation möglich gewesen wäre. Darin liegt jedoch auch eine charakteristische Schwierigkeit von Projektarbeit. Die unterschiedlichen Erwartungen und Möglichkeiten der Akteure müssen miteinander abgeglichen und aufeinander abgestimmt werden. Dieser Prozess ist selten konfliktfrei.

Merkmale von Projektarbeit

» Zielorientierung
» Zeitliche Begrenzung
» Einmaligkeit und Neuartigkeit
» Komplexität
» Aufgabenbezogenes Budget, bzw. Personal- und Sachressourcen
» Einbeziehen mehrerer Akteure mit unterschiedlichen Kompetenzen

Wesentliche Eigenschaften von Projekten sind, dass sie ein definiertes Ziel, ein aufgabenbezogenes Budget und zeitlich festgelegte Anfangs- und Endpunkte besitzen. Das Projektmanagement hat die Aufgabe, diese drei Vorgaben – Ziel, Budget und Zeitrahmen – miteinander in Einklang zu bringen. Ausgehend vom gewünschten Ergebnis plant und koordiniert es die Aktivitäten der Beteiligten. Projekte sind jedoch keine starr sequentiell stattfindenden Arbeitsabläufe. Externe Anlässe und unerwartete Ereignisse sorgen immer wieder dafür, dass frühere Arbeitsschritte noch einmal gemacht oder dass die anfänglichen Vorgaben geändert werden (Latniak/Gerlmaier/Voss-Dahm/Brödner 2003: 13).

Die Kontrolle des Projektfortschritts orientiert sich an Meilensteinen. Dabei handelt es sich um wichtige Zwischenergebnisse, die bis zu definierten Zeitpunkten im Projektablauf erreicht sein sollen. An diesen Kontrollpunkten kann überprüft werden, ob oder inwieweit die vorab geplanten Zwischenergebnisse vorliegen. Auf dieser Grundlage können Entscheidungen über die nächsten Arbeitsschritte getroffen werden.

Üblicherweise werden Projekte in Phasen eingeteilt, da sie von der ersten Idee bis zur abschließenden Realisierung einen Zyklus durchlaufen. Das Phasenmodell ist nützlich, um lange Zeitdauern der Zusammenarbeit einzuteilen und komplexe Aufgaben und ihre Abhängigkeiten untereinander übersichtlich darzustellen. Der Stand des Projektes und die noch anstehenden Aufgaben lassen sich mit Hilfe von Projektphasen gut nach außen und innen kommunizieren.

Das nachfolgende Schaubild zeigt eine grobe Einteilung der Projektarbeit in vier Phasen: Initiative, Projektstart, Durchführung und Abschluss. Für jede Phase sind bestimmte Managementaufgaben, Risiken und Schwierigkeiten der Zusammenarbeit charakteristisch (Grubendorfer/Zülch 2001: 6). So gilt es in der Initiativphase, die Projektidee zu konkretisieren und geeignete Akteure zu einer produktiven Zusammenarbeit zusammenzubringen. In der Startphase wird das Projektziel definiert, Ressourcen, Zeit und Arbeitsschritte geplant. Sie endet formal mit dem Projektauftrag, aufgrund dessen die vorgeplanten Aktivitäten in der Durchführungsphase vorgenommen werden. Bis zum Erreichen des Projektziels unterliegen die Arbeitsschritte in der Durchführungsphase jedoch immer wieder Anpassungen an externe Ereignisse. In der Schlussphase müssen die Ergebnisse gesichert, dokumentiert und in das Tagesgeschäft übergeleitet werden.

Abb. IV.1: Phasen in der Projektarbeit

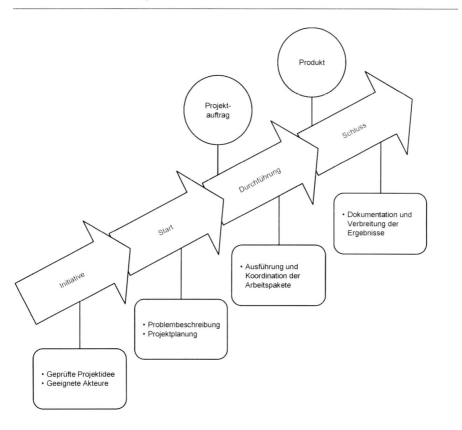

Quelle: Eigene Darstellung ©Gemi-Beer GbR

Da Projekte in der Wirtschaftsförderung nicht dieselben eindeutigen Zielvorgaben und strengen Zeitpläne wie etwa Projekte in der Industrie haben, sind für sie nicht alle Details des gängigen Projektmanagements angemessen. Dennoch ist das gedankliche Vorgehen bei der Projektplanung: „Was ist zu erreichen? Wie kommt man dorthin? Was wird dafür benötigt? Welche Ressourcen stehen zur Verfügung?" auch für Wirtschaftsförderer hilfreich. Bevor jedoch geeignete Methoden zum Management von Projekten und zur Moderation von Kooperationsbeziehungen aufgezeigt werden, seien einige Überlegungen über die Funktion projektförmigen Arbeitens in der strategischen Ausrichtung der Wirtschaftsförderung vorangestellt.

3 Projekte als Bausteine einer strategischen Ausrichtung

Das Kapitel zeigt die Funktionen, die Vorzüge und die Voraussetzungen projektförmigen Arbeitens. Beginnend bei der Initiative über die Durchführung bis zum Abschluss beschreibt es typische Arbeitsschritte von Projekten in einer strategisch ausgerichteten Wirtschaftsförderung.

Projekte sind *zeitlich befristete* Aufgaben, die auf ein einziges Ergebnis hinzielen. Die strategische Ausrichtung der Wirtschaftsförderung hingegen ist eine *Daueraufgabe*, die auf einer definierten Strategie beruht, Wissen über die Potenziale und Handlungsmöglichkeiten in einer Region nutzt und u.a. mit einer Festigung der Zusammenarbeit zwischen relevanten wirtschaftlichen Akteuren arbeitet. Sie zielt auf eine ganze Reihe wünschenswerter Ergebnisse ab.

Auf den ersten Blick erscheint es möglicherweise paradox, eine Daueraufgabe in Form zeitlich begrenzter Einzelschritte umzusetzen. Wenn die wirtschaftliche Entwicklung einer Region jedoch verstanden wird als ein Strom fortdauernder Veränderungen, dann sind Projekte Ereignisse, die ausgewählte Entwicklungslinien vorantreiben können. Die einzelnen Vorhaben stellen Glieder in einer Prozesskette dar, die die Wettbewerbsfähigkeit der davon profitierenden Unternehmen und damit die Innovationsfähigkeit der Region insgesamt stärken sollen (siehe Teil 1, Kap. 6).

Projekte sind also keine isolierten Aktivitäten. Von regionalwirtschaftlichen Programmen ist bekannt, dass viele der dort geförderten Projekte einen oder sogar mehrere Vorgänger haben, die ähnliche Ziele zur Unterstützung einer bestimmten Branche verfolgten (Rehfeld/Wompel 2000-11: 48). Dies soll ein Beispiel aus dem Bergischen Land/NRW illustrieren. Dort fand sich ab Mitte der 90er Jahre eine Reihe von Kleinbetrieben aus der Lackindustrie in einem Verbundbildungsprojekt zusammen. Innerhalb des Verbundes entstanden einerseits neue Geschäftsbeziehungen zwischen den beteiligten Firmen, andererseits wurde der Arbeitgeberverband der chemischen Industrie angeregt, einen Gesprächskreis für seine Mitglieder zum Umweltmanagement und Umweltrecht einzuführen. In einem Folgeprojekt führte ein Teil der Betriebe die Zusammenarbeit über den Themenbereich Qualifizierung, Innovation und Ökologie fort. Ein Ausbildungsverbund für Produktionsarbeiter in der Lackindustrie wurde geschaffen, außerdem

Absprachen über gemeinsame Beschaffungen getroffen. Die Kooperation zwischen den Betrieben hatte im Laufe der Zusammenarbeit in beiden Projekten eine so starke Intensität angenommen, dass ihre Fortsetzung ohne externe Moderation nach Abschluss der zweiten Projektlaufzeit erwartet werden konnte (Baumer/Rehfeld 1997: 117ff.).

Projekte, an denen die Wirtschaftsförderung beteiligt ist, sollten einen Beitrag zur langfristigen regionalen Wirtschaftsentwicklung leisten. Sie können ausgehend von den möglichen Entwicklungszielen einer integrierten Wirtschaftsförderung Teilbereiche der wünschenswerten Prozesse anschieben oder beschleunigen.

So beschäftigen sich einige Projekte der Wirtschaftsförderung mit Standortanalysen, aus denen strategische Handlungsmöglichkeiten für Politik und Verwaltung abgeleitet werden können, z.B. in Bezug auf die Perspektiven eines wichtigen Gewerbezweiges, die Nachfrage nach bestimmten Dienstleistungen oder einer verbesserten Zusammenarbeit zwischen Kommunalverwaltung und Unternehmen. Analysen werden auch genutzt, um Strategien oder Förderaktivitäten im Hinblick auf ihre erwarteten oder tatsächlich erreichten Ergebnisse zu bewerten (Evaluation). Eine solche Bewertung kann sowohl vor, begleitend als auch nach der Umsetzung vorgenommen werden.

Zunehmend gewinnen Projekte an Bedeutung, die die Unternehmensverbünde initiieren oder unterstützen. Diese Kooperationen können z.B. als Erfahrungsaustausch zwischen Existenzgründern angelegt sein, der der Festigung ihrer Firmen dient. Andere Beispiele sind Partnerschaften zwischen Unternehmen und Forschungsorganisationen, in der neue Produkte entwickelt werden oder zwischenbetriebliche Kooperationen, die zur Verbesserung der Absatzchancen Qualitätsstandards für regionale Produkte festlegen.

Als Bausteine einer strategischen Ausrichtung sollten die Projektergebnisse auf Nachhaltigkeit zielen, d.h. darauf hinarbeiten, dass die geförderten Prozesse sich nach dem Ende des Projektes selbst tragen, indem z.B. Infrastrukturen von ihren Nutzern finanziert, die Ergebnisse aus Analysen in Handlungspläne der regionalen Wirtschaftspolitik umgesetzt werden oder Unternehmensverbünde ihre Zusammenarbeit ohne externe Moderation fortführen.

Noch in der Mitte der 90er Jahren gehörte das Arbeiten mit Projekten nicht zum Selbstverständnis der Wirtschaftsförderung. Nur eine Minderheit der Wirtschaftsförderer sah sich in der Rolle von Projektinitiatoren (Hollbach-Grömig 1996: 103). Strukturpolitische Förderinitiativen (siehe Teil I.4) setzten jedoch zunehmend Anreize und dür Möglichkeiten projektförmiges Arbeiten. Zum heutigen Stand führen Wirtschaftsförderungen Projekte entweder allein durch und organisieren ihre Arbeit intern projektförmig, sie arbeiten in Projekten gemeinsam mit anderen regionalwirtschaftlichen Akteuren oder sie begleiten und nutzen die Projektergebnisse anderer Institutionen, wie z.B. Wirtschaftskammern, Bildungsträger oder Unternehmensverbänden. In der Praxis überwiegen die Projekte, die in Zusammenarbeit mit weiteren Institutionen durchgeführt werden. Bei allen drei Formen der Beteiligung ist es wichtig, dass die Projekte an die strategische Ausrichtung der Wirtschaftsförderung gekoppelt sind, einerseits, indem sie aus ihr heraus entwickelt wurden, andererseits indem ihre Ergebnisse zur Überprüfung und Weiterentwicklung der Strategie genutzt werden (siehe Teil I, Kap. 5).

3.1 Voraussetzungen für Projektarbeit in der Wirtschaftsförderung

Einiges spricht dafür, dass die Wirtschaftsförderung ihre Arbeit projektförmig organisiert. Um ihre Vorteile nutzen zu können und typische Schwierigkeiten der Projektarbeit zu vermeiden, sollten allerdings mehrere Voraussetzungen erfüllt sein. Zunächst jedoch zu den positiven Argumenten.

Projekte bieten gute Ansatzpunkte für Öffentlichkeitsarbeit. Sie sind neu, einmalig und besitzen deshalb einen höheren Nachrichtenwert für die Medien als Routinetätigkeiten. Die Wirtschaftsförderung lenkt mit Projekten die Aufmerksamkeit der regionalen Wirtschaft auf ein bestimmtes Thema. Projekte setzen ein sichtbares Zeichen für eine bestimmte Politik und können dies, indem sie im Erfolgsfall messbare Ergebnisse in überschaubarer Zeit vorlegen, auch glaubhaft kommunizieren.

Projekte sind geeignet, Unternehmen für die Mitarbeit zu gewinnen. Medienberichte darüber, dass sich einzelne Akteure mit einer bestimmten Thematik auseinandersetzen, können zusätzliche Angehörige der Branche motivieren. Weitere Betriebe werden sich der Bedeutung des Themas möglicherweise bewusst. Durch ein sie betreffendes Entwicklungsproblem fühlen sie sich eher angesprochen, als wenn die Wirtschaftsförderung sie allgemein in ihrer Eigenschaft als Unternehmen oder Mittelstand adressieren würde.

Projekte können dazu beitragen, Kooperationsbeziehungen zu festigen. In der Zusammenarbeit an einem Projekt lernen sich Wirtschaftsförderung und regionale Akteure besser kennen. Die gemeinsame Aufgabe schafft ein Bewusstsein für regionale Zugehörigkeit und für Verbindungen zwischen Wirtschaftsakteuren. So gewachsene soziale Beziehungen unterstützen die Wirtschaftsförderung auch nach dem Projektabschluss in ihren Fachaufgaben, wie z.B. Fördermittelberatung oder Gewerbeflächenmanagement, indem Informationen besser fließen und Entscheidungswege transparenter werden. Zudem erhält die Wirtschaftsförderung durch das Einbinden externer Akteure oftmals Zugang zu zusätzlichen Kenntnissen, Fähigkeiten und Kompetenzen (siehe Teil II, Kapitel 4).

Projekte können die Entscheidungs- und Arbeitsabläufe innerhalb der Wirtschaftsförderung beschleunigen, indem sie terminierte Erfolgsziele setzen. Manchmal bewirkt erst dieser Druck, dass strategisch wichtige Aufgaben in der Organisation thematisiert und begonnen werden.

Wirkungen von Projekten in der Wirtschaftsförderung

Nach Außen
» Schaffen Aufmerksamkeit für regionale Themen
» Sprechen Unternehmen und regionale Akteure gezielt an
» Schaffen Gruppenzugehörigkeit
» Wecken Handlungsbereitschaft

Nach Innen
» Geben Anstoß zum Bearbeiten strategisch wichtiger Themen
» Beschleunigen Entscheidungs- und Arbeitsabläufe
» Vergrößern die Informationsbasis
» Erfordern mehr wechselseitige Information und Kommunikation
» Legen Reibungsflächen offen

Allerdings ist Projektarbeit häufig mit einer hohen Arbeitsbelastung für die Mitarbeiter verbunden, insbesondere dann, wenn diese neben den Fachaufgaben abzuwickeln sind. Die Zeitspanne, in der Ergebnisse erreicht werden sollen, ist oftmals sehr kurz; unmittelbar vor den Ergebnisphasen ist die Arbeitsintensität besonders hoch. Personal und Sachmittel für Projekte werden in der Regel knapp, manchmal sogar überhaupt nicht kalkuliert. Außerdem kann das parallele Arbeiten an Projekt und Fachaufgabe zu Rollenkonflikten führen, die sich z.B. durch unterschiedliche Anforderungen als Projektleiter und als Fachberater ergeben.

Auch die Kooperation mit externen Akteuren ist nicht in jedem Fall positiv zu beurteilen. Der Bedarf an gegenseitiger Information und Abstimmung steigt mit der Zahl der einbezogenen Partner. Die Vorteile zusätzlicher Kompetenzen und Wissensbestände der anderen Projektteilnehmer können durch die «Meetingitis», den Koordinationsaufwand durch Arbeitstreffen und Projektbesprechungen, wieder zunichte gemacht werden (Latniak/Gerlmaier/Voss-Dahm/Brödner 2003: 11).

Jedes Projekt birgt das Risiko des Scheiterns in sich. Wenn die Arbeiten zusammen mit anderen regionalen Akteuren erbracht werden, hängt der Erfolg ebenso von den Beiträgen der anderen Beteiligten ab. Für den einzelnen Mitarbeiter kann das Scheitern eines Projekts demotivierend sein. In der Wirtschaftsförderung, die nicht zuletzt im kommunalpolitischen Zusammenhang steht, führt ausbleibender Erfolg einer zentralen Aktivität möglicherweise zu Negativ-Schlagzeilen in der kommunalpolitischen Diskussion und erscheint umso risikoreicher.

Schließlich sind Projekte exklusiv. Sie schließen diejenigen Unternehmen oder Organisationen aus, die nicht im strategischen Fokus stehen. Dies kann nach außen den Eindruck erwecken, die Wirtschaftsförderung werde ihrem öffentlichen Auftrag, das Umfeld für die gesamte Wirtschaft zu verbessern, nicht ganz gerecht. (siehe Teil I, Kap. 2). Die Wirtschaftsförderung muss daher das Engagement in Projekten mit ihren traditionellen Aufgaben wie der Bestandspflege, des Gewerbeflächenmanagements und der Förderberatung vereinbaren.

Eine Reihe der genannten Risiken – hohe Arbeitsintensität, hoher Abstimmungsbedarf und Rollenkonflikte – kann mit einem professionellen Projektmanagement, das die Interessen und Kapazitäten der Beteiligten sorgfältig einbezieht, rechtzeitig erkannt und abgemildert werden. Bei aller guten Planung ist jedoch zu berücksichtigen, dass Projektarbeit Änderungen in die gewohnten Arbeitsabläufe einer Wirtschaftsförderung bringt. Die Kunst besteht darin, sie als eine produktive und akzeptierte Unruhe zu gestalten.

3.2 Projektorganisation in der Wirtschaftsförderung

Nur große Wirtschaftsförderungen verfügen über ausreichend Personal, um die Projektarbeit und die regulären Fachaufgaben auf einzelne Mitarbeiter aufzuteilen. Im Regelfall müssen die Mitarbeiter Projekte neben ihren Haupttätigkeiten bearbeiten. Um diese Aufgabe zu lösen, bietet sich eine Matrixorganisation an, die nach zwei Gliederungskriterien aufgebaut ist: Die Mitarbeiter sind ihrer jeweiligen Fachinstanz unterstellt und gleichzeitig einem oder mehreren Projekten zugeordnet, die von verantwortlichen Projektmanagern geleitet werden. Innerhalb der Projekte unterstehen die Mitarbeiter dem Projektmanager, gleichzeitig erfüllen sie fachbezogene Aufgaben (Luczak 1998: 498f.).

In Abb. IV.2 ist das konstruierte Beispiel einer Wirtschaftsförderung mit drei Abteilungen dargestellt, die für die Fachaufgaben der Fördermittelberatung, des Gewerbeflächenmanagements und der Existenzgründungsberatung zuständig sind. Die Organisation arbeitet außerdem an drei Projekten, die aus der Entwicklungsstrategie heraus konzipiert wurden: eine Bildungsdatenbank, eine Regionalanalyse und ein Kooperationsvorhaben zwischen Hotels und Gaststätten zur Förderung des Tourismus. Jedes Projekt wird von einem Mitarbeiter einer Fachabteilung geleitet, der von einem zweiten Mitarbeiter aus einer anderen Fachabteilung unterstützt, bzw. vertreten wird.

Abb. IV.2: Beispiel für eine Matrixorganisation einer Wirtschaftsförderung

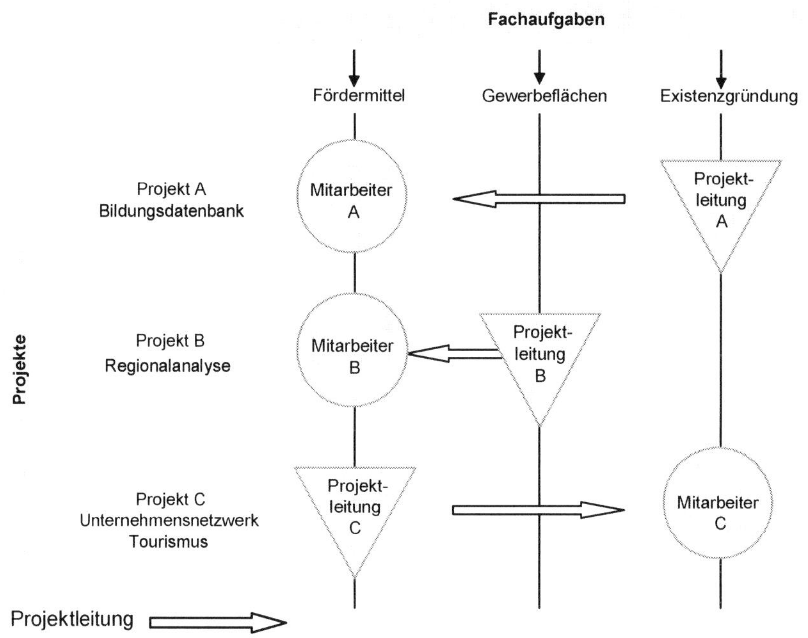

Quelle: In Anlehnung an Luczak 1998, 499

Die Matrix-Organisation kann den positiven Begleiteffekt haben, dass Projektarbeit und Fachbereich voneinander profitieren, indem dem Fachbereich neue Informationen und Kontakte erwachsen, dem Projekt andererseits Ressourcen aus der Regelaufgabe zur Verfügung stehen.

Im obigen Beispiel leitet ein Mitarbeiter aus der Gründungsberatung das Projekt A zur Bildungsdatenbank, denn Existenzgründer nehmen häufig eine Vielzahl von Bildungsangeboten in Anspruch. Er verwendet die Informationen aus der Bildungsdatenbank in seinen Beratungsgesprächen, in denen er umgekehrt auch Hinweise auf neue Bildungsbedarfe erhält. Ein Mitarbeiter der Fördermittelberatung nimmt an diesem Projekt teil, weil er besondere Kenntnisse über Fördermöglichkeiten von Qualifizierungen einbringen kann. Die Konzeptionierung neuer Bildungsangebote wird so leichter möglich.

Ein anderes Beispiel ist das Projekt C zur Unternehmenskooperation Tourismus. Dieses ist unter anderem mit betrieblichen Investitionen befasst, daher wird es geleitet von der Abteilung für Fördermittelberatung, die den beteiligten Betrieben ihre Sachkenntnis im Projektrahmen zur Verfügung stellt. Die Abteilung für Existenzgründungsberatung ist dem Projekt zugeordnet, da im Tourismusbereich Potenzial für neue Dienstleistungen gesehen werden.

Die Bearbeitung von Projekten durch Mitarbeiter verschiedener Abteilungen führt intern zu einem besseren Informationsfluss. Für die Wirtschaftsförderung bedeutet die Matrix-Organisation, bei der Aufnahme neuer Projekte gezielt Überschneidungen und sinnvolle Ergänzungen zwischen Projekt- und Regelaufgaben einzubeziehen.

Auch andere wirtschaftsnahe Akteure, wie z.B. Verbände, Bildungsträger, Forschungseinrichtungen und Unternehmen, initiieren regional bedeutsame Projekte. Die Wirtschaftsförderung kann bei diesen Aktivitäten die Rolle eines mitarbeitenden Mitgliedes einnehmen oder diejenige eines externen Beobachters. Die zu veranschlagende Arbeitsbelastung für Projekte anderer Organisationen richtet sich wesentlich danach, welche Aufgabe die Wirtschaftsförderung darin konkret übernimmt. Übersteigt der damit verbundene Arbeitsumfang eine gewisse Grenze, empfiehlt sich auch hier eine ähnliche Zuordnung von Fachaufgaben zu Projektbeteiligung.

3.3 Initiative – Start – Durchführung – Abschluss: Die Aufgaben in den einzelnen Projektphasen

Die Einteilung des Projektablaufs in eine Initiativphase, eine Start- und Durchführungsphase sowie eine Schlussphase ist auch in der Wirtschaftsförderung sinnvoll. Nachfolgend werden die in der Wirtschaftsförderung typischen Managementaufgaben und Projektrisiken in den einzelnen Phasen genauer ausgeführt.

3.3.1 Initiativphase

Im Kontext der kommunalen und regionalen Wirtschaftsentwicklung kommt der Anstoß für Projekte damit, dass ein Thema auf die Tagesordnung gesetzt wird, öffentliche Aufmerksamkeit für Problemlagen oder Chancen entsteht und Anforderungen definiert werden. Dies geschieht oftmals im Zusammenhang mit einschneidenden wirtschaftlichen Ereignissen, wie z.B. einer Betriebsschließung oder Betriebsverlagerung. Ein weiterer Ausgangspunkt von Projekten ist die Gelegenheit, an einer staatlichen Förderinitiative der Regionalentwicklung teilzunehmen. In beiden Fällen entsteht die Projektinitiative eher unsystematisch aus der unmittelbaren Notwendigkeit oder Gelegenheit.

Davon unterscheidbar sind systematische Formen der Projektentwicklung, bei denen die Wirtschaftsförderung, ausgehend von regionalen Entwicklungskonzepten, nach Ansatzpunkten für Aktivitäten sucht. Auf diese Weise entstand z.B. die Initiative 50plus der Rheinisch-Bergischen Wirtschaftsförderung. Aus dem Entwicklungsziel, die Wirtschaftskompetenz des Standorts für den Bedarf an Dienstleistungen und Produkten einer älter werdenden Gesellschaft zu stärken, wurden Teilprojekte und Arbeitsgruppen gebildet, die einzelne Aspekte des Entwicklungsziels verfolgten. So initiierte die RBW einen Senior Expert Service, in dem Fachleute im Ruhestand ihre Sachkenntnis für Existenzgründer oder Unternehmen zur Verfügung stellen. Ein Arbeitskreis »Planen–Bauen–Wohnen« führte unter Beteiligung von regionalen Unternehmen der Wohnungswirtschaft Werbeaktionen für barrierefreies Wohnen durch. Ein weiterer Arbeitskreis »Arbeit und Qualifizierung« entwickelte in Zusammenarbeit mit der Volkshochschule neue Bildungsangebote (siehe Teil II, Kap. 5).

Ein anderes Beispiel dafür, wie Projekte in Zusammenarbeit mit regionalen Firmen initiiert werden können, ist das Verfahren der nachfrageorientierten Projektentwicklung, die von der ZENIT GmbH/NRW im Auftrag von Wirtschaftsförderungen durchgeführt wird. Die örtlichen Unternehmen einer Zielbranche werden durch Workshops und Einzelgespräche an der Projektentwicklung beteiligt. Darin werden Wünsche nach regionalwirtschaftlichen Aktivitäten gesammelt und zu Projektideen gebündelt, die in einer zweiten Interviewphase mit den Firmen auf ihre Akzeptanz hin überprüft werden. Die nach diesem Test verbleibenden Projektvorschläge haben gute Aussichten, von der Wirtschaft mitgetragen zu werden. Auf diese Weise entstanden im Kreis Höxter/NRW Projekte für die regionale Möbelindustrie. Aus zehn verschiedenen Themenfeldern – von der Internationalisierung der Marktstrategie über die Internetnutzung bis hin zur Altmöbelrücknahme – wurden vier Projekte entwickelt, von denen eine verbesserte Standortprofilierung zu erwarten war: ein Qualifizierungsverbund, ein Modellprojekt zur Altmöbelrücknahme, eine Pilotanwendung zur Eigenstromerzeugung und eine Verbund-Holding der Möbelhersteller (Pfeifenroth 2003).

Die Anregungen zu einem Projekt kommen nicht ausschließlich von der Wirtschaftsförderung, sondern auch aus dem politischen Raum oder von Organisationen der regionalen Wirtschaft, wie Kammern, Unternehmensverbänden und Gewerkschaften. Motor der Initiativen sind in der Regel einzelne Personen, die ihre Institution oder ihr Unternehmen dazu bewegen, sich in einem Themenbereich zu engagieren. Die Wirtschaftsförderung erfährt nicht automatisch von den Initiativen der anderen wirtschaftsbezogenen Institutionen. Sie hört von Projektanstößen über die Mitarbeit in Netzwerken oder sie wird von den Initiatoren angesprochen, wenn diese Unterstützung bei der Projektentwicklung oder bei der Finanzierung benötigen.

Dabei kann die Wirtschaftsförderung Kontakte zu weiteren Firmen oder Institutionen herstellen oder Hinweise auf Fördermöglichkeiten geben. Als Bestandteil ihrer eigenen strategischen Ausrichtung ist es an diesen Stellen wichtig, den Beitrag der geplanten Aktivität zur regionalen Entwicklungsstrategie zu bewerten. Eine solche vorläufige Einschätzung einer Projektinitiative (Vorab-Evaluation) kann arbeitsaufwendig sein. Sie erfordert aktuelle Kenntnisse der vorhandenen Wirtschaftsstruktur, Informationen über die Trends und Rahmenbedingungen, die für den betreffenden Projektbereich Bedeutung haben, Kenntnisse über vorangegangene regionale Initiativen sowie Informationen über die beteiligten Institutionen. Problematisch ist es, wenn die Struktur der Akteure und ihre Interessen an dem Projekt nicht vollständig transparent sind. Dies kann mit mehreren Risiken für die Projektplanung verbunden sein: der artikulierte Bedarf ist vielleicht geringer als behauptet, das Projekt strebt Lösungen an, die eventuell schon vorliegen oder es ignoriert bereits bestehende Aktivitäten in der Region, die ähnliche Zielsetzungen verfolgen.

Fragen zur Vorab-Evaluation einer Projekt-Initiative

» Welche Zielgruppen/Zielbetriebe hat das Projekt?
» Welches Problem soll das Projekt lösen?
» Welchen Regionalanteil haben die Zielgruppen an Gesamtbeschäftigung und erwarteter Beschäftigungsentwicklung?
» Wie relevant ist die Problemlösung des Projektes für die Zielgruppe/Zielbetriebe?
» Welche anderen Lösungen für das Problem liegen evtl. schon vor?
» Welchen Beitrag leistet das Projekt zur Umsetzung einer vorhandenen Strategie?
» Welche Interessen haben die Beteiligten am Projekt?
» Welche Experten und welche finanziellen Ressourcen sind für das Projekt erforderlich?

Sowohl zur Unterstützung und Bewertung von Projektinitiativen Dritter als auch zur Entwicklung eigener Projekte ist ein gutes Wissensmanagement (siehe Teil II, Kap. 4) in der Wirtschaftsförderung hilfreich. Es sollte schnellen Zugriff erlauben auf die Wirtschaftsdaten der Region, auf strategische Orientierungen der Wirtschaftsförderung und auf Verlauf und Ergebnisse vorangegangener Initiativen. Wichtige Hintergrundinformationen lassen sich nicht in Projektakten oder Datenbanken ablegen, sondern bleiben als implizites Wissen bei den Mitarbeitern des Projektes. Es ist daher sinnvoll, Zugang zu den am Projekt beteiligten Personen zu bewahren, indem die Adressdateien der Wirtschaftsförderung um entsprechende Informationen ergänzt werden.

Die Initiativphase endet dann, wenn die gewünschten Ergebnisse so konkret gefasst sind, dass eine Planung von Einzelschritten oder die Beantragung von Fördermitteln möglich wird. Wenn das Projekt von dritter Seite initiiert wird, sollte die Wirtschaftsförderung zu diesem Zeitpunkt klären, welchen Nutzen sie selbst von dem Projekt hat und es bei den Durchführenden ggf. so einrichten, dass sie über die laufenden Arbeiten und Ergebnisse des Vorhabens informiert wird. Dies kann z.B. in Form einer Mitarbeit im Projektsteuerungskreis erfolgen.

3.3.2 Start- und Durchführungsphase

Die Startphase eines Projektes befasst sich mit der Detailplanung der Aufgaben, die daran anschließende Durchführungsphase mit der Ausführung und Koordination der einzelnen Aufgaben. Zur Projektplanung gehören eine möglichst genaue Beschreibung des Projektziels, eine Klärung der Frage, wer mit welchen personellen und sachlichen Beiträgen beteiligt sein soll und eine Kalkulation des notwendigen Budgets. Diese Planungsschritte sind ohnehin meist erforderlich, um Mittel zur Finanzierung des Projektes einzuwerben.

Die genaue Formulierung des Projektzieles ist wichtig, weil dieses die Grundlage der weiteren Planung bildet. Häufig tritt der Fall ein, dass mehrere Ziele benannt werden. In der kommunalen und regionalen Wirtschaft bestehen vielfältige Zusammenhänge zwischen Ursachen und Wirkungen und eine Aktivität entfaltet oftmals Wirkungen in mehreren Bereichen. Zudem haben regionalwirtschaftliche Akteure meist unterschiedliche Erwartungen an eine Aktivität. Das Formulieren mehrerer Projektziele ist eine Möglichkeit, die Akteure zu integrieren, indem einer ganzen Reihe ihrer Vorstellungen entsprochen wird. Dem steht das Risiko gegenüber, dass sich einzelne Teilziele u.U. widersprechen, die Projektbeteiligten ihre Energie an unterschiedlichen Stellen einsetzen und sich Interessendivergenzen im Verlauf der Projektarbeit als Konflikte auswirken. Außerdem überfordert das Verfolgen mehrerer Ziele zu gleicher Zeit leicht die Ressourcen der Mitarbeitenden. Aus diesen Gründen ist es anzustreben, sich mit den Beteiligten anfangs auf ein einziges Projektziel zu einigen, dem die anderen Ziele untergeordnet oder auch explizit ausgeschlossen werden, wenn sie in Widerspruch zum Hauptziel des Projektes stehen.

Ein Projektziel kann erarbeitet werden, indem die angestrebte Situation möglichst konkret beschrieben wird, so als ob sie bereits eingetreten wäre. Eine genaue und allgemein verständliche Formulierung erleichtert es den Beteiligten, ihre eigenen Erwartungen damit abzugleichen. Häufig zeigen sich erst anhand des ausformulierten Projektziels latente Interessendifferenzen. Für einen diskursiven Prozess, in dem die unterschiedlichen Erwartungen der Beteiligten geklärt und abgestimmt werden, ist daher vor Beginn der Arbeiten genügend Zeit vorzusehen (Lessel 2002: 19ff).

Anforderungen an ein Projektziel

» Die Projektbeteiligten sind sich über das Projektziel einig
» Das Ziel ist hinreichend genau und allgemein verständlich formuliert
» Die Formulierung ist vollständig, eindeutig und widerspruchsfrei
» Das Ziel ist realistisch und erreichbar
» Für das Erreichen des Ziels sind messbare Kriterien angegeben
» Bei kontrollierter Zielungenauigkeit sind Teilzeile mit Abbruchkriterien festgelegt

Quelle: In Anlehnung an Lessel 2002: 28

In einigen Fällen ist es jedoch sinnvoll, das endgültige Projektziel zunächst offen zu lassen. Dies betrifft insbesondere Projekte, die Unternehmensverbünde initiieren möchten und bei denen die potentiellen Teilnehmer anfangs genügend Raum für ihre eigenen Ideen und Beiträge haben sollen (siehe Kap. 5). Stattdessen werden hier Teilziele formuliert und mit Umsetzungskriterien versehen. Sie beschreiben, wann, wie und unter welchen Voraussetzungen das Projekt nach dem Erreichen des Teilziels fortgeführt werden kann. Diese Methode der »kontrollierten Zielungenauigkeit« verbindet ein hohes Maß an Flexibilität mit genauen Kontrollmechanismen und geregeltem Informationsfluss (Lessel 2002: 24).

Die Aufgaben der Wirtschaftsförderung in der Umsetzungsphase hängen davon ab, welche Institution das Projekt durchführt. In Projekten anderer regionalwirtschaftlicher Akteure beschränkt sich ihre Funktion oftmals auf die Begleitung in Steuerungskreisen oder Veranstaltungen sowie auf die Beobachtung der Ergebnisse. In den Projekten, die in der Trägerschaft der Wirtschaftsförderung stehen, stellt sich die Frage, ob sie diese in eigener Regie durchführen kann oder ob sie die Arbeiten nach außen vergeben soll. Diese Aufgaben übernehmen z.B. Projektagenturen, Unternehmensberatungen oder Forschungseinrichtungen.

Generell gilt, dass Projekte dann externer Unterstützung bedürfen, wenn sie die personellen Kapazitäten einer Wirtschaftsförderung überfordern würden. Wenn die Arbeiten zudem einmalig sind und in ähnlicher Form nicht mehr zurückkehren, lohnt es sich oftmals nicht, dafür einen eigenen Mitarbeiter einzuarbeiten. Auch in den Fällen, in denen die Projektaufgaben Qualifikationen, Kenntnisse und Wissen erfordern, die bei der Wirtschaftsförderung nicht vorhanden sind, ist eine Beauftragung spezialisierter

Institutionen ratsam. Schließlich kann eine Vergabe dann sinnvoll sein, wenn das Vorhaben unter den regionalen Akteuren hohe Aufmerksamkeit besitzt, ihre Interessen jedoch stark divergieren und damit ein hohes Risiko des Scheiterns besteht. Hier kann eine externe Ausführungsstelle zusätzliche Glaubwürdigkeit und Neutralität herstellen bzw. für den Misserfolg verantwortlich gemacht werden.

Entscheidungshilfen für ein Make or Buy in der Projektarbeit

» *Umfang* – die Wirtschaftsförderung kann die Projektarbeiten nicht übernehmen, ohne dass die Regelaufgabe leiden
» *Einmaligkeit* – in dieser Form fällt die Aufgabenstellung kein zweites Mal an, so dass es nicht lohnt, dafür eine Stelle zu schaffen
» *Besonderheit* – die Aufgabe hat ein hohes Innovationspotenzial und muss intensiv geplant werden
» *Komplexität* – das Problem ist schwer definierbar, der Weg zur Problemlösung in weiten Teilen unklar
» *Schwierigkeitsgrad* – die Aufgabe erfordert Qualifikationen und Kenntnisse, die innerhalb der Wirtschaftsförderung nicht vorhanden sind
» *Kontakte* – die Aufgabe erfordert Personen- und Branchenkenntnisse, die innerhalb der Wirtschaftsförderung nicht gegeben sind
» *Bedeutung* – die Aufgabe besitzt in der Region hohe Aufmerksamkeit, die Interessen sind divergierend
» *Risiko* – bei einem Fehlschlag des Projektes ergeben sich wesentliche materielle oder immaterielle Schäden

Quelle: Niedereichholz 2001: 187

Die Bedeutung, die das geplante Projekt für die strategische Ausrichtung der Wirtschaftsförderung hat, muss bei der Entscheidung über eine Auftragsvergabe allerdings mit in Betracht gezogen werden. Insbesondere bei Regionalanalysen und in Kooperationsvorhaben erarbeiten sich die Durchführenden im Laufe des Projekts tiefgehende Kenntnisse über Situationen, Interessen und strategische Orientierungen der regionalen Akteure. Dieses Wissen ist teils aus Gründen des Datenschutzes, teils weil es nicht kodifizierbar sind (siehe Teil II, Kap. 3), nicht in den dokumentierten Projektergebnissen enthalten. Falls die Wirtschaftsförderung solche Projekt nach außen vergibt, sollte sie durch klare Vereinbarungen und eine kontinuierliche Rückkopplung mit den Auftragnehmern sicherstellen, dass sie Zugang zu den strategisch wichtigen Informationen über die Handlungsorientierungen regionaler Akteure erhält (Rehfeld/Baumer/Wompel. 2000: 57).

Bei einer Vergabe des Projektes nimmt die Arbeitsbelastung der Wirtschaftsförderung ab, nachdem der Auftrag vergeben ist. Feinplanung und Kontrolle der Tätigkeiten, Zeitplanung, Bugetierung und Personaleinsatz führen in der Regel die Auftragnehmer durch. Die Aufgabe der Wirtschaftsförderung verlagert sich in Richtung auf Begleitung und Kontrolle des Projektfortschritts. Dies wird umso leichter fallen, je strukturierter das Projekt dokumentiert ist und je leichter diese Informationen zugänglich sind. Immer häufiger werden Projektinformationen auf einer eigenen Internetseite zugänglich gemacht.

Bearbeitet die Wirtschaftsförderung das Projekt selbst, entfallen die meisten Aufgaben auf die Phase der Projektdurchführung. Je konkreter das Projektziel ist, desto eher lassen sich die klassischen Mittel des Projektmanagements anwenden, die im folgenden Kapitel gezeigt werden. Dies ist insbesondere da geeignet, wo bekannte Dienstleistungen und Infrastrukturen aufgebaut werden oder wo bereits Erfahrungen aus anderen Kommunen vorliegen. Dagegen ist die Initiierung von regionalen Kooperationen vorab schwierig planbar, da die Zusammenarbeit sich erst allmählich aufgrund der Interessen und Möglichkeiten der Teilnehmer entfaltet. Für Kooperationsprojekte sind besonders flexible und kommunikative Methoden der Projektsteuerung erforderlich (siehe Kap. 5).

3.3.3 Schlussphase

Das Erreichen des Projektziels läutet die Schlussphase des Projekts ein. Die Projektorganisation wird aufgelöst, eine Betreuung für das Produkt oder den entstandenen Kooperationszusammenhang wird eingeleitet. Die im Projekt gemachten Erfahrungen und der Zuwachs an Wissen werden gesichert. Leider schließen in der Praxis viele Projekte mit einem Endspurt, der mit einer großen Anstrengung der Beteiligten verbunden ist. Andere Projekte werden nie offiziell abgeschlossen und versanden im Alltagsgeschäft. Die Beteiligten sind froh, wenn „das alles vorbei ist", andere wiederum wollen „bloß nicht mehr daran rühren" (Grubendorfer/Zülch 2001: 65).

Die sorgfältige Gestaltung der Schlussphase wird oftmals vernachlässigt, obwohl sie ein entscheidender Bestandteil des Wissensmanagements sein kann, indem sie den Beteiligten das erarbeitete implizite Wissen bewusst macht. Projekte führen auf mehreren Ebenen zu einem Wissenszuwachs. Neben den nach außen sichtbaren Produkten, wie z.B. Berichten, Konzepten oder Dokumentationen, bringt die Mitarbeit an einem Projekt aktuelle Kenntnisse über die Kompetenzen von Institutionen und Personen mit sich, Informationen über wirtschaftliche Zusammenhänge, Handlungsmöglichkeiten und Barrieren der Akteure sowie Ansatzpunkte für regionale Kooperation. Diese Kenntnisse sollten genutzt werden, um die strategische Orientierung der Wirtschaftsförderung weiterzuentwickeln (siehe Teil I, Kap. 5).

Im positiven Falle besteht der Projektgewinn auch in gewachsenem Vertrauen zwischen den Beteiligten, das den späteren Austausch von Informationen und Ideen erleichtert. Diese Art Ergebnis lässt sich nicht durch vorgegebene Arbeitsschritte herbeiführen. Sie tritt aber umso wahrscheinlicher auf, je mehr Raum die Projektdurchführung den Interessen der Teilnehmer gibt und je mehr sie in der Lage ist, für gegenseitige Wertschätzung und sozialen Zusammenhalt in der Arbeitsgruppe zu sorgen.

Zu einer abschließenden Projektsitzung sollten alle am Projekt Beteiligten eingeladen werden, auch diejenigen, die in früheren Phasen mitgearbeitet haben und bereits an anderen Stellen eingesetzt sind. Das Treffen dient einer Zusammenfassung der gesammelten Erfahrungen und Bewertungen aller Mitarbeiter. Es setzt einen formalen Schlusspunkt und entlastet die Leitung von der Verantwortung für die Projektdurchführung. (Lessel 2002: 116f.)

Moderation eines Projektabschlusses

» Was war positiv/negativ in der Zusammenarbeit?
» Welche Ziele wurden erreicht/nicht erreicht?
» Welche Schwierigkeiten/unerwarteten Hilfen tauchten auf?
» Was kann für künftige Projekte aus dem Projektverlauf gelernt werden?
» Welche Maßnahmen wurden getroffen, um Fehler zu vermeiden?
» Worüber muss gesprochen werden, wen die in der Projektarbeit gemachten Erfahrungen künftig genutzt werden sollen?
» Welche Themenfelder sollten/können künftig bearbeitet werden?

» Wie werden Außenstehende weiterhin über das Projekt informiert? (Ansprechpartner, wer bekommt den Abschlußbericht, Dokumentation im Internet)
» Wo wird die Projektakte archiviert? Wem wird sie zugänglich gemacht?

In der Schlussphase wird das neu erworbene Wissen den Außenstehenden mit der Projektdokumentation dauerhaft verfügbar gemacht. Projekte geraten schnell in Vergessenheit, wenn keine unmittelbare Nachfolgeaktivität anschließt. Damit die Wirtschaftsförderung auch einige Zeit nach dem Ende der Aktivitäten an das Erreichte anknüpfen kann, sollte die Dokumentation übersichtlich und gut auffindbar sein.

Inhalt und Ablauf des Projektes sollten knapp nach einem vorgegebenen Schema dargestellt werden. Standardisierte Berichtsschemata erleichtern das Auffinden und Aufnehmen von Informationen. So strukturierte Dokumente lassen sich außerdem leicht in Projektdatenbanken ablegen. Die Projektakte sollte um eine kurze Zusammenfassung der Erfolgsfaktoren und der Barrieren im Projekt (Lessons Learned) ergänzt werden. Sie enthält Verweise auf weiterführende Dokumente und dauerhafte Ansprechpartner. Nicht selten ist schon nach wenigen Monaten aufgrund von Fluktuation bei den beteiligten Organisationen kein Projektmitarbeiter mehr auffindbar. Hier können computergestützte Lösungen zum Wissensmanagement hilfreich sein, etwa durch internetbasierte Verzeichnisse von Ansprechpartnern, die es den dort verzeichneten Personen ermöglichen ihre Kontaktdaten in regelmäßigen Abständen zu aktualisieren.

Aufbau einer Projektdokumentation

» Projektauftrag bzw. Projektziel
» Projektorganisation: beteiligte Institutionen und dauerhafte Ansprechpartner
» Projektpläne und Planänderungen
» Statusberichte
» Zwischenergebnisse, wie z.B. Schulungsunterlagen, Konferenzberichte
» Abschlußbericht
» Aktivitäten zur Verbreitung oder Kommerzialisierung der Projektergebnisse
» Lessons Learned

4 Instrumente des Projektmanagements

Das Kapitel zeigt verbreitete und für die Wirtschaftsförderung praktikable Instrumente zur Planung und zur Steuerung der einzelnen Arbeitsschritte auf. Projektstrukturplan, Ablaufplanung und Meilensteinplan werden anhand eines kleinen Teilprojektes dargestellt.

Wie Projekte der Wirtschaftsförderung gesteuert werden können ist abhängig vom gewünschten Ergebnis. Ist das Projektziel eindeutig, widerspruchsfrei und messbar definiert, eignen sich die Vorgehensweisen des klassischen Projektmanagements. Dabei wird das Projekt in Phasen unterteilt, Meilensteine und Zwischenergebnisse definiert und die dazu notwendigen Einzelaufgaben in Arbeitspaketen beschrieben.

Die Reihenfolge, in der die Arbeitspakete zu erbringen sind, wird in einer Ablaufplanung festgelegt. Die benötigten Ressourcen für die einzelnen Arbeitspakete, d.h. Sach- und Personalkosten werden auf der Basis von Erfahrungswerten geschätzt und auf die betreffenden Mitarbeiter in der Wirtschaftsförderung oder bei externen Stellen aufgeteilt.

Besonders wichtig ist es, dass nur die tatsächlich verfügbaren Kapazitäten an Arbeitszeit und Sachmitteln eingeplant und ausreichend Pufferzeiten vorgesehen sind. Anhand der verfügbaren Kapazitäten und der Reihenfolge der Arbeitspakete lässt sich schließlich die Zeitplanung im Projekt konkretisieren. Das Projektmanagement während der Durchführungsphase besteht in der Koordination und der Kontrolle der einzelnen Arbeitsschritte.

Vorgehensweise des Projektmanagements

» Festlegung und Kommunikation verbindlicher Ziele
» Aufteilung der Aufgaben in überschaubare Arbeitspakete
» Darstellung des Ablaufs in einem Projektstrukturplan
» Festlegung von Meilensteinen als zentralen Ergebnispunkten
» Kalkulation von Ressourcen auf Grundlage der Arbeitspakete
» Unterscheidung von Aufwand und Dauer eines Arbeitspaketes
» Zeitplanung auf Grundlage der Arbeitspakete

4.1 Arbeitspakete und Projektstrukturplan

Die grundlegenden Instrumente für die Grob- und Feinplanung der Projektarbeit sind Arbeitspakete und Projektstrukturplan. Ein Arbeitspaket beschreibt eine spezifische Aufgabe mit definiertem Anfang und Ende sowie einem Ergebnis, das als messbares Teilziel formuliert ist. Ausgehend von diesem Teilziel werden die benötigten Ressourcen an Arbeitszeit und Sachkosten für das jeweilige Arbeitspaket kalkuliert. Die Arbeitspakete müssen untereinander klar abgegrenzt sein und geschlossen an einen Verantwortlichen delegiert werden können. Die verantwortliche Person oder Organisation ist verbindlich zuständig für das Erreichen des Teilzieles und die Einhaltung der zugeordneten Ressourcen.

Ein Arbeitspaket benennt

» Verantwortliche Person oder Organisation
» Ziel und messbare Ergebnisse
» Voraussetzungen für den Start des Arbeitspaketes
» Notwendige Sach- und Personalressourcen
» Mitarbeitende Personen
» Bearbeitungsdauer
» Start- und Endpunkte der Bearbeitung

Die Arbeitspakete werden in einem Projektstrukturplan zusammengestellt. Dies ist eine graphische Übersicht der anstehenden Aufgaben. Der Projektstrukturplan kann anhand von Objekten oder Prozessen gegliedert werden. Die objektorientierte Gliederung eignet sich bei Projekten, die auf ein physisches Produkt abzielen. Sie teilt die Arbeit anhand der Zwischenprodukte auf, die auf dem Weg zum Gesamtergebnis fertiggestellt sein müssen. In der prozessorientierten Gliederung hingegen wird das Projekt nach den Arbeitsschritten strukturiert, die zum Erreichen der Teilziele notwendig sind. Sie bietet sich bei Dienstleistungen an, wie z.B. der Organisation einer Veranstaltung oder der Vorbereitung und Herbeiführung einer Entscheidung.

Häufig finden sich gemischte Projektgliederungen, die sowohl Produkte als auch Prozesse in Form von Arbeitspaketen beschreiben. In der folgenden Abbildung sind z.B.

die Arbeitspakete dargestellt, die für die Messepräsentation einer regionalen Arbeitsgruppe der Wirtschaftsförderung erforderlich sind. Einerseits müssen sich ihre Mitglieder über das Konzept und die Gestaltung des Standes einig werden: hier handelt es sich um einen Prozess. Andererseits sind ein Messestand und Ausstellungsmaterial erforderlich, dabei handelt es sich um Produkte.

Abb. IV.3: Beispiel für einen Projektstrukturplan Messepräsentation

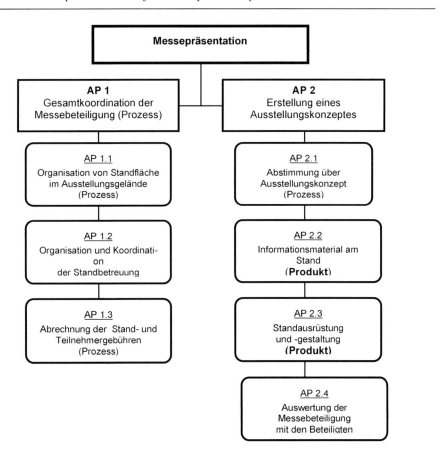

Quelle: Eigene Darstellung © GEMI-Beer GbR

4.2 Ablaufplanung

Der Projektstrukturplan schafft eine schnelle Übersicht über die Projektaufgaben und ihre organisatorischen und zeitlichen Abhängigkeiten untereinander. Mit seiner Hilfe fällt es einerseits leichter, Lücken und Risiken in der Projektplanung zu identifizieren. Andererseits bildet er eine praktikable Grundlage dafür, die einzelnen Arbeitspakete in eine zeitliche Reihenfolge zu bringen. Diese Ablaufplanung wird häufig in Form eines Balkendiagramms, einem sogenannten Gantt-Chart visualisiert.

Das Gantt-Chart besteht aus einer Aufgaben-Informationsspalte auf der linken Seite und der Balkenspalte auf der rechten Seite. Die Länge des Balkens symbolisiert die Dauer und zeitliche Lage des Aufgabenpaketes im Projekt. Die Dauer eines Arbeitspaketes richtet sich nach dem veranschlagten Arbeitsaufwand und der tatsächlich verfügbaren Kapazität. Ausreichende Zeitreserven sind vorzusehen. So ist im Beispiel für die Organisation von Standfläche (Arbeitspaket 1.1.) ein Arbeitsaufwand von zwei Tagen erforderlich. Da der Koordinator dazu jedoch zahlreiche Abstimmungen mit den beteiligten Firmen vornehmen muss, wird die Dauer des Arbeitspaketes mit zehn Tagen eingeplant. Im Gantt-Chart können weitere Informationen eingetragen werden, wie z.B. die Abhängigkeit eines Arbeitspaketes vom Abschluss vorhergehender Arbeiten, die Verknüpfung einzelner Vorgänge untereinander, den Erledigungsstand eines Arbeitspaketes oder die Meilensteine eines Projekts.

PROJEKTMANAGEMENT IN DER WIRTSCHAFTSFÖRDERUNG

Abb. IV.4: Beispiel für einen Projektablaufplan Messepräsentation

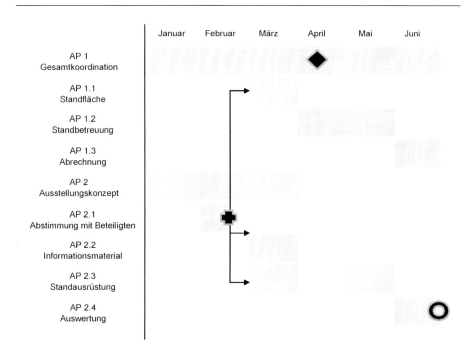

Die Pfeile zeigen an, dass die Arbeitspakete 1.1, 2.2. und 2.3. erst begonnen werden können, wenn Arbeitspaket 2.1. abgeschlossen ist

Meilenstein 1: Das Ausstellungskonzept ist fertiggestellt

Meilenstein 2: Die Standbetreuung ist organisiert

Meilenstein 3: Die Messepräsentation ist ausgewertet.
Neue Aktivitäten sind geplant.

Quelle: Eigene Darstellung © GEMI-Beer GbR

4.3 Meilensteine

Als Meilensteine werden solche Punkte bezeichnet, an denen ein vorab definiertes termingebundenes Sachereignis stattfindet. Meilensteine können auch als Zäsuren gestaltet sein, an denen Entscheidungen über das weitere Vorgehen im Projekt getroffen werden, wie z.b. eine Änderung oder eine Fortsetzung der ursprünglichen Projektplanung. In der Regel werden wichtige Teilziele des Projektes als Meilensteine gewählt. Im obigen Beispiel kann das fertige und mit allen Beteiligten abgestimmte Ausstellungskonzept als Meilenstein definiert werden, das mit dem Abschluss von Arbeitspaket 2.1. vorliegt. Erst auf seiner Grundlage ist die weitere Arbeit an Informationsmaterial (Arbeitspaket 2.2.) und Messestand (Arbeitspaket 2.3.) möglich. Ein weiterer Meilenstein soll erreicht sein, wenn die Standbetreuung vollständig organisiert und koordiniert ist. Als dritter Meilenstein wird definiert, dass alle Beteiligten ihre Messepräsentation ausgewertet und die Erfahrungen ausgetauscht haben. Auf dieser Grundlage soll die Arbeitsgruppe neue Aktivitäten planen.

Da Meilensteine die Grundzüge eines Vorhabens abbilden, liegen sie oftmals der groben Zeitplanung des Projektes zugrunde. Sie bieten ein gutes Kommunikationswerkzeug für den Umgang mit Außenstehenden und bilden die Grundlage für eine Projektkontrolle. Der Projektfortschritt kann mit Hilfe der Meilenstein-Trenddarstellung leicht nachvollziehbar und ohne hohen Aufwand gemessen werden.

Die Meilenstein-Trenddarstellung stellt eine einfache Möglichkeit zur Überwachung von Projekten dar. Sie setzt voraus, dass Meilensteine definiert sind und ein Termin für ihr Erreichen festgelegt ist. Zu regelmäßigen Berichtszeitpunkten bittet die Projektleitung die Verantwortlichen für die Meilensteine um eine Prognose zum Zeitpunkt der voraussichtlichen Fertigstellung.

Die Terminschätzungen werden fortlaufend in einer Grafik eingetragen. Die durchgezogene Linie zeigt den Zeitpunkt der geplanten Fertigstellung an. Aus den Terminschätzungen bildet sich so für jeden Meilenstein eine Kurve, die mit einem Blick den Bearbeitungsstand im Projekt erkennen lässt. Zeigt die Kurve nach oben bedeutet dies Terminverzug. Ein horizontaler Verlauf heißt, dass die Arbeiten nach Plan verlaufen. Zeigt die Kurve nach unten ist der Meilenstein früher erstellt als geplant.

Die Meilenstein-Trenddarstellung ist einfach herzustellen und eignet sich gut für Präsentationen des Projektstatus oder als Berichtsmedium. Die klare Darstellung warnt frühzeitig und ermöglicht so Korrekturen. Schließlich werden die Verantwortlichen periodisch mit der gesamten Projektplanung konfrontiert. Dies fördert das gesamtheitliche Denken (Move Your Mind 1999).

Abb. IV.5: Meilenstein-Trend-Darstellung

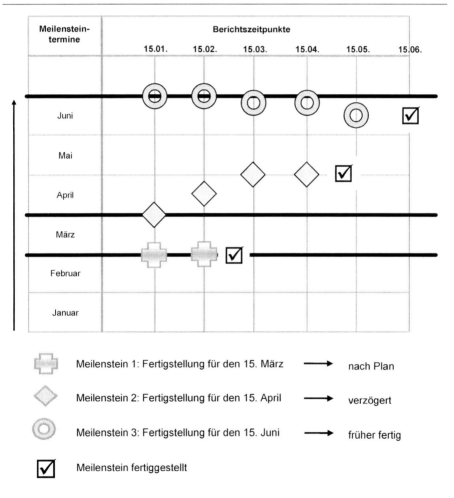

Quelle: Lessel 2002: 106

5 Besonderheiten von Kooperationsprojekten

Das Kapitel zeigt die Besonderheiten, die bei der Initiierung und der Moderation von Kooperationsprojekten zu beachten sind, beginnend bei der Gewinnung von Teilnehmern und Promotoren bis hin zur nachhaltigen Nutzung der Projektergebnisse.

Eine strategische Ausrichtung der Wirtschaftsförderung kann nur in Zusammenarbeit mit anderen Akteuren, insbesondere in einer kontinuierlichen Rückkopplung mit den regionalen Unternehmen, erbracht werden. Diesem Gedanken tragen Kooperationsprojekte in besonderer Weise Rechnung. Sie werden mit dem Ziel durchgeführt, dass die beteiligten Firmen durch Information, Zusammenarbeit und gemeinsames Lernen wettbewerbsfähiger und innovativer werden. Davon werden positive Effekte auf die Wirtschaftstätigkeit der Region insgesamt erwartet, wie z.B. verbessertes Image und neue Zuliefer- oder Dienstleistungsaufträge auch für andere Branchen (siehe Teil I, Kap. 3). Je nach dem gewählten Thema weisen Kooperationsprojekte unterschiedliche Verbindlichkeiten in der Zusammenarbeit auf. Einige beschränken sich auf den Aufbau von geschäftlichen Kontakten, andere führen Öffentlichkeitsarbeit durch, dritte versuchen gemeinsam neue Produkte oder Dienstleistungen zu entwickeln.

Foren, die regionalwirtschaftliche Akteure zu Erfahrungsaustausch und gemeinsamen Handlungen zusammenzubringen, werden häufig als Unternehmens-, Innovations- oder Lernnetzwerke bezeichnet (z.B. Tönissen/Kämper 2004: 3; Howaldt/Kohlgrüber/Kopp/Mola/Schulze/Sträter/Wicke 2000: 7f). In der regionalwirtschaftlichen Literatur wird der Begriff des Netzwerkes für sehr unterschiedliche Gruppen und Organisationsformen verwendet (siehe Teil I, Kap. 3). Für die folgenden Ausführungen zum Projektmanagement ist es daher notwendig, eine Definition festzulegen. Unter einem Netzwerk wird hier eine abgegrenzte Menge von Akteuren und die Beziehungen zwischen ihnen verstanden. Akteure sind sowohl Organisationen als auch die Personen, die diese Organisationen vertreten. Die Akteure sind lose miteinander bekannt, sie beeinflussen und unterstützen einander, zwischen ihnen fließen Informationen. Sie können fallweise Allianzen bilden und koordinierte Aktivitäten durchführen. (Schubert 2002: 5). Kooperationsprojekte sind dagegen zeitlich befristete gemeinsame Aktivitäten verschiedener regionalwirtschaftlicher Akteure. Sie knüpfen an vorhandenen Netzwerken an, indem sie u.a. deren Teilnehmer, Ideen und Diskussionen einbeziehen. Umgekehrt können Netzwerke durch die Zusammenarbeit in Kooperationsprojekten gefestigt und erweitert werden.

PROJEKTMANAGEMENT IN DER WIRTSCHAFTSFÖRDERUNG

Die Phasen in Kooperationsprojekten unterscheiden sich von denjenigen der bisher vorgestellten Projekte, da viele von ihnen eine dauerhafte Zusammenarbeit der Teilnehmer anstreben und strenggenommen die zeitliche Befristung entfällt. Wie das folgende Schaubild zeigt, liegen die Besonderheiten vor allem zu Beginn der Kooperation und in den Überleitungsphasen. In der Initiierungsphase ist zunächst ein Arbeitszusammenhang aufzubauen, indem Themen eingegrenzt, Teilnehmer gewonnen und Teilziele abgestimmt werden. Diese Schritte hängen wechselseitig voneinander ab: So bestimmt das gewählte Thema, welche Partner für die Kooperation angesprochen werden können. Eine enge Definition des Themas ist attraktiv für wenige Firmen, schließt aber eventuell interessante Unternehmen aus. Eine weite Definition hingegen zieht keine Interessenten an, weil der Nutzen für die Beteiligten nicht mehr deutlich wird.

Abb. IV.6: Phasenmodell der Projektarbeit

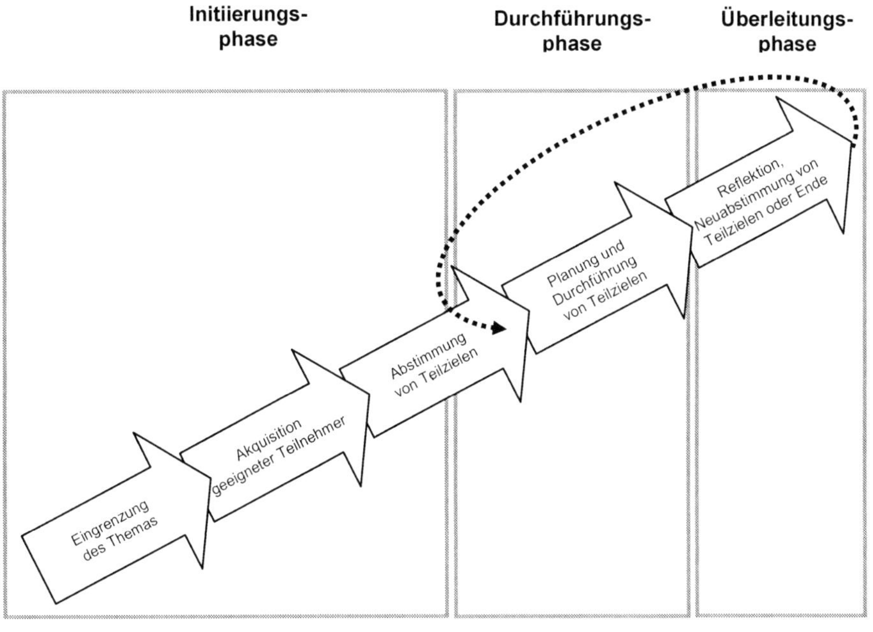

Quelle: Eigene Darstellung © GEMI-Beer GbR

Ist der Arbeitszusammenhang aufgebaut, folgt eine Phase, in der gemeinsame Aktivitäten geplant und durchgeführt werden, die durchaus den Umfang kleinerer Projekte annehmen und mit den oben gezeigten Methoden des Projektmanagements bearbeitet werden können. Am Ende der Umsetzungsphase steht mit dem Erreichen des Teilziels eine Reflektion der Ergebnisse und ggf. eine neue Planung weiterer Schritte an, so dass ein weiterer Zyklus mit anderen Teilzielen beginnen kann. Das Idealbild eines solchen Kooperationszusammenhangs bewegt sich durch die Stadien eines Organisationslernens, bei denen (1) eine Organisation Handlungen ausführt, (2) das Umfeld auf diese Handlungen reagiert, (3) die Reaktion des Umfelds interpretiert und daraus neue Informationen gewonnen werden, die (4) als Grundlage für neue Handlungen in der nächsten Entwicklungsrunde dienen (Geissler 1995: 43).

Studien und Regionalanalysen zeigen oftmals geeignete Themen für Unternehmenskooperationen auf oder verweisen auf Felder der Zusammenarbeit, die für die regionalen Betriebe einen hohen Anreiz zur Beteiligung bieten. So nahm z.B. die BioRegio Strategie der Stadt Freiburg ihren Ausgangspunkt mit einer Standortanalyse, die die Wirtschaftsförderung zu Beginn der 90er Jahre initiierte (Siegenführ 2003: 112). Oder im nordrhein-westfälischen REKON-Projekt starteten eine Reihe von Unternehmenskooperationen auf Basis von regional bezogenen Branchenberichten, in denen Ansatzpunkte der Kooperation vorgeschlagen worden waren (Kremer/Harmes-Liedke/Korflür 2000: 26-48). Die regionale Zusammenarbeit sollte zur Bearbeitung dieser Themen attraktive Lösungen anbieten und sich nicht in Konkurrenz zu anderen Foren befinden, in denen die Unternehmen agieren, wie z.B. überregionale Verbände oder Konzernstrukturen.

Bei der Akquisition von Teilnehmern für ein Kooperationsprojekt vermitteln die angesprochenen Unternehmen der Wirtschaftsförderung häufig neue Sichtweisen, die u.U. eine Änderung der Themenstellung erforderlich machen. In der Regel kommen Unternehmen am Anfang einer Kooperation mit sehr unterschiedlichen Interessen und Erwartungen. Das Ziel eines Kooperationsprojektes entwickelt sich erst im Laufe der Zusammenarbeit (Baumer/Rehfeld 1997: 114). Es ist jedoch wichtig, dass in überschaubarer Zeit sichtbare Erfolge bei Teilprozessen entstehen, in Form gemeinsamer Entscheidungen, öffentlicher Auftritte oder Projektinitiativen. Diese Modellerfolge besitzen einen hohen Wert zur Bildung dauerhafter Kooperationsbeziehungen zwischen den Unternehmen (Baitsch/Müller 2001: 219). Die Schwierigkeit bei dieser Art der Moderation besteht darin Projektideen zu entwickeln, die sowohl dem Bedarf der teilnehmenden Unternehmen entsprechen, als auch in Beziehung zur Gesamtstrategie der Wirtschaftsförderung stehen.

5.1 Anforderungen an die Projektleitung

An die Moderation von Kooperationsprojekten werden hohe Anforderungen gestellt. Sie sollten im betreffenden Wirtschaftsbereich fachlich qualifiziert sein, damit sie Kooperationsthemen identifizieren kann und von den beteiligten Unternehmen ernst genommen wird. Fach- und Führungskräfte aus der Wirtschaft hegen einerseits die Erwartung, dass das Forum ihre eingangs teilweise verschiedenen und unspezifischen Wünsche nach Informationsvermittlung und Erfahrungsaustausch berücksichtigt, andererseits sind sie an nachvollziehbaren Resultaten interessiert, die sie in ihren Betrieben vermitteln können. Hinzu kommt, dass die betrieblichen Teilnehmer solcher Projekte anfangs eine gewisse Vorsicht walten lassen, die aus Machtasymmetrie zwischen großen und kleinen Akteuren oder Misstrauen gegenüber potentiellen Wettbewerbern begründet ist.

Die Projektleitung muss daher flexibel und ergebnisoffen vorgehen und allmählich den geeigneten Rahmen der Zusammenarbeit bestimmen. Von ihr werden inhaltliche Vorschläge, eine themenbezogene Diskussion und eine Vorprüfung von Projektideen erwartet. Sie sollte dabei eine nachfrageorientierte Haltung einnehmen und nur diejenigen Felder der Zusammenarbeit vorschlagen, für die ein Bedarf besteht. In diesen Themenbereichen ist es dann erforderlich, die Moderation ergebnisorientiert durchzuführen, um den Erwartungen der beteiligten Unternehmen an ein effizientes Verfahren zu entsprechen.

Anforderungen an die Moderation eines Kooperationsprojektes

» Gute fachliche Kenntnisse
» Fähigkeit zur Identifizierung und Bündelung von Ideen
» Fähigkeit zum Leiten von Gruppen
» Kommunikationsfähigkeit
» Integratives Vorgehen
» Zuverlässigkeit
» Fähigkeit zum Projektmanagement

Dazu sind eine »Antenne« für Gruppenprozesse erforderlich sowie methodische Kenntnisse in der Steuerung von Diskussionen, wie z.B. Unterstützung bei der Zielbildung, Impulse für das Einbinden weiterer Personen oder fachliche Beratung. Die Moderation von Kooperationsprojekten ist vergleichbar mit einer Prozessbegleitung, die die Entwicklung der Arbeitsgruppe betreibt, Motivation und Veränderungsbereitschaft fördert, Beteiligung und Kooperation ermöglicht, vermittelt und in Konfliktsituationen klären kann. Reflexive Elemente wie Supervision, Nutzwertanalyse oder Projekttagebuch können hier angebracht sein (Mola/Wicke 2000: 51; Baumer/Rehfeld 1997: 115).

Es ist nicht zwingend erforderlich, dass Kooperationsprojekte extern moderiert werden. Die Mitarbeiter der Wirtschaftsförderung verfügen oftmals über die notwendige Themenkenntnis und das Handwerkszeug der Moderation. Gegenüber den Unternehmen ist die Wirtschaftsförderung eine neutrale Instanz. Eine neutrale Position kann insbesondere dann zum Erfolg einer Kooperation beitragen, wenn konfliktreiche Themen auf der Tagesordnung stehen oder wenn die Teilnehmer des Projekts aus sehr unterschiedlichen Bereichen kommen (Baitsch/Müller 2001: 217).

5.2 Gewinnung von Teilnehmern

Vor Beginn der Teilnehmerakquisition ist zu entscheiden, wie sich die Gruppe zusammensetzen soll. Gremien mit dem Anspruch, »alle an einem Tisch« zu versammeln sind selten attraktiv und arbeitsfähig, da sie sich regelmäßig auf den kleinsten gemeinsamen Nenner einigen und wenig innovativ sind. Ein Engagement der Wirtschaft ist eher bei geschlossenen Prozessen zu erwarten. Unternehmen sind selten bereit, mit unmittelbaren Wettbewerbern zu kooperieren, sondern interessieren sich für komplementäre Partner, die ihr Produktangebot ergänzen. Die Beteiligung institutioneller Akteure kann sinnvoll sein, allerdings sind Unternehmensverbände kein Ersatz für Unternehmen. Ein zahlenmäßiges Übergewicht von Verbandsvertretern ist eher ein Hinweis darauf, dass das Projekt wenig Einfluss auf die Unternehmen in der Region hat. Das Thema wurde möglicherweise falsch gewählt und erreicht die Interessen der Firmen nicht (Baitsch/Müller 2001: 215).

Teilnahme an einer Kooperation ist für Unternehmen dann attraktiv, wenn

» Konkrete Probleme gelöst werden
» Ansprechpartner im Verbund sind, die bei der Lösung spezifischer Probleme helfen können
» Akquisitionen möglich sind
» Informationen über wichtige Markttrends gegeben werden
» Erfahrungsaustausch über relevante Trendthemen möglich ist
» Keine Foren zu ähnlichen Themen vorhanden sind

Auch die Größe von Gruppen entscheidet über ihre Arbeitsfähigkeit. Eine sinnvolle Teilnehmerzahl liegt zwischen fünf und zwölf Personen. Die Zusammenarbeit größerer Gruppen ist deutlich schwieriger zu koordinieren, zudem teilen sich große Gremien häufig in Untergruppen auf.

Es ist zu berücksichtigen, dass Kooperationsprojekte keine hierarchiefreien Räume sind. Einzelne öffentliche oder privatwirtschaftliche Organisationen besitzen mehr Handlungsmacht als andere Gruppenmitglieder und können Diskussionen oder Entscheidungen des Kooperationsprojektes in ihrem Sinne beeinflussen. Es besteht das Risiko, dass einzelne Teilnehmer einseitig die Themen bestimmen und damit eventuell wichtige Aspekte oder innovative Ideen ausgeschlossen werden. Vor der Teilnehmerakquisition sollte die Moderation daher die institutionellen Kontextfaktoren und ihre konkreten Anreize auf die Unternehmen und Organisationen der Region sorgfältig analysieren (Baitsch/Müller 2001: 213).

Analyse der Kontextfaktoren für Kooperationsprojekte

» Welche Auswirkungen soll das Projekt für die regionale Wirtschaft haben?
» Welche Unternehmen und Institutionen sollten beteiligt werden, damit die gewünschten Effekte eintreten können?
» Wie viele Mitglieder sind für den beabsichtigten Prozess notwendig?
» Welche Interessen haben die potentiellen Teilnehmer am Projektthema?
» Welche Handlungsmöglichkeiten und Handlungszwänge haben die Teilnehmer?

- » Welche Interessenkonflikte zwischen den potentiellen Teilnehmern können die Zusammenarbeit beeinträchtigen?
- » Welche Handlungsmöglichkeiten und Ressourcen der Teilnehmer können die Zusammenarbeit befördern?
- » Welche Foren der Zusammenarbeit bestehen bereits?
- » Was lässt sich aus früheren Projekten über die Kooperationsfähigkeit der potentiellen Teilnehmer sagen?
- » Passen die Partner nach ihrer Organisationskultur zusammen?

5.3 Türöffner und Promotoren

Eine Analyse der Kontextfaktoren ist hilfreich, um Befürworter des Kooperationsprojekts zu identifizieren, sofern sich diese nicht bereits in der Initiierungsphase zu erkennen gegeben haben. Als »Türöffner« haben diese Personen idealerweise Zugang zu vielen Akteuren des Themenbereichs und können die Chancen und Notwendigkeiten gemeinsamen Handelns überzeugend kommunizieren. Sie sollten in der Lage sein, weitere Personen oder Organisationen zur Beteiligung zu motivieren und Verbindlichkeit einzufordern.

Neben den Befürwortern eines Projektes sind Promotoren wichtig für das Gelingen der Kooperation. Über die Vermittlung von Kontakten hinaus engagieren sie sich auch in der Durchführungsphase für die Aktivität. Sie fangen Widerstände Außenstehender auf und treiben die Zusammenarbeit im Projekt mit Ideen und Konzepten aktiv voran (Rehfeld/Baumer/Wompel.2000: 43).

Eigenschaften eines Promotors für ein Themenfeld

- » Gute fachliche Kenntnisse
- » Kenntnisse der Akteursstrukturen (Who is Who?)
- » Zugang zu wichtigen Akteuren
- » Transparente Interessen am Themenbereich
- » Gute Kommunikationsfähigkeit
- » Eigene Vorstellungen von der Entwicklung des Themenbereichs

Nicht selten übernehmen Promotoren die Koordination und Moderation des Kooperationsprojektes. In diesen Fällen tendieren die Arbeitsgruppen dazu, sich um die Person des Promotors herum zu zentrieren. Darin liegt das Risiko, dass die Zusammenarbeit nach dem Weggang des Promotors zum Erliegen kommt. Die Projektleitung sollte daher darauf achten, dass möglichst viele der Beteiligten eigene aktive Erfahrungen im Projekt machen können (Rehfeld/Baumer/Wompel 2000: 45).

5.4 Nachhaltigkeit von Kooperationsprojekten

Die Initiierung von Unternehmenskooperationen erfordert eine Vielzahl persönlicher Gespräche mit Unternehmen, Promotoren und regionalen Akteuren, die einen Mitarbeiter der Wirtschaftsförderung schnell vollständig auslasten können. Auch für die Koordination der Zusammenarbeit ist ein fester Arbeitsanteil zu veranschlagen, der im Falle projektförmiger Aktivitäten der Gruppe phasenweise größeren Umfang einnimmt.

Daher sind frühzeitig Überlegungen notwendig, wie lange die Wirtschaftsförderung ein solches Projekt betreuen soll, bzw. wer die in einem Kooperationsprojekt begonnenen Initiativen fortführt und z.B. Arbeitskreise moderiert oder sonstige Nachfolgeaktivitäten betreut (Rehfeld/Baumer/Wompel 2000: 56). Dies ist davon abhängig, welche Kunden- oder Nutzergruppen ein dauerhaftes Interesse an der Zusammenarbeit haben. Ohne Organisationsressourcen, Personal und Sachmittel ist es unrealistisch anzunehmen, dass eine feste Unternehmenskooperation fortgeführt werden kann. Selbsttragende Prozesse sind auch dann nicht zu erwarten, wenn die Akteure über mehrere Jahre hinweg zusammenarbeiteten. So existierte in der Dortmunder Metallindustrie zwischen 1993 und 2000 ein Kooperationszusammenhang, der von einem Forschungsinstitut koordiniert wurde. Der Koordinator gewann mit seinem Engagement betriebliche Partner für Forschungs- und Entwicklungsprojekte und konnte auf den Bedarf der Unternehmen zugeschnittene Beratungsangebote erarbeiten. Die Wirtschaftsförderung war über einen regionalen Begleitkreis in den Verbund einbezogen. Der Aufbau der Kooperation dauerte etwa 18 Monate mit einer Vollzeitkraft, für die spätere Koordination wurden etwa 25% einer Vollzeitstelle benötigt. Die Mitglieder der Gruppe führten eine Reihe von Aktivitäten in der Organisations- und Personalentwicklung durch, die z.T. im Rahmen von Verbundbildungsprojekten (KIM, REKO) gefördert wurden. Nach dem Auslaufen des Schwerpunktes beim Koordinator löste sich die Unternehmenskooperation auf, da kein regionaler Akteur die Koordination übernahm (Howaldt/Kohlgrüber/Kopp/Mola/Schulze/Sträter/Wicke 2000: 99f).

Vielfach werden die Aktivitäten eines Kooperationszusammenhanges im Rahmen von Anschlussprojekten mit neuer Themenstellung fortgeführt, womit auch Änderungen bei der Koordination und beim Teilnehmerkreis verbunden sein können. Neue Koordinatoren von Unternehmensverbünden setzen eigene Schwerpunkte und haben eigene Vorstellungen davon, mit wem sie zusammenarbeiten möchten. In solchen Fällen bleibt es Aufgabe der Wirtschaftsförderung, den Kontakt zu dem Nachfolgeverbund zu halten und sich über die Themenstellung, die Teilnehmer und die Aktivitäten der Unternehmenskooperation zu informieren. Gerade hier erweist sich der Nutzen eines durchdachten Wissensmanagements: es sollte den Zugang offen halten zu den im Verbund gebildeten Wissensbeständen und Kompetenzen als auch die Impulse, die aus der Nachfolgeaktivität hervorgehen, für die Wirtschaftsförderung verfügbar machen.

In anderen Fällen suchen Kooperationsprojekte nach dem Auslaufen von Förderprogrammen eine Anbindung an etablierte Strukturen, wie z.B. Wirtschaftskammern, Entwicklungsagenturen oder Wirtschaftsförderungsgesellschaften. Wenn formelle Organisationen die Koordination des Verbundes übernehmen, ist die kontinuierliche Arbeit gesichert und der Umgang mit Behörden und Geschäftspartnern wird einfacher. Auch rechtliche Vereinbarungen – sofern sie notwendig sind - lassen sich leichter treffen. Die organisatorische Festigung geht allerdings mit dem Risiko einher, dass der Kooperationszusammenhang in Routinetätigkeiten übergeht und sich neuen Ideen oder Teilnehmern gegenüber verschließt (Baitsch/Müller 2001: 214).

Schließlich ist es nicht selten, dass Kooperationszusammenhänge nach Beendigung der Förderung auseinandergehen, bzw. sich auf einen Kreis von Akteuren verringern, die im Tagesgeschäft miteinander zu tun haben. Das Sozialkapital an Vertrauen und gewachsenen Beziehungen im Netzwerk besteht jedoch fort und kann die Geschäftskontakte bei den beteiligten Partnern wie auch die normalen Fachaufgaben der Wirtschaftsförderung unterstützen. Die Wirtschaftsförderung kann die mit dem Projekt stattgefundene Vernetzung dadurch verstärken, dass sie den Kontakt zu den Teilnehmern in ihrer regulären Öffentlichkeitsarbeit durch Newsletter, Unternehmerforen etc. weiterhin pflegt.

Einen großen Einfluss auf die Nachhaltigkeit von Kooperationsprojekten hat die Wirtschaftsförderung selbst, indem sie deren Ergebnisse in ihre eigene Arbeit einfließen lässt. Ebenso, wie sie zu Beginn der Projekte Vorstellungen davon entwickeln muss, welchen Beitrag diese innerhalb ihrer strategischen Ausrichtung leisten, sollte sie zum Ende der Aktivitäten überprüfen, wie die Resultate zur Weiterentwicklung der Strategie genutzt werden können.

In diesem Zusammenhang wird oft die Frage nach den Wirkungen eines Kooperationsprojektes auf die regionale Wirtschaftsentwicklung gestellt. Diese lassen sich mit aggregierten Indikatoren, wie z.B. die Beschäftigtenzahl, die Umsatzentwicklung oder die Neugründungen einer Branche, nicht messen. Die Entwicklungen innerhalb eines Clusters oder Kompetenzfeldes unterliegen vielfältigen Einflüssen, unter denen die neu entstandenen Arbeitsbeziehungen durch ein Verbundprojekt bestenfalls eine marginale Rolle einnehmen. Hingegen lassen sich die Veränderungen, die das Projekt bei den beteiligten Firmen angestoßen hat, relativ gut identifizieren. Hier ist man auf die Einschätzung der Projektbeteiligten angewiesen, die selbst am besten schildern können, welche Wirkungen eingetreten sind. Verbundprojekte sollten auch aus diesem Grunde bei jedem Teilschritt reflektieren, welche Ziele sie mit ihrer jeweiligen Aktivität erreichen möchten und woran sie diese Teilziele messen möchten. Mit der Zusammenstellung dieser Beurteilungsschritte in regelmäßigen Abständen ist es leichter, die Wirkungen der Kooperation im Gesamten zu bewerten.

6 Zusammenfassung

Projektförmiges Arbeiten nimmt zu in der Wirtschaft, bei öffentlichen Organisationen und auch bei der Wirtschaftsförderung. Eine strategisch ausgerichtete Wirtschaftsförderung profitiert von Projekten, weil sie geeignet sind, Entwicklungsziele zu kommunizieren und regionale Unternehmen zur Mitarbeit zu motivieren. Regionale Kooperationszusammenhänge werden durch Projekte initiiert oder gefestigt, die Kontakte zu relevanten Akteuren intensiviert.

Die Wirtschaftsförderung kann ihre Arbeit intern projektförmig organisieren, sie initiiert und leitet andererseits Projekte mit externen Akteuren, schließlich ist sie mit unterschiedlicher Intensität auch an Projekten anderer Institutionen beteiligt. Dies hat Konsequenzen für die interne Arbeitsteilung und Organisation, da Projekte Sach- und Personalressourcen in erheblichem Maße beanspruchen können. Matrixförmige Organisationen, bei denen die Mitarbeiter gleichzeitig in den regulären Arbeitsfeldern und in thematisch dazu passenden Projekten tätig sind, sind für die meisten Wirtschaftsförderungseinrichtungen mit knapper Personaldecke ein praktikabler Weg. Dies muss, um Überforderung zu vermeiden, mit einem professionellen Projektmanagement verbunden werden. Die Art der Projektsteuerung hängt stark von dem angestrebten Ziel ab. Während Projekte mit eindeutig definierten Zielen mit den klassischen Methoden des Projektmanagements koordiniert werden können, ist eine sukzessive und ergebnisoffene Prozessbegleitung erforderlich, wenn die Ziele nicht vorschnell festgelegt werden sollen. Dies ist insbesondere bei der Initiierung von Kooperationsprojekten der Fall.

Der wesentliche Vorzug von Projektarbeit ist es, langfristige Strategien in übersichtlichen Teilschritten umzusetzen. Die gewünschten Entwicklungen können mit strategischen Projekten vorangebracht werden. Die einzelnen Projektergebnisse sollen einen Beitrag zur Strategie der Wirtschaftsförderung leisten und ihre Ergebnisse müssen zurückgekoppelt und genutzt werden, um diese Strategie weiter zu entwickeln. Instrumente des Wissensmanagements und informationstechnische Unterstützung sind dabei hilfreich, wenn nicht gar notwendig für den Erfolg.

Literatur

Baitsch, C./Müller, B., 2001: Moderation in regionalen Netzwerken, München/Mering.

Baumer, D./Rehfeld, D., 1997: Projekt Chemische Industrie im Bergischen Land: Abschlußbericht im Auftrag des Regionalbüro Bergisches Städtedreieck. Projektbericht des Instituts Arbeit und Technik 1997-01, Gelsenkirchen.

Baumer, D./Rehfeld, D., 1997: Regionale Zusammenarbeit als Lernprozess, Jahrbuch des Instituts Arbeit und Technik 1996/1997, S. 112-119, Gelsenkirchen.

Edmüller, A./Wilhelm, T., 1999: Moderation, STS-Verlag Planegg.

Geissler, H., 1995: Grundlagen des Organisationslernens, Weinheim.

Gericke, M., 2002: Nachhaltige Einbindung von Partnern aus der Wirtchaft in die Projektarbeit der Lernenden Regionen. Vortrag in Zwickau am 25.09.2002 beim Netzwerk der Lernenden Regionen, http://www.lernende-regionen.info/Querschnittsthemen.

Grubendorfer, Ch./Zülch, J., 2001, Thema: Projektmanagement. In: Cords-Michalzik, D./Kremer, S. (Hg.), Quatro-Transfer-Projekt Gestaltungswissen für betriebliche Reorganisationsprozesse – ProGRes; Curriculum für betriebliche Prozessgestalter, 7 Bde, Institut Arbeit und Technik, Gelsenkirchen.

Hollbach-Grömig, B., 1996: Kommunale Wirtschaftsförderung in den 90er Jahren. Ergebnisse einer Umfrage. Dt.. Institut für Urbanistik, Berlin.

Howaldt, J./Kohlgrüber, M./Kopp, R./Mola, E./Schulze, G./Sträter, A./Wicke, W., 2000: Aufbau regionaler Lernnetzwerke am Beispiel der Dortmunder Metallindustrie, Lit. Verlag, Münster.

Kremer, U./Harmes-Liedke, U./Korflür, I., 2000: Regionalwirtschaftliche Kooperation und arbeitsorientierte Strukturpolitik in Nordrhein-Westfalen (REKON), Schüren Verlag, Marburg.

Latniak, E./Gerlmaier, A./Voss-Dahm, D./Brödner, P., 2003: Projektarbeit und Nachhaltigkeit – Intensität als Preis für mehr Autonomie? Beitrag zur Tagung: Nachhaltigkeit von Arbeit und Rationalisierung. Technische Universität Chemnitz.

Lessel, W., 2002: Projektmanagement – Projekte effizient planen und erfolgreich umsetzen, Cornelsen-Verlag, Berlin.

Luczak, H., 1998: Arbeitswissenschaft, Springer Verlag, Heidelberg.

Mola, E./Wicke, W., 2000: Qualifizierung von Prozessbegleiter/innen. In: Howaldt, J./Kohlgrüber, M./Kopp, R./Mola, E./Schulze, G./Sträter, A./Wicke, W., Aufbau regionaler Lernnetzwerke am Beispiel der Dortmunder Metallindustrie, S. 49-74, Münster.

o.V., 1999: Move Your Mind–Projektmanagement München, Manuskript http://www.moveyourmind.com.

Niedereichholz, C., 2001: Unternehmensberatung – Band 1, München/Wien.

Pfeifenroth, W., 2003: Clusterförderung im Rahmen der nachfrageorientierten Projektentwicklung. Vortrag vom 29.10.2003, unveröffentlichtes Manuskript, ZENIT GmbH, Mülheim/R.

Rehfeld, D./Wompel, M., 1999: Standort mit Zukunftsprofil: Innovationsschwerpunkte in Dortmund: eine Untersuchung im Auftrag der Wirtschafts- und Beschäftigungsförderung Dortmund. Projektbericht des Instituts Arbeit und Technik 1999-02, Gelsenkirchen.

Rehfeld, D./Baumer, D./Wompel, M., 2000: Regionalisierte Strukturpolitik als Lernprozess, Graue Reihe des Instituts Arbeit und Technik 2000-11, Gelsenkirchen.

Schubert, H., 2002: Aus der Praxis des Netzwerkmanagements, Beitrag zur Auftaktveranstaltung des BMBF-Programms „Lernende Regionen" am 13. Juni 2002 in Bonn, http://www.lernende-regionen.info/Querschnittsthemen

Siegenführ, T., 2003: BioRegion Freiburg im BioValley – Beziehungsnetz für grenzüberschreitende Innovations- und Technologieförderung. In: Scherer, R./Bieger, Th. (Hg.), Clustering – das Zauberwort der Wirtschaftsförderung, S. 111-119, Haupt Verlag, Bern.

Tönnissen, F./Kämper, E., 2004: Im Fokus: Netzwerkmanagement-Identität, Vertrauen und gemeinsame Ressourcen sind die Voraussetzungen für den Erfolg. In: inform, Netzwerk-Magazin für die Lernende Region, S. 3f.

Literaturempfehlungen

Zum Thema: Cluster- und Kompetenzfeldansatz

Porter, M., 1999: Cluster und Wettbewerb: Neue Aufgaben für Unternehmen, Politik und Institutionen. In: Porter M., Wettbewerb und Strategie, S. 207-301, München.

Rehfeld, D., 1999: Produktionscluster. Konzeption, Analyse und Strategien für eine Neuorientierung der regionalen Strukturpolitik, München und Mering.

Zum Thema: Wirtschaftsförderung allgemein

Stember, J., 1997: Kommunale Wirtschaftsförderung. Innovationen zwischen Regionalisierung, Globalisierung und Verwaltungsreform. Wissenschaftliche Reihe des Instituts für Verwaltungswissenschaften, Bd. 2. Vieselbach, Erfurt.

Grabow, B./Henckel, D., 1998: Kommunale Wirtschaftspolitik. In: Wollmann, H./Roth, R. (Hg.), Kommunalpolitik, Politisches Handeln in den Gemeinden; S. 616-632, Bonn.

Zum Thema: Regionalökonomische und raumwirtschaftliche Grundlagen

Schätzl, L., 2001: Wirtschaftsgeographie 1. Theorie. 8. Auflage, München.

Krätke, S. 1995: Stadt-Raum-Ökonomie. Einführung in aktuelle Problemfelder der Stadtökonomie und Wirtschaftsgeographie. Basel/Boston/Berlin.

Zum Thema: Wissen und Wissensmanagement

Brödner, P./Hamburg, I./Schmidtke, T., 1999: Strategische Wissensnetze: Wie Unternehmen die Ressource Wissen nutzen. Projektbericht des Instituts Arbeit und Technik 1999-05, Gelsenkirchen.

Brödner, P./Helmstädter, E/Widmaier, B., 1999: Wissensteilung. Zur Dynamik von Innovation und kollektivem Lernen. München und Mehring, Rainer Hampp Verlag.

LITERATUREMPFEHLUNGEN

Herman, T./Mambrey, P./Shire, K. 2003: Wissensgenese, Wissensteilung und Wissensorganisation in der Arbeitspraxis. Westdeutscher Verlag, Wiesbaden.

Little, S./Quintas, P./Ray, T. (eds.), 2002: Managing Knowledge. An Essential Reader. London, Thousand Oaks, SAGE Publications Ltd., New Delhi.

Nonaka, I./Takeuchi, H., 1995: The Knowledge – Creating Company, Oxford University Press, New York/Oxford.

Zum Thema: eGovernment:

Leitner, Ch. (Ed.), 2003: eGovernment in Europe: The State of Affairs. European Institute of Public Administration: Maastricht (http://www.eipa.nl).

Bañon i Martínez, R./Alonso, A.I., 2002/2003: Verwaltungsmodernisierung und Umstrukturierung. In: Verwaltung & Management. Teil I: Heft 6, 8.Jg., S. 340-343; Teil II: Heft 1, 9.Jg., S. 40-44.

Koch, R./Conrad, P., 2003: New Public Service. Öffentlicher Dienst als Motor der Staats- und Verwaltungsmodernisierung, Gabler, Wiesbaden.

Heinz, W. (Hg.), 1993: Public Private Partnership – ein neuer Weg zur Stadtentwicklung? Kohlhammer, Stuttgart.

Kruzewicz, M., 1993: Lokale Kooperationen in NRW. Public-Private-Partnership auf kommunaler Ebene. ILS Dortmund.

Zum Thema: Trägerschaft und Betreibermodelle von Stadtinformationssystemen und kommunalen Internetauftritten:

Bütow, St./Floeting, H., 1999: Elektronische Stadt- und Wirtschaftsinformationssysteme in den deutschen Städten. Dt. Sparkassen-Verlag, Stuttgart.

Stapel-Schulz, C./Eifert, M. (Hg.), 2002: Organisations- und Kooperationstypen kommunaler Internetauftritte. Hans-Bredow-Institut für Medienforschung an der Universität Hamburg, Media@Komm, Arbeitspapier 6/2002.

Zum Thema: Projektmanagement

Baitsch, C./Müller, B., 2001: Moderation in regionalen Netzwerken, München/Mering.

Kellner, H., 2000: Projekte konfliktfrei führen, Carl-Hanser-Verlag München/Wien.

Lessel, W., 2002: Projektmanagement – Projekte effizient planen und erfolgreich umsetzen, Cornelsen-Verlag, Berlin.

Rehfeld, D./Baumer, D./Wompel, M., 2000: Regionalisierte Strukturpolitik als Lernprozess, Graue Reihe des Instituts Arbeit und Technik 2000-11, Gelsenkirchen.

ZU DEN AUTOREN

Doris Beer, Studium der Sozialwissenschaft an der Ruhr-Universität Bochum, Seit 1999 selbständige Organisationsberaterin mit Schwerpunkt Bildungsbedarf und Weiterbildungsprogramme. Autorin von Aufsätzen und Lernmaterialien über Telekooperation, Telelernen, internetgestütztes Arbeiten und Projektmanagement.

Stefan Gärtner, Dipl.-Ing. Raumplanung (Universität Dortmund), wissenschaftlicher Mitarbeiter am Institut Arbeit und Technik, Forschungsschwerpunkt »Innovative Räume«. Arbeitsschwerpunkte: städtische und regionale Entwicklung, Daseinsvorsorge, integrierte Wirtschaftsförderung und raumwirtschaftliche Fragestellungen.

Dr. Ileana Hamburg, Studium der Mathematik und Informatik sowie Promotion an der Universität Craiova, Rumänien. Seit 1989 wissenschaftliche Mitarbeiterin am IAT, Forschungsschwerpunkt »Innovative Räume«. Arbeitsschwerpunkte: Wissensmanagement, innovative Qualifizierung, e-Learning.

Judith Terstriep, Studium der Wirtschaftswissenschaften mit den Schwerpunkten Planung/Organisation und Marketing an der Universität Duisburg – Essen. Abschluss: Dipl.-Kauffrau. Seit 2001 wissenschaftliche Mitarbeiterin im Forschungsschwerpunkt »Innovative Räume« am Institut Arbeit und Technik. Arbeitsschwerpunkte: Integrierte Wirtschaftsförderung, IuK in der Regionalentwicklung, eLearning, Kompetenzfeldentwicklung.

Brigitta Widmaier, Diplom-Soziologin (Soziologie und Politische Wissenschaft), seit 1990 wissenschaftliche Mitarbeiterin am Institut Arbeit und Technik, Forschungsschwerpunkt »Innovative Räume«. Arbeitsschwerpunkte: Wissensbasierte Entwicklungen in EU-Europa sowie in mittel- und osteuropäischen Ländern; Fragen von Wissen und Wissensvermittlung im europäischen und regionalen Kontext.

Stichwortverzeichnis

Ablaufplanung (Projekte) 191, 194
Agglomerationsvorteile 19, 62
Ansätze, raumwirtschaftstheoretische 29, 30
Application Service Providing 153

Bausteinmodell 94, 95

Cluster **33**, 36-48
- analyse 55
- und IT 140, 148
- und Wissen 92
-konzept 33, 36
Communities 78, 94, 104, 116
Content Management 103, 116
Controlling 84
Customer Relationship Management 116, 123, 130, 131, 132, 133, 134

Economies of scale 31
Effekte
- Back-Wash 17, 28
- Externe 17
Enterprise Information Portal 117, 130, 135, 136, 137, 138, 139
Erfahrungswissen 85, 88, 90
Erfolgsfaktoren 150, 190
Erfolgsfaktoren, kritische 150
Evaluation 176, 183, 184
Expertenverzeichnisse 103
Export-Basis-Theorie 14, 24, 25, 26, 36, 47, 48
Externalisierung 91

Faktenwissen 89, 90

Finanzierung 58, 150, 153, 154, 183, 185

Gantt-Chart 194
Geschäftsprozessanalyse 127, 129
Gleichgewichtstheorie, neoklassische 24, 47

Handlungsorientierung 95
Handlungswissen 93

Industrial Districts 18, 31, 36
Informationsdienste 141
Informationszurückhaltung 83, 134, 139
Initiativphase 172, 182, 184
InnoRegio 51, 52
Instrumente
- des Wissensmanagements 78, 80, 82, 85, 95, 96, 98, 100, **105**, 111, 141, 208
- für das Prozessmanagement 145
- für die Projektarbeit **191**, 192
- informationstechnische 82, 110, 130, 141, 142, 144, 156
Internalisierung 62, 91
Intranet 82, 83, 103, 121, 137
IT-Infrastruktur 150, 152, 154, 159, 162
IT-Management 145
IT-Strategie 119, 122, 127, 145, 150, 151, 153, 155, 156, 157, 158
IT-System 119, 121, 122, 123, 133, 135, 142, 155, 156, 158
- integriertes 124, 130, **144**, 145, 146, 147, 148, 156, 158, 162

Know What 90
Know Who 90
Know Why 90

Kommunikationsdienste 141
Kompetenzfeld 54, 55, 59
- konzept 18, 21, 33
Kompetenzportale 107, 108, 130, 140, 141, 142
Konzepte, endogene 48
Kooperationsprojekt 88, 200, 205
Kostenvorteil, komparativer 36
Kundenorientierung 83, 119

Learning Histories 105
Lernen, organisationales 95
Lernkultur 93
Lernprozesse 82, 89, 92, 93, 97, 99, 102, 111
Lessons Learned 105, 190

Matrix-Organisation 181
Meilensteine 133, 169, 191, 194, 195, 196, 197
Münchener Modell 93, 94

Netzwerke
- im Projektmanagement 198
- im Wissensmanagement 89, 90, 92, 148
- in der Regionalökonomie 19, 32, 52, 55, 59, 62, 65, 99, 104, 135, 146
im Wissensmanagement 107
Netzwerke, integrale 142
New Economic Geography 29, 47, 48

Open Source Software 153, 155
Organisation 7, 91, 97
- der Wirtschaftsförderung 22, 84, 85, 99, 102, 104, 106, 107, 109, 122, 124, 127, 144, 148, 151, 153, 159, 180, 208
- von Wissen 67, 87, 107

Polarisationstheorie 27, 29, 47, 48
Portallösungen 140
Potenzial
- endogenes 23
Projekt
- abschluss 178
- arbeit 69, 106, 169, 171, 172, 173, 177, 178, 179, 181, 185, 187, 189, 192, 199, 208
- entwicklung 182, 183
- ergebnisse 171, 176, 177, 190, 198, 208
- management 69, 126, 172, 179, 191, 198, 201, 208
- phasen 172, 182
- planung 174, 183, 185, 194, 196, 197
- ziel 173, 185, 186, 188, 190, 191
Promotoren 198, 204, 205
Public Private Partnership (IT) 153, 154

Querschnittsfunktionen 84

Region
- als System 45, 48
Regionalisierung 51, 62

Schwerpunktortekonzept 28, 47, 49
Skaleneffekte 17, 19, 30, 31
Sozialisation 91
Spezialisierungsmaß 56
Standort
- Monitoring 146
-vorteile 42

Teilökonomien, städtische 40, 41
Trickling-Down-Effect 28

Verbundprojekt 207
Vorgangsbearbeitung 128, 165

Wachstumspol 17, 20, 27, 28, 47
Wertschöpfungskette 17, 18, 19, 30, 32, 33, 36, 55, 57, 58
Wissen
- implizites 88, 89, 91, 184
- individuelles 91
- organisationales 94
Wissensbasis 79, 94, 95
Wissensbeschaffung 89, 93
Wissensbestände 80, 82, 84, 110, 126, 127, 140, 141, 142, 145, 146, 179
Wissensbewahrung 96, 104, 105, 107
Wissensbewertung 97, 104, 108
Wissensentwicklung 96, 102, 104, 105, 107
Wissenserwerb 78, 85, 96, 102, 103, 107
Wissensgenerierung 93, 94
Wissensidentifikation 96, 102, 105, 106
Wissenskommunikation 94
Wissenskultur 103, 149

Wissensmanagement 69, 78, 80, **81**, 92, 94, 95, 97, 99, 109
- interorganisationales 85
- IT-gestütztes 83, 124, 130, 136, 138, 140, 141, 190
- lernorientiertes 92, 93, 94, 103
Wissensnetze 80
Wissensnutzung 94, 96, 107
Wissensressourcen, innerorganisatorische 83
Wissens-Spillover 32, 40
Wissensspirale 91
Wissensstrukturen 100
Wissensteilung 93, 103, 107
Wissensverarbeitung 7, 80, 82, 86, 90, 93, 95, 100, 109
Wissensverteilung 96, 102, 104, 105, 107

Zentrale-Orte
- Konzept 20, 27, 28
- Theorie 27